BVT

Alexander Jakowlew, der sich unter Gorbatschow einen Namen als »Architekt der Perestroika« gemacht hat, legt eine scharfsinnige und schockierende Analyse der sowjetischen Geschichte und ihrer inneren Mechanismen vor. Sein eigener Werdegang und die damit verbundenen intimen Kenntnisse des sowjetischen Machtapparats ermöglichen Jakowlew dabei eine einzigartige Perspektive – als Zeuge und Beteiligter. Kapitel für Kapitel geht er auf die unterschiedlichen Opfergruppen des totalitären Terrors ein und prangert schonungslos all jene an, die für dieses Jahrhundert der Gewalt in Sowjetrussland die Verantwortung tragen.

Alexander N. Jakowlew, geboren 1923, gilt als maßgeblicher Gestalter des Wandels in der späten Sowjetunion. Unter Gorbatschow wurde er Mitglied des Politbüros, und er leitete die Kommission zur Rehabilitierung der Opfer politischer Repressionen. Alexander N. Jakowlew starb im Alter von 81 Jahren in Moskau.
Auf Deutsch liegt des Weiteren seine viel beachtete Autobiografie *Die Abgründe meines Jahrhunderts* (2003) vor.

ALEXANDER
N. JAKOWLEW

EIN JAHRHUNDERT DER GEWALT IN SOWJETRUSSLAND

Aus dem Englischen
von Bernd Rullkötter

Berliner Taschenbuch Verlag

Oktober 2006

BvT Berliner Taschenbuch Verlags GmbH, Berlin

Die Originalausgabe erschien 2002 unter dem Titel

A Century of Violence in Soviet Russia

bei Yale University Press, New Haven/London

Umschlaggestaltung: Rothfos und Gabler, Hamburg,

unter Verwendung einer Fotografie von

Getty Images/Hulton Deutsch Collection

Gesetzt aus der Minion durch psb, Berlin

Druck und Bindung: Clausen & Bosse, Leck

Printed in Germany

ISBN-13: 978-3-8333-0389-0

ISBN-10: 3-8333-0389-1

Je mehr Vertreter der reaktionären Geistlichkeit wir erschießen können, desto besser.

W. Uljanow (Lenin)

INHALT

VORWORT

Alexander Jakowlews Name ist der westlichen Öffentlichkeit weitgehend unbekannt, obwohl er eine bedeutende politische Gestalt während der Perestroika, ein maßgeblicher Berater Gorbatschows sowie den größten Teil seines Arbeitslebens hindurch ein hochrangiger Funktionär in der politischen Hierarchie der Sowjetunion war.

1923 geboren, entstammt Jakowlew einer armen Bauernfamilie. Sein Vater absolvierte eine vierjährige Schulausbildung und war der erste Vorsitzende des örtlichen Kolchos. Seine Mutter beschreibt er als des Lesens und Schreibens nicht mächtige, »unterdrückte Bäuerin und fromme Gläubige bis ans Ende ihrer Tage«. 1943 trat Jakowlew der Kommunistischen Partei bei. Er arbeitete zwischen 1953 und 1973 im Zentralkomitee der KP und widmete sich Fragen der Ideologie und Propaganda. 1969 stieg er zum Chef der Propagandaabteilung auf. Von 1973 bis 1983 diente er als Sowjetbotschafter in Kanada; 1983 wurde er zum Direktor des Instituts für Weltwirtschaft und internationale Beziehungen ernannt. Gorbatschow berief ihn 1985 erneut zum Chef der Propagandaabteilung, und im Jahr 1986 wurde er ZK-Sekretär für ideologische Angelegenheiten. 1987 rückte er zum Mitglied des Politbüros auf.

Jakowlew hat ein weiteres wichtiges Buch publiziert, das unter dem Titel *The Fate of Marxism in Russia* ins Englische übersetzt worden ist. In dieser bahnbrechenden Studie untersucht er die Verbindung zwischen dem Marxismus und den politischen

Praktiken und Institutionen der UdSSR sowie anderer »konkret existierender« kommunistischer Systeme.[1]

Ein Jahrhundert der Gewalt in Sowjetrussland liefert trotz seiner Kompaktheit bemerkenswert umfangreiche Informationen; es erläutert und erhellt die wichtigsten Phasen, Entwicklungen und Ereignisse, die mit den repressiven politischen Maßnahmen des Sowjetsystems verknüpft sind. Wie das frühere, eher theoretische Werk ist es eine Untersuchung und Zusammenfassung dessen, was bei dem einst verharmlosend als »Sowjetexperiment« bezeichneten Projekt fehlschlug. Darüber hinaus beschäftigt sich *Ein Jahrhundert der Gewalt* jedoch auch mit den spezifischen institutionellen und moralischen Fehlern sowie den menschlichen Opfern, die das System forderte. Es benennt die Gruppen und Schichten der Bevölkerung, die am meisten zu leiden hatten. In dieser Hinsicht kann man es mit dem *Schwarzbuch des Kommunismus* vergleichen, in dem der Versuch gemacht wird, die Verbrechen nicht nur der Sowjetunion, sondern auch aller anderen existierenden oder untergegangenen kommunistischen Staaten zu dokumentieren und unter die Lupe zu nehmen.[2] Allerdings gibt es auch erhebliche Unterschiede zwischen den beiden Werken. Keiner der Autoren des *Schwarzbuches* war je kommunistischer Funktionär, geschweige denn ein hochrangiger, und das *Schwarzbuch* konnte wegen seiner breit angelegten Perspektive nicht so detailliert und gründlich sein wie die hier vorliegende Arbeit.

Leser, die an leidenschaftslose, wissenschaftliche Analysen politischer Phänomene und traumatischer historischer Ereignisse gewöhnt sind, seien gewarnt: Dies ist keine distanzierte, farblose Abhandlung, die sich neutraler soziologischer Begriffe bedient, sondern eine emotionale Anklage voll zutiefst empfundenen Schmerzes und moralischer Empörung. Das alles sammelte sich eine Lebenszeit hindurch an, während der Verfasser

Zeuge des Leids, des Elends und der Verlogenheit wurde, mit denen das Sowjetsystem seine Bürger heimsuchte. Unzweifelhaft verstärkte sich Jakowlews persönlicher Schmerz im Rückblick auch durch die Tatsache, dass er selbst jenem System einen großen Teil seines Lebens gewidmet hatte.

Es gibt viele kritische Betrachtungen der kommunistischen Systeme durch Autoren unterschiedlicher Herkunft und Nationalität, doch der vorliegende Band hebt sich infolge der Biografie und des Ansehens seines Autors von solchen Texten ab. Es ist schwer, einen anderen kommunistischen Amtsträger und Insider von ähnlichem Rang zu finden, der das System, dessen Produkt er war, so ausdrücklich, rückhaltlos und überzeugend gegeißelt hat wie Alexander Jakowlew. Allenfalls Milovan Djilas nimmt eine vergleichbare Stellung ein: Er war (in der kommunistischen Herrschaftselite Jugoslawiens) etwa genauso hoch platziert wie Jakowlew, und seine Anklage des am sowjetischen Vorbild ausgerichteten Kommunismus ist berühmt für ihre Intensität und ihren Umfang.[3] Auch Trotzki nahm Abstand vom Sowjetregime der stalinistischen Spielart, blieb jedoch Marxist und sogar Leninist, und seine kritischen Äußerungen über das Sowjetsystem sind viel weniger radikal als die Jakowlews. Im Gegensatz zu anderen Insidern der kommunistischen Systeme, die sich zu Kritikern wandelten, lief Jakowlew nicht in den Westen über und wurde nicht in die Verbannung geschickt. Er lebt weiterhin in Russland, und seit dem Zusammenbruch der UdSSR widmet er einen großen Teil seiner Zeit dem Schicksal der vom Sowjetsystem Geschädigten. Diese Aufgabe erfüllt er als Vorsitzender der Kommission für die Rehabilitierung von Opfern politischer Repressionen.

Während Jakowlews Stellung und Perspektive als Insider die Authentizität dieses Buches für die meisten Leser beträchtlich erhöhen wird, dürfte es auch einige geben, welche die Glaubwürdigkeit seiner Botschaft durch die Intensität seiner Ernüchterung und seiner moralischen Leidenschaft untergraben sehen. Für sie hatte der Untergang der Sowjetunion die unglückliche Folge, dass die Vereinigten Staaten zur einzigen Supermacht der Welt wurden. Vermutlich dürften sie noch verärgerter darüber sein, dass Jakowlew nicht nur das Sowjetsystem, sondern auch den Marxismus uneingeschränkt verurteilt. In ihren Augen ist es ein schweres Vergehen, die marxistische Theorie mit der politischen Haltung und den Praktiken eines kommunistischen Systems wie der früheren Sowjetunion in Verbindung zu bringen. Jakowlew hat jedoch keinen Zweifel daran, dass eine solche Verbindung besteht, was er auch in seinem früheren Buch hervorgehoben hat.

Es wird nicht leicht sein, Jakowlews kritische Äußerungen über das Sowjetsystem zu diskreditieren. Er ist weder ein verwöhnter, um Profil bemühter westlicher Intellektueller noch ein Abtrünniger, den man bezichtigen könnte, vom westlichen Mammon gekauft worden zu sein. Eine interessante Reaktion ist von den Lesern zu erwarten, denen es schwer fällt, seine Überzeugung zu verkraften, dass auch der Marxismus ein bedeutendes Maß an Verantwortung für den Tribut an Menschenleben trägt, den die kommunistischen Systeme forderten.

Jakowlew ist aus mehreren Gründen als bedeutende historische Gestalt einzustufen. Erstens leistete er einen wesentlichen Beitrag zu den mit Gorbatschow verbundenen politischen Veränderungen, also zur Liberalisierung des Sowjetsystems, die dessen Ende beschleunigte. Daneben war er maßgeblich an der intellektuellen und emotionalen Gärung beteiligt, die Gorbatschows Reformen vorausging und ihnen die geistige Grundlage bereitete. Bekannt als »Vater der Glasnost«, gehörte er zu einer kleinen Gruppe von Parteiintellektuellen, die (wie es ein anderer enger

Mitarbeiter Gorbatschows, Anatoli Tschernjajew, ausdrückt) »in vieler Hinsicht bei Gorbatschow als Botschafter einer umfassenderen liberalen Intelligenzija fungierten, deren humanistische, ›verwestlichende‹ philosophische und praktische Orientierung sich seit mehr als zwei Jahrzehnten entwickelt hatte ... [Sie wurden] in ihrer Gesamtheit als ›Kinder des XX. Parteitags‹ beschrieben, als Reformdenker, welche die unerfüllten Hoffnungen von Chruschtschows ›Tauwetter‹ auf eine weiter gehende Liberalisierung der sowjetischen Gesellschaft und auf Integration mit der internationalen Gemeinschaft am Leben hielten.«[4] Jakowlew ist auch zu denen zu rechnen, die versuchten, Gorbatschow zu einem stetigen Reformkurs zu bewegen und ihn gegen den Widerstand der Nomenklatura und gegen seine eigenen schwankenden politischen Impulse in seinem liberaldemokratischen Vorgehen zu bestärken.

Der Autor ist unter früheren Sowjetfunktionären und -ideologen dadurch beispiellos, dass er die Beziehung zwischen dem Marxismus und den zerstörerischen Mängeln des Sowjetsystems untersucht. Dieses Thema, das er bereits in früheren Werken behandelt hat, wird unter neuen Aspekten auch in diesem Band berücksichtigt.

Von seinen anderen Aktivitäten abgesehen, ist Jakowlew seit den frühen neunziger Jahren intensiv damit beschäftigt, die Opfer des Sowjetkommunismus zu erfassen und zu rehabilitieren, womit er in der postkommunistischen Epoche eine Stimme des kritischen Gewissens ist und bleibt. Im Lauf dieser Tätigkeit sind ihm viele Lästerer an beiden Seiten des politischen Spektrums erwachsen. In den letzten Jahren gehörte er zu den freimütigsten Kritikern der vielen schweren Verunstaltungen des russischen öffentlichen Lebens sowie einer mit dem Kommunismus alten Stils, dem Rechtsextremismus und Antisemitismus verknüpften Politik. Er weiß nur zu gut um die tiefen Wurzeln der historischen, durch das Sowjetsystem verkörperten Pathologien, die den Übergang zu einer politischen Demokratie und einer Bürgergesellschaft erschweren:

> Das Land der Rus übernahm das Christentum im Jahr 988 von Konstantinopel. Die Merkmale der byzantinischen Herrschaft jener Zeit – Gemeinheit, Feigheit, Käuflichkeit, Verrat, Überzentralisierung, Vergöttlichung des Herrschers – dominieren im sozialen und politischen Leben Russlands bis zum heutigen Tag. Im 12. Jahrhundert wurden die verschiedenen zersplitterten russischen Fürstentümer … von den Mongolen besiegt. Asiatische Traditionen und Bräuche mit ihrer Missachtung des Individuums und der Menschenrechte, mit ihrem Kult der Macht, der Gewalt, der Despotie und der Gesetzlosigkeit gingen in die Lebensweise des russischen Volkes ein.
>
> Die Tragödie Russlands bestand vornehmlich darin, dass es tausend Jahre lang von Menschen, nicht von Gesetzen regiert wurde … Sie regierten ungeschickt und vergossen Blut. Das Volk existierte für die Regierung, nicht die Regierung für das Volk. Russland vermied die klassische Sklaverei, doch hat es den Feudalismus noch nicht hinter sich gelassen; es wird weiterhin von einer offiziellen, imperialen Ideologie versklavt, deren Wesen sich darin zeigt, dass der Staat alles und das Individuum nichts ist.

Diese Umstände helfen vermutlich auch, das zu erklären, was Jakowlew ohne Zögern als »Sklavenmentalität« des russischen Volkes bezeichnet. Letztere bleibt ein entscheidendes Hindernis auf dem Weg zu einer echten Liberalisierung der Gesellschaft und zu ihrem wirtschaftlichen Wiederaufbau. So verknüpft Jakowlew die vorsowjetische und die sowjetische Vergangenheit wie auch die postkommunistische Gegenwart miteinander, und seine Gedanken zu den jüngeren Entwicklungen erweisen sich als pessimistisch.

Ein Jahrhundert der Gewalt ist eine feurige, bittere und emotionale Anklageschrift gegen das Sowjetsystem seit seinen frühesten Tagen und eine methodische, detaillierte Bestandsaufnahme seiner Verbrechen. Jakowlew hegt keine Illusionen über die »Reinheit« der frühsowjetischen Ziele und Maßnahmen, die angeblich von Lenin gefördert wurde, oder über die Persönlichkeit Lenins selbst, den er für so böse und gewissenlos wie Stalin hält (»Stalin erfand nichts, was es nicht schon unter Lenin gegeben hätte: Hinrichtungen, Geiselnahmen, Konzentrationslager und alles Übrige«). Damit weicht er ganz wesentlich von der seit langem bei westlichen Hochschulspezialisten verbreiteten Meinung ab, es habe bedeutsame Kontraste zwischen den politischen Standpunkten und Persönlichkeiten dieser beiden Sowjetführer gegeben.

Als Überblick über die schlimmsten Gewalttaten der Sowjetgeschichte von Lenin bis zur Perestroika enthält *Ein Jahrhundert der Gewalt* eine Fülle an Informationen, darunter Fallgeschichten der Verfolgung, die sowohl auf Jakowlews persönlicher Erfahrung als auch auf seinem privilegierten Zugang zu Archivquellen beruhen. Jakowlew geht systematisch auf die politischen Entscheidungen und die Individuen hinter den Repressionen ein, zu deren Opfern Kinder und Heranwachsende, Menschewiki, Sozialrevolutionäre, Anarchisten und andere Sozialisten (frühe Verbündete der Bolschewiki), die Bauern, die Intelligenzija, die Geistlichkeit, die nationalen Minderheiten und die Juden, ehemalige Kriegsgefangene (des Zweiten Weltkriegs) und als Zwangsarbeiter nach Deutschland verschleppte Zivilisten gehörten. Der Autor zieht das Sowjetsystem für den Tod von mindestens 60 Millionen Sowjetbürgern zur Rechenschaft. Besonders nachdrücklich beschäftigt er sich mit der Repression der Intelligenzija, wobei er viele berühmte Gruppen und Personen erwähnt, darunter solche, die in den 1920er Jahren zum Schweigen gebracht, in die Verbannung geschickt oder inhaftiert wurden; außerdem die »trotzkistisch-terroristischen« Schriftsteller im Leningrad des Jahres 1937 und schließlich Pasternak, Daniel, Sinjawski, Brodsky und Solschenizyn.

Eine weitere Stärke dieses Bandes liegt darin, dass der Autor die gegen die nationalen Minderheiten gerichteten Maßnahmen sowie die an den Ukrainern, Wolgadeutschen, Kalmüken, Krimtataren, Inguschen und anderen verübten Gewalttaten detailliert behandelt, wobei die Unterdrückung der Tschetschenen heute besonders relevant ist.

Viele der in diesem Buch erörterten Ereignisse und Methoden sind zumindest in allgemeinen Umrissen bekannt, doch etliche andere dürften sogar Experten unvertraut sein. Zum Beispiel kam es bereits im Jahr 1918 zu einem Streik in der Siedlung Motowilicha bei Perm, wo »die Arbeiter verlangten, dass die Sonderversorgung von sowjetischen Regierungs- und Parteifunktionären mit Lebensmitteln eingestellt, die willkürlichen Hinrichtungen beendet [und] Garantien für Rede- und Versammlungsfreiheit erteilt« wurden. Jakowlew wirft auch ein Licht auf Lenins Vorliebe für Geiselnahmen zur Festigung des Systems, auf die Misshandlung von fast anderthalb Millionen sowjetischen Kriegsgefangenen, die nach dem sowjetisch-finnischen Krieg heimkehrten, auf die Gespräche zwischen Romain Rolland (dem prosowjetischen französischen Schriftsteller) und Stalin über die Bestrafung von Kindern und Jugendlichen, auf Meyerholds Beschwerde bei Molotow über seine Behandlung im Gefängnis, auf die zahlreichen Intrigen und Denunziationen unter Schriftstellern und Künstlern, auf die Verfolgung von Theaterensembles und Filmemachern in den dreißiger Jahren, auf das Schicksal der koreanischen Minderheit, auf die gewaltige Zahl sowjetischer Arbeiter, die schwer bestraft wurden, bloß weil sie zu spät am Arbeitsplatz erschienen, auf die angeblichen

Organisationen jüdisch-bourgeoiser Nationalisten in den Moskauer Stalinwerken und in den Kusnezker Metallfabriken, auf die Vorbereitungen zur Deportation der Juden während der »Ärzteverschwörung« kurz vor Stalins Tod, auf die Niederschlagung der Hungerstreiks von Nowotscherkassk im Jahr 1962. Darüber hinaus zerstört Jakowlew den im Westen weit verbreiteten Mythos von Juri Andropows liberalen Anschauungen. Manchen Leser mag es überraschen, dass der Autor das frühe 20. Jahrhundert für die strahlendste, verheißungsvollste Ära der russischen Geschichte hält.

Jakowlews Enthüllungen und anschauliche Beschreibungen der vielen Missetaten des Systems sind nur ein Aspekt dieses Buches. Außerdem erfahren wir, wie sich seine eigenen Überzeugungen und Standpunkte wandelten, wie und warum er überaus kritisch gegenüber dem System wurde, das er jahrzehntelang mit anderen legitimiert und an der Macht gehalten hatte.

Der Fall Jakowlew erhellt den Vorgang der politischen Desillusionierung in unserer Zeit. Er wirft die faszinierende Frage auf, wie es dazu kommen kann, dass jemand ein politisches System und dessen Prinzipien zurückweist, obwohl er unter ihm aufgewachsen ist, sich vollauf dafür eingesetzt hat und entsprechend gut von ihm belohnt wurde – als ein hochrangiger Vertreter der politischen Elite, der einen großen Teil seines Lebens in den nur wenigen Menschen zugänglichen Höhen der Nomenklatura verbrachte. Noch bedeutsamer und ungewöhnlicher ist die Tatsache, dass die bedingungslose Ablehnung des Systems von einem Mann verfochten wird, der sich lange und intensiv mit der offiziellen Lehre, mit der Ideologie und der Aufgabe befasst hatte, die Bevölkerung von den Vorzügen und der Legitimität des Regimes zu überzeugen. 1994 führte er seine Unzufriedenheit in einem Interview auf ebendiese Beschäftigung mit der Ideologie zurück: »Vor allem änderte sich meine Weltanschauung dadurch, dass die Ideologie mein Aufgabenbereich war ... Ich nahm die Arbeit sehr ernst. Und allmählich, Schritt für Schritt, dann immer häufiger, erregte sie in mir Übelkeit. Schließlich kehrte ich zu den Primärquellen zurück ... Wenn man älter wird, genügt der Glaube allein nicht mehr, man möchte tiefer blicken. Und sobald man das analysiert, woran man glaubt, beginnt es zu zerbrechen.«[5]

Drei Erfahrungen trugen entscheidend dazu bei, Jakowlews Überzeugungen und sein Engagement für das System zu untergraben. Die Erste war der Zweite Weltkrieg, in dem er schwere Verletzungen erlitt, die Zweite betraf Chruschtschows historische Enthüllungen auf dem XX. Parteitag von 1956, und die Dritte war seine Amtsablösung im Jahr 1972, nachdem er den russischen Nationalismus und Antisemitismus in einem Artikel kritisiert hatte.

Seine Zweifel und seine Desillusionierung während des Zweiten Weltkriegs wurden durch die unmenschliche Behandlung ehemaliger sowjetischer Kriegsgefangener ausgelöst. »Wenn ein Soldat in Gefangenschaft geriet, legte man ihm dies als vorsätzliches Verbrechen zur Last ... Einfache Soldaten und befehlshabende Offiziere, die aus der Umzingelung ausgebrochen waren, galten als potenzielle Verräter und Spione ... Als eine Gruppe von uns jungen Offizieren Anfang 1942 an der Wolchow-Front eintraf ... erlebten wir, wie diese Praxis unter Frontbedingungen ausgeübt wurde.« Von sowjetischen Militärs erwartete man, dass sie ungeachtet der Umstände bis zum Tode kämpften. Außerdem befürchtete das Regime, diejenigen, die ein Leben außerhalb der Sowjetunion hätten, und seien es Kriegsgefangene oder Sklavenarbeiter, könnten mit Einstellungen zurückkehren, die die blinde Loyalität dem System gegenüber schwächten. Manchmal wurden frühere Offiziere der

Roten Armee, die man aus Kriegsgefangenenlagern befreit hatte oder die aus einer Einkesselung ausgebrochen waren, »Stoßbataillonen« zugeteilt, die »man in Situationen einsetzte, aus denen kaum jemand lebend zurückkehrte«. Es ist kein Wunder, dass solche Erfahrungen Jakowlews politischen Glauben allmählich erschütterten; überraschender ist jedoch, dass sie keine ähnliche Wirkung auf viele andere hatten und ihre Bereitschaft, für das Regime zu arbeiten, nicht beeinträchtigten.

Ein weiteres sehr beunruhigendes Erlebnis war es für Jakowlew, die Rückkehr sowjetischer Kriegsgefangener aus Deutschland zu beobachten.

> Ich erinnere mich an den Bahnhof Wspolje in Jaroslawl ein Jahr nach dem Krieg und an das Gerücht, dass ein Zug mit einigen unserer Soldaten aus deutschen Kriegsgefangenenlagern durchfahren würde. Ich ging noch an Krücken, doch ich begleitete die anderen ... um zuzusehen. Eisenbahnwaggons, kleine Fenster mit Eisenstangen, schmale, blasse, verstörte Gesichter an den Fenstern. Und auf dem Bahnsteig weinende und jammernde Frauen ... [Sie] rannten zwischen den Waggons hin und her, um nach ihren Männern, Brüdern und Liebsten ... Ausschau zu halten ...
> Die Menschen auf dem Bahnsteig ... konnten nicht begreifen, weshalb diese Jungen aus den nationalsozialistischen Lagern wie Verbrecher zum Ural und nach Sibirien transportiert wurden. Ich erinnere mich an die gequälten Gesichter und an Fassungslosigkeit, ihre und meine.

Der zweite wichtige Schlag, der Jakowlews Loyalität und Überzeugungen (wie die vieler anderer seiner Generation) schwächte, war Chruschtschows berühmte Rede auf dem XX. Parteitag im Februar 1956. Jakowlew nahm daran teil, und Chruschtschows Enthüllungen »versetzten mich in tiefste Trauer und

Verzweiflung. Alles kam mir unwirklich vor, auch die Tatsache, dass ich im Kreml saß und Worte hörte, die das, wofür ich gelebt hatte, zerstörten, die Vergangenheit zertrümmerten, die Seele zerrissen. Alles brach zusammen und wurde nie wieder hergestellt.« Gleichwohl blieb Jakowlew jahrzehntelang ein hoher Parteifunktionär, der starken psychischen Belastungen ausgesetzt gewesen sein muss:

> Ich war ehrlich in meinem früheren Glauben gewesen, und ich war genauso ehrlich, als ich ihn dann verwarf. Bald verabscheute ich Stalin … der mich so grausam getäuscht und meine romantischen Träume zertreten hatte. Fortan widmete ich mich der Suche nach einer Möglichkeit, diesem unmenschlichen System ein Ende zu setzen. All das nahm die Gestalt von Hoffnung, nicht von Taten an …
> Ich führte ein Doppelleben lähmender Heuchelei. Ich passte mich an, verstellte mich und bemühte mich zugleich, meine Orientierung nicht zu verlieren und mich nicht zu blamieren. Ich war nicht mehr daran interessiert, für das Zentralkomitee zu arbeiten, sondern suchte einen Ausweg und fand ihn … Ich verspürte ein Bedürfnis, mich gleichsam umzuschulen, meine frühere Lektüre erneut durchzuarbeiten, zu den ursprünglichen Quellen zurückzukehren: zu Marx, Engels, Lenin, den deutschen Philosophen, den französischen Sozialisten, den britischen Ökonomen, all den Begründern meiner Weltanschauung.

Schon vor dem XX. Parteitag hatte Chruschtschow öffentliche Erklärungen über die wuchernde Misswirtschaft abgegeben. Jakowlew »notierte sich« diese Bemerkungen und war bedrückt:

> Wir haben das angesammelte Kapital des Vertrauens vergeudet, welches das Volk der Partei entgegenbringt. Wir können das Vertrauen des Volkes nicht endlos ausbeuten …

Heute gleichen wir Priestern und Predigern, denn wir versprechen ein Königreich im Himmel, doch hier und jetzt haben wir keine Kartoffeln. Nur unser langmütiges russisches Volk würde sich mit so etwas abfinden ... Wir sind keine Priester, sondern Kommunisten, und wir müssen ihm dieses Glück hier auf Erden zukommen lassen.

Als ich Arbeiter war, gab es keinen Sozialismus, aber dafür Kartoffeln, und nun haben wir den Sozialismus aufgebaut, und es gibt keine Kartoffeln.

Die dritte Erfahrung, die sich wesentlich auf seine Weltanschauung auswirken sollte, begann 1968 in Prag, wo er die sowjetischen Journalisten, die über die Invasion durch die UdSSR berichteten, überwachen sollte. Damals war Jakowlew stellvertretender Vorsitzender der Propagandaabteilung des Zentralkomitees der KPdSU, und er hatte einen hochwichtigen Auftrag zu erfüllen. Offiziell leistete die Sowjetunion »Bruderhilfe«, weshalb Jakowlew erschüttert über das war, was er vorfand: »Ich sah Galgen, an denen Bildnisse sowjetischer Soldaten hingen ... Menschen riefen: ›Faschisten, Faschisten!‹« Es war »eine eindrucksvolle Lektion für mich ... Sie hatte einen überaus ernüchternden Effekt«[6].

Zu dem Artikel, der zu seiner Ablösung als Chef der Propagandaabteilung der Partei (und zu seinem Exil als Botschafter in Kanada) führte, merkt er an: »Kaum hatte ich 1972 einen Artikel über die Gefahren des Chauvinismus, Nationalismus und Antisemitismus in der UdSSR geschrieben – sozusagen schmutzige Wäsche in der Öffentlichkeit gewaschen –, als man mich sämtlicher Parteiämter enthob. Darüber hinaus werde ich bis heute als ›russophob‹ und als Anführer der ›jüdischen Freimaurer‹ abgestempelt und mit ... Familiennamen wie Epschtein, Jankelowitsch oder Jakobson belegt.« Mit anderen Worten, Jakowlew bezahlt weiterhin dafür, dass er sowohl den Elementen der alten Sowjethierarchie als auch den antisemitischen Gruppen und Haltungen, die sich im vergangenen Jahrzehnt erneut herausgebildet haben, Paroli bietet.

Nach Jakowlews zusammenfassender Einschätzung ist der schwerste (und auch am schwersten zu behebende) Schaden dem zugefügt worden, was Trotzki das »Menschenmaterial« nannte. Politische Reform, institutioneller Wandel, freie Wahlen und neue Gesetze sind willkommen und wichtig, doch können sie keine stabile, demokratische und anständige Gesellschaft schaffen, solange sich nicht die Grundeinstellungen und Grundwerte des Volkes – oder wenigstens einer maßgeblichen Zahl von Menschen – ändern. Jakowlew schreibt: »Das bolschewistische Regime ist nicht nur für den Tod von Millionen Menschen und für die tragischen Konsequenzen für ihre Familien, nicht nur für die Schaffung einer Atmosphäre der totalen Furcht und Lüge, sondern auch für Verbrechen gegen das Gewissen sowie für die Erzeugung seiner berüchtigten ›neuzeitlichen Menschengemeinschaft‹ verantwortlich, die durch Bosheit, zwiespältiges Denken, Argwohn und Verstellung verzerrt wird. Lenin und Stalin und ihre Handlanger zerstörten … gefühllos und systematisch den Genbestand der Nation und untergruben das Potenzial für das Gedeihen von Wissenschaft und Kultur.«

Dies ist eine unerlässliche Lektüre für jeden, der den Charakter des Sowjetsystems, das volle Ausmaß seiner Verbrechen am eigenen Volk, die Ursachen seines Zusammenbruchs und die von ihm hinterlassenen gravierenden Probleme begreifen will.

Paul Hollander

VERZEICHNIS HÄUFIGER ABKÜRZUNGEN

AChU	Verwaltungswirtschaftliche Abteilung
ASSR	Autonome Sozialistische Sowjetrepublik
FSB	Bundessicherheitsdienst
GKO	Staatliches Verteidigungskomitee
Gulag	Hauptverwaltung der Besserungsarbeitslager
JAK	Jüdisches Antifaschistisches Komitee
KGB	Komitee für Staatssicherheit
KPdSU	Kommunistische Partei der Sowjetunion
MGB	Ministerium für Staatssicherheit
MWD	Ministerium für Innere Angelegenheiten
NEP	Neue Ökonomische Politik
NKWD	Volkskommissariat für Innere Angelegenheiten
OGPU	Vereinigte Staatliche Politische Verwaltung
PSR	Partei der Sozialrevolutionäre
RKP	Russische Kommunistische Partei
RKP(b)	Russische Kommunistische Partei (der Bolschewiki)
RSDRP	Russische Sozialdemokratische Arbeiterpartei (Vereinigt)
RSFSR	Russische Sozialistische Föderative Sowjetrepublik

SMERSCH	Smert schpionam (Tod den Spionen) – sowjetischer Militär-Spionageabwehrdienst
SNK	Rat der Volkskommissare
SR	Sozialrevolutionäre
STO	Sowjet für Arbeit und Verteidigung
Tscheka	Außerordentliche Kommission zur Bekämpfung von Konterrevolution und Sabotage
UdSSR	Union der Sozialistischen Sowjetrepubliken
WKP(b)	Allunions-Kommunistische Partei (der Bolschewiki)
WTscheka-OGPU	Allrussische Außerordentliche Kommission zur Bekämpfung von Konterrevolution und Sabotage – Vereinigte Staatliche Politische Verwaltung
WZIK	Allrussisches Zentrales Exekutivkomitee
ZIK	Zentrales Exekutivkomitee
ZK	Zentralkomitee
ZKK	Zentrale Kontrollkommission

Die Ärmel hochgekrempelt, die Axt in der Hand, schlugen sie Köpfe ab … Sie packten die Menschen in Güterzüge wie Vieh: so viele Bullen, so viele Kühe, so viele Lämmer … Hätte die Nation nur gewusst, dass ihre Hände von unschuldigem Blut trieften, so hätte sie die Täter nicht mit Applaus, sondern mit Steinen empfangen.

Marschall G. K. Schukow

DIE SAAT DER KREUZE

Das Schicksal wollte es, dass ich recht spät im Leben aufgerufen wurde, das Fortschreiten meines Landes zur Freiheit zu unterstützen. Mir war es beschieden, eine überwältigende Last auf mich zu nehmen: den Vorsitz einer Kommission – anfangs dem Politbüro des Zentralkomitees (ZK) der Kommunistischen Partei der Sowjetunion (KPdSU) und später dem Amt des Präsidenten von Russland unterstellt – zur Rehabilitierung der Opfer politischer Repressionen unserer Vergangenheit.

Es ist eine sehr mühsame Aufgabe. Wer durch siebzig Jahre der bolschewistischen Herrschaft Stufe um Stufe in einen Kerker hinabsteigt, der mit menschlichen Knochen übersät ist und nach getrocknetem Blut stinkt, kann den Glauben an die Menschheit verlieren.

Menschen werden vernichtet, nicht Papiere. Immer mehr blutbefleckte Dokumente stapeln sich auf meinem Schreibtisch. Aus dem Archiv des Präsidenten und der Lubjanka, des KGB-Hauptquartiers. Wenn nur die Akten verbrennen und die Männer und Frauen wieder lebendig werden könnten! Doch sie werden nicht zurückkehren, und die ewigen Chroniken endloser Leiden hören nicht auf, ihre unbarmherzigen Flammen zu verbreiten. Nichts, was ich je gelesen habe, kommt dem Grauen nahe, das von diesen holprigen Schriften der Geheimpolizei und diesen verstohlenen Anzeigen der Spitzel oder »Wohlmeinenden« ausgeht. Mittlerweile müsste ich mich daran gewöhnt haben, doch das ist nicht der Fall. Zu vieles hindert mich daran: Mitleid, Bitterkeit, Empörung, Ernüchterung.

Als junger Mensch weiß man nicht viel, man sprudelt über vor romantischen Ideen, die anderen wirken freundlich und anständig, und man glaubt blind an alles, was die Älteren sagen, ohne sich je vorzustellen, dass Menschen lügen, betrügen und heucheln können.

Dann beginnen die Zweifel, die schrecklichen Zweifel. Sie bilden sich ganz langsam heraus. Meine sickerten mir recht früh ins Bewusstsein, in den Jahren des Zweiten Weltkriegs, den ich noch heute aus ganzer Seele hasse, denn er kostete Millionen junger Männer meines Alters das Leben und machte mich zum Behinderten. Ich erinnere mich an die ständigen Forderungen aus dem Hauptquartier nach den Namen derjenigen, die sich in der Schlacht ausgezeichnet hatten, und nach dem Namen wenigstens eines Feiglings. Und ich erinnere mich an den Befehlshaber einer Minenwerfereinheit, die in einem Wald im Unterstand neben uns lag; er drängte uns immer wieder, Direkttreffer zu bestätigen – und ließ uns dafür zwei Blechtassen mit reinem Alkohol zukommen.

Heldentum und Lügen marschierten im Gleichschritt, und wie sehr die Generale uns Kämpfer nach dem Krieg auch mit Lob überhäuften – für unser Heldentum, unseren Patriotismus und so weiter –, so ist doch meine eigene Erinnerung an den Krieg, besonders nachts, ein Durcheinander aus Schlamm, Blut, Läusen, hysterischen, trunkenen Angriffen und toten Kameraden.

In den Nachkriegsjahren verstärkten sich meine Zweifel. Ich erinnere mich an den Bahnhof Wspolje in Jaroslawl ein Jahr nach dem Krieg und an das Gerücht, dass ein Zug mit einigen unserer Soldaten aus deutschen Kriegsgefangenenlagern durchfahren würde. Ich ging noch an Krücken, doch ich begleitete die anderen aus der Stadt, um zuzusehen. Eisenbahnwaggons, kleine Fenster mit Eisenstangen, schmale, blasse, verstörte Gesichter an den Fenstern. Und auf dem Bahnsteig weinende und jammernde Frauen. Durch die Gitterstäbe geschobene, zusammengerollte Papierfetzen mit den Namen und Adressen von Verwandten und der Bitte, sie wissen zu lassen, dass der Schreiber am Leben war. Und die Frauen rannten zwischen den Waggons hin und her, um nach ihren Männern, Brüdern und Liebsten oder einfach nach Bekannten und Freunden Ausschau zu halten. Die Posten wagten nicht, die ohrenbetäubende Menge zurückzudrängen, doch fortan fuhren die Züge nachts durch den Bahnhof.

Die Menschen auf dem Bahnsteig warteten und warteten. Sie konnten nicht begreifen, weshalb diese Jungen aus den nationalsozialistischen Lagern wie Verbrecher zum Ural und nach Sibirien transportiert wurden. Ich erinnere mich an die gequälten Gesichter und an Fassungslosigkeit, ihre und meine. Und doch schrien sie eine Zeit lang, weinten, bis die Tränen versiegten, und dann war es vorbei. Was uns daran hinderte, die Dinge zu durchschauen, waren unser Jubel über die Niederlage der Nationalsozialisten und unser anhaltender Glaube an Stalins Rechtschaffenheit. Leider sollte es lange dauern, bis die Menschen begriffen, dass jene befreiten Soldaten in Konzentrationslagern und Gefängnissen enden würden, nachdem sie von ihren Henkern, die Angst vor ihnen hatten, mit falschen Versprechungen in die Züge gelockt worden waren.

Später, als ich mich mit den Umständen dieses Verbrechens an unseren sowjetischen Kriegsgefangenen beschäftigte, führte ich mir häufig jene gespenstische, unheilverkündende Szene auf dem Bahnhof Wspolje in Jaroslawl vor Augen.

Mit dem XX. Parteitag der KPdSU wurde eine Schwelle überschritten. Danach kamen das Hin und Her und die Umschwünge:

hoch und nieder, links und rechts, Frost und Tauwetter, Hoffnung und Enttäuschung. Die Perspektiven änderten sich mit jedem Wandel der öffentlichen Meinung. Langsam sah die Nation der Wahrheit ins Auge. Jeder, der den Kontakt mit der Realität nicht verloren hatte, begriff, dass das bolschewistische System unaufhaltsam auf den Bankrott zusteuerte und uns nichts anderes als neue Katastrophen bescheren konnte.

Von denen, die Chruschtschows »Geheimrede« auf dem Parteitag hörten, sind nicht mehr viele am Leben. Das Ausmaß und der Inhalt des Berichts – sowie die Gefahr, die er für das Establishment darstellte – hatten zur Folge, dass er in unserem Land erst rund dreißig Jahre später, zur Zeit der Perestroika, veröffentlicht wurde.

Ich gehörte zu denen, die an jenem Parteitag teilnahmen.

Schon vorher, auf einer Dienstreise in den Primorski-Bezirk, hatte ich Nikita Chruschtschow vor einigen dortigen Wirtschaftsfunktionären der Partei sprechen hören. Er war auf der Rückreise aus China. In seiner Rede und seinen Antworten berührte er unterschiedliche Themen. Er wurde wütend, brüllte und drohte mit drastischen Maßnahmen, als die Kapitäne einiger Kutter über den schändlichen Zustand der Fischerei klagten. Manchmal füllten sie ihre Netze vier- oder fünfmal, konnten ihren Fang jedoch nicht an Land bringen, weil es dort an Verarbeitungsanlagen mangelte. Also warfen sie die Fische zurück ins Meer, was sich in einer Saison nach der anderen wiederholte.

»Das soll unsere Planwirtschaft sein?«, tobte Chruschtschow. Er erblickte den damaligen Außenhandelsminister Mikojan im Publikum, hielt ihm sofort eine Moralpredigt und rief Außenminister Molotow in Moskau an, damit dieser neue Verarbeitungsanlagen – Spezialschiffe aus Dänemark, wenn ich mich recht erinnere – bestellte. Er sprühte vor Energie, und die Kapitäne waren begeistert. Später erkundigte ich mich in Moskau, was man nach Chruschtschows Anweisungen unternommen habe. Die Antwort: Gar nichts.

Chruschtschow hegte tiefes Misstrauen der chinesischen Führung gegenüber. Er wäre nicht überrascht gewesen, wenn die Chinesen die Vorherrschaft in der kommunistischen Weltbewegung angestrebt, Gebietsansprüche gegenüber der UdSSR erhoben und sich um eine Annäherung mit den Vereinigten Staaten bemüht hätten.

All das – die Misswirtschaft im Lande, die Möglichkeit eines Zerwürfnisses mit China – war beunruhigend. Vor allem erstaunten mich jedoch seine ungeschminkten Kommentare über die Stalinzeit. Damals notierte ich mir einige seiner Bemerkungen. Folgendes erklärte Chruschtschow schon lange vor dem XX. Parteitag der KPdSU:

> Wir haben das angesammelte Kapital des Vertrauens vergeudet, welches das Volk der Partei entgegenbringt. Wir können das Vertrauen des Volkes nicht endlos ausbeuten. Wir Kommunisten, das heißt wir alle, müssen wie Bienen das Vertrauen des Volkes pflegen.
>
> Heute gleichen wir Priestern und Predigern, denn wir versprechen ein Königreich im Himmel, doch hier und jetzt haben wir keine Kartoffeln. Nur unser langmütiges russisches Volk würde sich mit so etwas abfinden, doch können wir uns nicht ewig auf seine Geduld verlassen. Wir sind keine Priester, sondern Kommunisten, und wir müssen ihm dieses Glück hier auf Erden zukommen lassen.
>
> Als ich Arbeiter war, gab es keinen Sozialismus, aber dafür Kartoffeln, und nun haben wir den Sozialismus aufgebaut, und es gibt keine Kartoffeln.

Nach Moskau zurückgekehrt, wagte ich nicht, ein Wort davon gegenüber meinen Kollegen zu wiederholen, sondern ich flüsterte es höchstens dem einen oder anderen Freund zu.

Ich arbeitete erst seit anderthalb Jahren im Zentralkomitee und glaubte naiverweise immer noch, dass fast alles, was dort vor sich ging, auf Wahrheit und Gerechtigkeit basierte. Und nun solche Äußerungen vom Partei- und Regierungschef! Ich konnte nicht ahnen, dass das ganze Land nur 18 Monate später durch Chruschtschows Rede auf dem XX. Parteitag erschüttert werden sollte.

Die Rede – »Über den Personenkult und seine Folgen« – wurde am 25. Februar 1956, dem letzten Sitzungstag, gehalten und stand nicht auf der Tagesordnung. Chruschtschow sprach von den Schurkereien und Verbrechen, die Stalin am Sowjetvolk begangen habe, und verkündete den Beginn einer neuen Ära in der Geschichte unseres Landes und der Welt. Seine Aussagen versetzten mich in tiefste Trauer und Verzweiflung. Alles kam mir unwirklich vor, auch die Tatsache, dass ich im Kreml saß und Worte hörte, die das, wofür ich gelebt hatte, zerstörten, die Vergangenheit zertrümmerten, die Seele zerrissen. Alles brach zusammen und wurde nie wieder hergestellt.

Ich saß oben auf dem Balkon. Im Saal unter mir war es totenstill. Kein Stuhl knarrte, kein Husten oder Flüstern war zu vernehmen. Niemand schaute seinen Nachbarn an; die Anwesenden waren entweder zu sehr von dem Unerwarteten oder von der Furcht überwältigt, die in der Psyche, im tiefsten Innern des so genannten Sowjetmenschen für immer Wurzeln geschlagen zu haben schien. Unterdessen zählte Chruschtschow die Tatsachen auf, eine grässlicher als die andere. Er sprach lange, sehr emotional und wich, aufgewühlt wie er war, hin und wieder von seinem Text ab. Ich war so verwirrt, dass ich nicht mehr weiß, ob man ihm applaudierte; wahrscheinlich nicht. Wir gingen mit gebeugten Köpfen hinaus. Der Schock war unbeschreiblich, zumal wir zum ersten Mal offiziell von den Verbrechen Stalins gehört hatten. Niemand sagte ein Wort.

Ich war am Boden zerstört, denn ich wusste nicht, an wen ich glauben sollte: an Stalin, mit dessen Namen Generation um Generation ihr Leben und ihre Hoffnungen verknüpft hatte, oder an den neuen Parteichef, der mit solcher Leidenschaft und Überzeugungskraft von den Verbrechen seines Lehrers sprach, dem er so lange loyal und bedingungslos gedient hatte. Dem neuen Führer zu glauben war nicht leicht, denn dazu musste man einen Ozean des Vertrauens zu dem alten überwinden. Andererseits war es unmöglich, Chruschtschows Anklage einfach abzutun. Ich wusste, dass es politischer Selbstmord für ihn gewesen wäre, Lügen über Stalin zu verbreiten. Vermutlich war er aufrichtig gewesen, und trotzdem hatte ich Angst vor der Wahrheit.

Etwas Ähnliches war mir einmal in meiner Kindheit zugestoßen. Im Jahr 1937 wurden einer der Pferdepfleger und einer der Brigadeführer auf unserem Kolchos verhaftet. Ich fragte meinen Vater nach dem Grund, und er ermahnte mich streng, niemanden darauf anzusprechen.

Und nun nagten die neuen Zweifel und zahlreiche peinigende Gedanken an mir. Ich verlor das Interesse an meiner Arbeit und verhielt mich oftmals gleichgültig meiner Umgebung gegenüber. Gleichzeitig schenkte ich den Reden unserer Vorgesetzten mehr Aufmerksamkeit, nun allerdings von einer kritischen Warte aus, und ich merkte, dass sie sentimentalen Unsinn, Vorwände und sogar glatte Lügen von sich gaben. Allmählich zerbröckelte mein Vertrauen in die Worte unserer führenden Politiker. Ich machte endlich die Augen auf, und der Karrierismus, die Skrupellosigkeit, die Speichelleckerei und die Intrigen wurden immer deutlicher. Es war eine bittere Entdeckung für mich.

Ich versuchte, mir über die Dinge klar zu werden. Meine erste Frage lautete, weshalb Chruschtschows Aussagen einen derart vernichtenden Effekt auf mich hatten. Was spielte die entscheidende Rolle? War der glänzende Stern des Glaubens auf unser sündhaftes Land heruntergestürzt? Wurde ich mir einfach der provinziellen Naivität meiner Überzeugungen bewusst? Handelte es sich um die gekränkte Reaktion eines Betrogenen und Verratenen? Oder um etwas anderes, etwas Rätselhaftes, Unbekanntes, sogar vor mir selbst Verborgenes?

Eine Erkenntnis blieb mir für mein weiteres Leben erhalten: Jedes Gesellschaftssystem, das auf Blutvergießen angewiesen ist, muss vom Erdboden gefegt werden, denn es predigt die dämonische Religion des Bösen.

Ich war ehrlich in meinem früheren Glauben gewesen, und ich war genauso ehrlich, als ich ihn dann verwarf. Bald verabscheute ich Stalin, diesen Unhold, der mich so grausam getäuscht und meine romantischen Träume zertreten hatte. Fortan widmete ich mich der Suche nach einer Möglichkeit, diesem unmenschlichen System ein Ende zu setzen. Auf keinen Fall durfte ich bei der Entscheidung für ein neues System einen Fehler machen. All das nahm die Gestalt von Hoffnung, nicht von Taten an, doch eines war mir damals klar: Der neue Weg musste ganz und gar gewaltlos sein, wenn er zur Freiheit führen sollte.

Ich führte ein Doppelleben lähmender Heuchelei. Ich passte mich an, verstellte mich und bemühte mich zugleich, meine Orientierung nicht zu verlieren und mich nicht zu blamieren. Ich war nicht mehr daran interessiert, für das Zentralkomitee zu arbeiten, sondern suchte einen Ausweg und fand ihn, wenn auch eher instinktiv als durch Planung. Ich verspürte ein Bedürfnis, mich gleichsam umzuschulen, meine frühere Lektüre erneut durchzuarbeiten, zu den ursprünglichen Quellen zurückzukehren: zu Marx, Engels, Lenin, den deutschen Philosophen, den französischen Sozialisten, den britischen Ökonomen, all den Begründern meiner Weltanschauung.

Unmittelbar nach dem XX. Parteitag stellte ich den Antrag,

zu einem Studium an der Akademie der Sozialwissenschaften, die dem Zentralkomitee untersteht, abgeordnet zu werden. Zweimal wurde mein Antrag abgelehnt. Mein dritter Versuch war erfolgreich, wobei man allerdings zur Bedingung machte, dass ich mich an der Geschichtsfakultät der KPdSU einschrieb. Erst nach ungezählten Gesprächen konnte ich die Dozenten der Akademie davon abbringen. Sie verstanden einfach nicht, weshalb ich nicht an der Geschichtsfakultät der KPdSU studieren wollte, was für ein ZK-Personalmitglied wie mich – dazu noch als Historiker – der natürliche Weg gewesen wäre. Nach dem XX. Parteitag wollte ich mich jedoch nicht in dieses trübe Gewässer begeben und wählte stattdessen die Fakultät für internationale Beziehungen.

Ich arbeitete fieberhaft, las unermüdlich, legte Prüfungen ab und schrieb Referate. Mit einer einzigen Ausnahme erhielt ich Bestnoten. In politischer Ökonomie musste ich mich einmal mit einer Zwei begnügen, weil ich mich weigerte, einen Absatz aus einem Referat zu streichen. Darin hatte ich geschrieben, die völlige Verarmung der Arbeiterklasse im Kapitalismus sei weder von einem wissenschaftlichen noch von einem praktischen Standpunkt aus auch nur annähernd denkbar. Professor Lapin, ein überaus gütiger Mann, redete mir zu, den Absatz fallen zu lassen, aber ich blieb fest, und er musste meine Note senken. Er hatte Angst.

Ich bin der Akademie sehr dankbar. Dort herrschte eine solide, schöpferische Atmosphäre. Häufig werde ich gefragt, wann genau ich eine Wende in meinem Denken wahrnahm, wann ich wirklich anfing, meine Ansicht über den Marxismus zu revidieren. Die Frage lässt sich nicht ganz präzise beantworten, denn solche Dinge geschehen nicht von einem Tag auf den anderen, sondern im Lauf eines langen und mühsamen Prozesses. Jedenfalls kam es während meines Studiums der Primärquellen an der Akademie dazu, dass ich mir der Hohlheit und Unwirklichkeit des Marxismus-Leninismus, seiner Unmenschlichkeit und Künstlichkeit, der ihm innewohnenden Widersprüche, seiner Demagogie und seiner betrügerischen Vorhersagen vollauf bewusst wurde. Diese und andere Erkenntnisse trugen maßgeblich dazu bei, die vom XX. Parteitag verbliebenen Wunden zu heilen. Ich akzeptierte, dass Chruschtschow Recht hatte, obwohl ich noch immer nicht begriff, weshalb er zu dem Entschluss gelangt war, einen Schlag gegen die ideologischen Fundamente der neuen Gesellschaft zu führen. Je gründlicher ich den theoretischen Wortschwall der marxistischen Klassiker erforschte, desto klarer sah ich die Ursachen dafür, dass sich die Sowjetunion in einer Sackgasse befand.

Außerdem begann ich zu verstehen, wie die Entwicklungen in Russland von einem weiteren Aspekt des Marxismus beeinflusst worden waren. Als praktisch gesinnter Erbe der utopischen Visionen von Marx und als ein Meister darin, alle möglichen theoretischen Pläne in politische Prosa zu übersetzen, hatte Lenin aus Marx' äußerst widersprüchlichen Projekten nur jene Elemente herausgezogen, die sich für seinen Hauptzweck eigneten: die Übernahme der Macht.

Auf diese Phase meines Lebens mit ihren Schwankungen und neuen Einblicken bin ich in einem früheren Buch, *Obwal* (»Zusammenbruch«, in englischer Sprache erschienen als *The Fate of Marxism in Russia*), eingegangen. Hier möchte ich einen weiteren Umstand erwähnen, der viele Beobachter, die in die damaligen politischen Spiele nicht eingeweiht waren, seit langem verwirrt.

Chruschtschows Rede blieb bekanntlich in den folgenden drei Jahrzehnten ein offizielles Geheimnis. Ein paar Wochen nach dem Parteitag gab jemand den Text an den Westen weiter, doch dem Sowjetvolk blieb er aus einem ganz einfachen Grund verborgen: Die Führung wollte nicht, dass der Gedanke der Entstalinisierung jenseits der Parteielite wahrgenommen wurde, da sie fürchtete, die Sprengkraft solcher Gedanken könne das System bedrohen.

Ich erinnere mich an die langen Debatten, die sich dem ZK-Erlass über den Personenkult im Jahr 1957 anschlossen. Man stritt sich um jedes Wort und jede Formulierung, weil es galt, das bestehende System zu schützen und die Grundthesen einer Ideologie unangetastet zu lassen, die dem Regime genehm war und brutale Auswirkungen für alle anderen hatte. Ungeachtet des XX. Parteitags blieb man hartnäckig dabei, Gesetzlosigkeit und Unterdrückung zu ignorieren und Stalins Verbrechen zu vertuschen.

Die Parteispitze ließ eine Flut von Drohungen über jene Mitglieder ergehen, die es wagten, neue Äußerungen auf dem Gebiet der Sozialwissenschaften zu machen oder Chruschtschows Rede subjektiv zu interpretieren. Ein besonders heikles Thema war das der Massenverhaftungen.

All das ereignete sich vor meinen Augen und lebt in meiner Erinnerung fort.

Kurz nach dem XX. Parteitag versandte das Politbüro Rundschreiben, in denen ein intensiverer Kampf gegen antiparteiliche und antisowjetische Tendenzen verlangt wurde – unter besonderer Erwähnung der Mitglieder, die sich kritisch über die Verhaftungen ausgelassen hatten. Diese Schreiben belegen, wie rasch der Parteiapparat eine energische Kampagne einleitete, um die Beschlüsse des Kongresses zu untergraben.

Bereits im April 1956, kaum mehr als einen Monat nach dem Parteitag, ließ das Zentralkomitee sämtlichen Parteimitgliedern einen vertraulichen Brief zukommen, in dem es vor jeglicher Kritik über den genehmigten Rahmen hinaus warnte. Das Problem bestand darin, dass diejenigen, die sich auf Versammlungen zu Wort meldeten, nicht bloß Stalin, sondern auch andere Mitglieder des ZK-Präsidiums nannten, die für die Verhaftungen mitverantwortlich gewesen seien. Die *Prawda*, jenes Sprachrohr des Stalinismus, fasste den Brief zusammen und rief zu einer Kampagne gegen alle »Demagogen« und »verdorbenen Elemente« auf, welche die Maßnahmen der Partei unter dem Vorwand kritisierten, sie wendeten sich gegen den Personenkult und die Massenverhaftungen.

Das Schreiben hatte nicht die beabsichtigte Wirkung. Wenn ich mich richtig erinnere, ging es in einer Runde neuer Diskussionen unter, die nach Ansicht der Führer eine gefährliche Form annahmen. Infolge dieser Wende der Ereignisse ließ das ZK im Juli 1956 einen zweiten Brief folgen, in dem es die Strafverfolgung einiger prominenter Kommunisten sowie die Auflösung der Parteiorganisation im thermotechnischen Labor der Akademie der Wissenschaften der UdSSR ankündigte – und zwar wegen der Vertretung »inkorrekter Standpunkte« über die Beschlüsse des XX. Parteitags.

Der zweite Brief blieb jedoch ebenfalls wirkungslos. Der spontane Reiz der Entstalinisierung ließ sich von den Parteikomitees, sosehr sie auch wetterten, nicht kontrollieren und griff allmählich auf das Volk über, zunächst auf die gebildeten Schichten und vor allem die Schriftsteller. Diese demokratische Bewegung wuchs nicht nur in der Sowjetunion, sondern auch in den Ländern Zentral- und Südosteuropas. Im Oktober 1956 brach der Volksaufstand in Ungarn aus, und die Sowjetunion entsandte Soldaten, um ihn zu unterdrücken. Auch in Polen war die Drohung einer militärischen Intervention zu spüren.

Die Geschehnisse in Ungarn versetzten das ZK-Präsidium der KPdSU in höchste Panik. Am 19. Dezember 1956 beschloss es, ein weiteres internes Schreiben »über die intensivere politische Arbeit der Parteiorganisationen mit den Massen und über die Abwehr von Angriffen durch antisowjetische, feindliche Elemente« zu versenden. Das Material für das Präsidium wurde von einer Kommission vorbereitet, deren Vorsitz Breschnew hatte und der Malenkow, Aristow, Beljajew, Serow und Rudenko angehörten.

Das Schreiben, primitiv und voller Drohungen, war in einem rein stalinistischen Geist abgefasst und ließ deutlich Furcht erkennen. Es endete mit folgenden Worten:

> Das ZK der KPdSU kann nicht genug betonen, dass es keinen Zweifel daran gibt, wie mit dem feindlichen Pöbel umzugehen ist. In ihrer Einstellung gegenüber antisowjetischen Elementen muss die Diktatur des Proletariats erbarmungslos sein. Alle in der Staatsanwaltschaft, den Gerichten und den nationalen Sicherheitsdiensten arbeitenden Kommunisten müssen die Interessen unseres sozialistischen Staates aufmerksam schützen, die Intrigen feindlicher Elemente wachsam bekämpfen und im Einklang mit dem sowjetischen Gesetz rechtzeitige Maßnahmen gegen sämtliche kriminellen Aktivitäten ergreifen.

Eine Welle von Verhaftungen und Verurteilungen rollte über das Land hinweg. Etliche parteilose, aber auch der Partei angehörende Arbeiter warf man wegen »Verleumdung des Sowjetsystems« und »Revisionismus« ins Gefängnis. Allein in den ersten Monaten des Jahres 1957 wurden hunderte von Menschen angeklagt. Tausende landeten in Konzentrationslagern, weil sie an Chruschtschow geglaubt und sich für Reformen eingesetzt hatten.

Das Zentralkomitee verstärkte seine Kontrolle über sämtliche ideologischen, künstlerischen und naturwissenschaftlichen Institutionen sowie über die Massenmedien. In einer Reihe von Erlassen wurde der Kurs, den Zeitungen und Zeitschriften infolge von Chruschtschows Rede eingeschlagen hatten, heftig verurteilt. Die Praxis Mitte der 1950er Jahre demonstrierte einmal mehr, dass der Parteiführung weiterhin Gewalt und Unterdrückung zur Festigung ihrer Macht dienten.

Von Freunden aus dem inneren Zirkel erfuhr ich, dass die ZK-Führung äußerst nervös war, weshalb sie die Parteiarbeiter ermahnte, die Zügel anzuziehen und ihre Wachsamkeit zu verdoppeln. Doch auch im Apparat herrschte keine wirkliche Einigkeit.

Manche Passagen in Chruschtschows Memoiren lassen ahnen, wie er die Stoßrichtung der Ereignisse nach Stalins Tod und dem XX. Parteitag einschätzte. Er schreibt: »[Wir] waren nicht in der Lage, mit der Vergangenheit zu brechen, wir konnten nicht den Mut und den Willen aufbringen, den Vorhang beiseite zu schieben und dahinter zu schauen, um zu sehen, was sich hinter der Fassade der Stalinzeit verbarg ... Wir waren, wie es schien, gelähmt durch unseren Dienst unter Stalin, immer noch nicht frei von seiner Macht.«

Nichts könnte zutreffender sein. Der Chef der ZK-Wissenschaftsabteilung, Sergej Trapesnikow, fragte mich einmal, was meiner Meinung nach aus dem Marxismus werden würde, wenn wir tot seien. Er selbst dachte, falls das Zentralkomitee die vor ihm liegenden Gefahren weiterhin unterschätze, werde der Marxismus unter dem Druck feindlicher revisionistischer Kräfte vielleicht aufhören, eine revolutionäre Lehre zu sein, und stattdessen ein Instrument des Opportunismus werden. Trapesnikow ist der Urheber einer Metaphernmischung, die in Moskau mancherlei Gelächter auslöste. In seinem Buch über die Agrarfrage heißt es: »Das Wolfsrudel der Revisionisten hat ein Hornissennest gewoben.«

Die Frage bleibt: Warum kam Chruschtschow vom Kurs der Entstalinisierung ab?

Der Hauptgrund ist wohl der, dass er, nachdem er die Wahrheit über Stalins Verbrechen gesagt hatte, über die Konsequenzen seiner beispiellosen Aktion erschrocken war. Denn nun kam es zu öffentlichen Debatten über den Charakter des Systems selbst. Daneben konnte er seine eigene Schuld nicht vergessen. Darauf werde ich später noch eingehen.

Ich halte Chruschtschows Rede deshalb für heroisch, weil wir ihm persönlich folgende Errungenschaften verdanken: in erster Linie die Entlassung von Millionen Menschen aus dem Gulag, die Beendigung des Stalinkults und die Rückkehr ganzer Völker aus der Verbannung; zweitens die Befreiung der Bauern von der Leibeigenschaft, von der Last vernichtender Steuern und der Beschränkung auf ihre jeweiligen ländlichen Gebiete, die sie ohne Ausweise nicht verlassen konnten, sowie die Verabschiedung von einheitlichen Arbeitsgesetzen; und drittens ein Streben nach gegenseitigem Verständnis und Kooperation mit anderen Ländern, das die ersten Risse im Eisernen Vorhang entstehen ließ.

Die Geschichte liebt Paradoxa. Das erste bestand darin, dass Chruschtschow Stalin im wörtlichen Sinne unter die Erde brachte, denn er war Vorsitzender des Begräbniskomitees. Dann begrub er Stalin auch historisch auf dem XX. Parteitag. Bei Stalins Beerdigung ließ er Malenkow, Berija und Molotow – in dieser Reihenfolge, wie vorher arrangiert – ihre Nachrufe vortragen. Zwei oder drei Stunden vor Stalins Tod hatten die Spitzenfunktionäre die Macht des Diktators bereits untereinander aufgeteilt: Malenkow sollte Vorsitzender des Ministerrats, Berija und Molotow Erste Stellvertretende Vorsitzende werden. Chruschtschow hingegen sollte die Führung des ZK der KPdSU übernehmen, das sich fortan auf Fragen der Ideologie und des Personals beschränken und keine wirtschaftliche Rolle spielen würde.

Welch eingefleischte Intriganten, und doch hatten sie sich schwer verrechnet, als sie glaubten, dass sich Chruschtschow damit zufrieden gäbe, dem Triumvirat als Marionette zu dienen! Zugegebenermaßen war es zu jenem Zeitpunkt sehr leicht, ihn falsch einzuschätzen. Schließlich war dies derselbe Chruschtschow, der auf Stalins Geheiß in der Datscha in Wolynsk prustend und schweißüberströmt den Gopak getanzt hatte, während alle anderen um ihn herum vor Lachen brüllten und in die Hände klatschten. Stalin rollten sogar Tränen der Heiterkeit über die Wangen. Es war der Auftritt eines Clowns gewesen, doch der Gedanke, dass Chruschtschow genauso gehorsam nach der Pfeife der neuen Führung tanzen werde, sollte sich bald verflüchtigen.

Ein Wort über die Plenarsitzung des ZK der KPdSU im Juni 1957, ein Jahr nach dem XX. Parteitag. Bereits damals war klar – und im Rückblick wird es noch deutlicher –, dass es sich um einen entscheidenden Moment in der Geschichte des Landes handelte. Mittlerweile hatte Chruschtschow den orthodoxen Stalinisten im Politbüro bedeutende Zugeständnisse gemacht. Nachdem sie sich von ihrem anfänglichen Schock erholt hatten, sannen sie auf Rache. Die Krise innerhalb des Politbüros spitzte sich zu.

Ich studierte noch an der Akademie für Sozialwissenschaften, doch sogar wir Graduierten bekamen Wind von Chruschtschows bevorstehender Absetzung. Wer versuchen würde, ihn zu stürzen – die Befürworter oder die Gegner der Entstalinisierung –, blieb bis in die letzten Tage des Plenums unklar. Moskau gab sich Gerüchten hin, während wir Studenten an den Frühling und die Prüfungen dachten. Außerdem waren wir der Politik überdrüssig. Noch am Tag vor Stalins Beerdigung hatten wir einige Tränen vergossen – jedenfalls manche von uns. Dann waren die Abrechnungen erfolgt. Berija wurde erschossen, was uns nicht störte. Ebenso wenig wie Malenkows Entlassung. Dann der XX. Parteitag. Noch besser. Und nun wieder irgendein Gezänk. Wir hatten die Nase voll.

Das ZK-Präsidium trat zusammen. Seine Mitglieder hatten sich kaum niedergelassen, als Chruschtschows Probleme begannen (man führte kein Protokoll, und die Ereignisse wurden von den Teilnehmern des sich anschließenden ZK-Plenums wiedergegeben). Eine Mehrheit verlangte, dass Nikolai Bulganin, der Vorsitzende des Ministerrats, die Versammlung leitete.

Das Präsidium beratschlagte vier Tage lang, mit dem Ergebnis, dass eine Mehrheit – Bulganin, Woroschilow (Vorsitzender des Obersten Sowjets), Molotow und Kaganowitsch (Erster Stellvertretender Vorsitzender des Ministerrats), Malenkow, Perwuchin und Saburow (Stellvertretende Vorsitzende des Ministerrats) – von sieben zu vier dafür stimmte, Chruschtschow seines Postens zu entheben. Damit schwebte die Gefahr einer Rückkehr zum Stalinismus und einer neuen Welle von Verhaftungen über dem Land.

Die Situation war kritisch. In diesem Moment erwies sich Chruschtschow als geschickter Organisator und mutiger Mann. Auf seinen Befehl hin beschlagnahmte Iwan Serow, der Vorsitzende des Komitees für Staatssicherheit (KGB), eine Reihe von Transportflugzeugen der Luftwaffe, um mehrere besonders einflussreiche Erste Parteisekretäre, die sämtlich dem ZK angehörten, aus den Provinzen nach Moskau holen zu lassen. Sie wirkten so energisch auf das Präsidium ein, dass die verängstigte Anti-Chruschtschow-Fraktion einen Rückzieher machte. Die Frage der Entlassung Chruschtschows wurde von der Tagesordnung gestrichen, und man berief eine Plenarsitzung des Zentralkomitees ein.

Das außerordentliche ZK-Plenum versammelte sich am 22. Juni und diskutierte sieben Tage lang. Die Reden waren zeitlich unbegrenzt. Chruschtschows Planung lag auf der Hand: Zuerst erteilte er das Wort seinen bedingungslosen Anhängern, weil er hoffte, dadurch eine für sich günstige Atmosphäre zu schaffen und die späteren Reden zu entschärfen. Anscheinend fürchtete er, dass seine Gegner ihrerseits einige Anhänger, vielleicht unter ihren persönlichen Freunden, mobilisieren könnten. Suslow, der das Plenum leitete, inszenierte die Debatte überaus gewissenhaft. Am Ende ergriff niemand das Wort gegen Chruschtschow, denn die Nomenklatura war daran gewöhnt, sich stets hinter denjenigen zu stellen, der den stärksten Eindruck machte.

Warum gehe ich so detailliert auf diese Plenarsitzung ein? Weil die politischen Differenzen, denen sie eine Bühne lieferte, vom Stalinismus und dessen Verbrechen herrührten. Wie sich die Stalinisten verschworen hatten, um Chruschtschow zu stürzen und dadurch Rache zu üben, so versuchten auch die Stalinisten in der Kommunistischen Partei der Russischen Föderation unserer Tage, die Vergangenheit wiederherzustellen, indem sie Boris Jelzins Entlassung verlangten. Die Taktik war die gleiche.

Als Erster sprach Marschall Schukow. Er legte Dokumente vor, in denen Molotow, Kaganowitsch und Malenkow die Hauptverantwortung dafür angelastet wurde, dass man politische Arbeiter innerhalb und außerhalb der Partei verhaftet und hingerichtet hatte (in einem späteren Kapitel werde ich dieses Thema gründlicher behandeln). Dadurch, dass er Chruschtschow durch seine geradlinige und freimütige Rede rettete, unterschrieb Schukow jedoch sein eigenes politisches Todesurteil. Die Vergeltung ereilte ihn bereits im Oktober desselben Jahres. Schukow prangerte die Mitglieder der so genannten Antiparteigruppe an und verlangte eine gründliche Untersuchung der Massenverhaftungen sowie die Bestrafung aller Schuldigen.

Deren Vergehen seien nicht als politische, sondern als kriminelle Delikte einzustufen. Die Parteidinosaurier waren jedoch weit vorsichtiger.

Der Absatz der Resolution, der Malenkow, Kaganowitsch und Molotow persönlich für die Massenverhaftungen verantwortlich machte, wurde in einer Geheimsitzung verabschiedet und von den Zeitungen nicht veröffentlicht. Ebenso wies man den Antrag des ZK-Mitglieds Scheremetjew zurück, die von Schukow zitierten Dokumente in einem Schreiben für einen begrenzten Leserkreis zusammenzufassen. Diese Entscheidung trafen die Verbrecher selbst, die weitere Enthüllungen befürchteten.

Im Grunde geht die Verantwortung für den Genozid – oder, besser gesagt, Demozid – in Russland und der gesamten Sowjetunion auf die Ideologie des Bolschewismus in der Form zurück, die sie in etlichen kommunistischen Organisationen unter verschiedenen Namen annahm. Diese Verbrechen wurden unter der direkten Mitwirkung Bronsteins (Trotzki), Rosenfelds (Kamenew), Alfelbaums (Sinowjew) und Dserschinskis sowie unter der Aufsicht Uljanows (Lenin) und Dschugaschwilis (Stalin) begangen.

Wladimir Iljitsch Uljanow (Lenin): Vorsitzender der ersten Sowjetregierung nach der gewaltsamen Machtübernahme im Jahr 1917. Verfechter des Massenterrors, der Gewalt, der Diktatur des Proletariats, des Klassenkampfes und anderer unmenschlicher Ideen. Organisator des brudermordenden russischen Bürgerkriegs und der Konzentrationslager, darunter der Kinderlager. Forderte unablässig Verhaftungen und Todesstrafen durch Erschießen oder Erhängen. Nach jeder Norm des Völkerrechts posthum strafbar für Verbrechen gegen die Menschlichkeit.

Jossif Wissarionowitsch Dschugaschwili (Stalin): Organisator der Massenverhaftungen von Millionen unschuldiger Opfer.

Schöpfer des Gulagsystems zur totalen Vernichtung von Menschenleben. Setzte Lenins verbrecherisches Projekt zur unterschiedslosen Ausrottung der Bauern, der Intelligenzija, der Geistlichkeit und aller anderen »fremden Klassenelemente« fort. Erfinder einer ganzen Kategorie von »Volksfeinden«, die zusammen mit ihren Familien ausgelöscht werden sollten. Trägt die Schuld an der mangelnden Vorbereitung des Landes auf den Krieg mit dem nationalsozialistischen Deutschland und für den daraus folgenden Tod von fast 30 Millionen Menschen. Zusammen mit Lenin verantwortlich für die Spaltung der Völker Russlands in feindliche Lager und für einen ununterbrochenen Zustand des Bürgerkriegs. Organisator des Genozids an den Russen und anderen Völkern der UdSSR. Nach jeder Norm des Völkerrechts posthum strafbar für Verbrechen gegen die Menschlichkeit.

Außer Lenin und Stalin waren die Hauptideologen und Chefregisseure dieses Programms der Massenmorde, das sich von den späten zwanziger Jahren bis in die frühen sechziger Jahre des 20. Jahrhunderts hinzog, Berija, Molotow, Kaganowitsch, Schdanow, Woroschilow, Chruschtschow, Mikojan, Malenkow, Andrejew, Suslow, Kossior, Bulganin, Jagoda, Jeschow, Abakumow, Wyschinski und Ulrich.

Wjatscheslaw Michailowitsch Skrjabin (Molotow): Vorsitzender des Rats der Volkskommissare der UdSSR von 1930 bis 1941. Trägt die Hauptverantwortung an der Tötung von Mitgliedern des Apparats, von denen viele auf seine persönliche Veranlassung hin verhaftet und erschossen wurden. Von den 28 Personen, die dem Rat der Volkskommissare zu Beginn des Jahres 1938 angehörten, wurden zwanzig beseitigt. Nur Mikojan, Woroschilow, Kaganowitsch, Andrejew, Berija und Molotow selbst blieben am Leben. Die sechs Monate von Oktober 1936 bis März 1937 sahen die Verhaftung von fast 2000 Funktionären der

Volkskommissariate der UdSSR, das Personal der Volkskommissariate für Verteidigung, für Inneres und Äußeres nicht mitgerechnet. Stalin trieb Molotow immer wieder an. In einem Schreiben empfahl der Staatschef ihm eine »gründliche Säuberung« des Volkskommissariats für Finanzen und der Staatsbank, wofür »es notwendig sein wird, zwei oder drei Dutzend Saboteure innerhalb dieser Apparate hinzurichten, darunter ein Dutzend dieser oder jener Kassierer«. Gelegentlich, wenn das Volkskommissariat für Inneres (NKWD) eine Liste derjenigen vorlegte, für die es Gefängnisstrafen empfahl, schrieb Molotow die Buchstaben WMN (*wysschaja mera nakasanija*: höchstes Strafmaß) neben einige Namen. Diese Berichtigungen führten dazu, dass die betreffenden Personen erschossen wurden.

Im Jahr 1949 genehmigte Molotow die Verhaftung einer Reihe sowjetischer und ausländischer Bürger, die auf Grund von fingiertem Beweismaterial der Spionage und antisowjetischer Aktivitäten angeklagt wurden.

Lasar Moissejewitsch Kaganowitsch: Seine gesamte politische Karriere ist durch Repressionsmaßnahmen gekennzeichnet. Berüchtigt für die Ergebnisse seiner Aktionen während der Kollektivierung in der Ukraine, dem Gebiet Woronesch, dem Nordkaukasus und Westsibirien. Spielte eine besonders brutale Rolle während der Massenverhaftungen von 1935–1939. Bereits 1933 – auf dem Januarplenum des ZK und der Zentralen Kontrollkommission (ZKK) der Allrussischen Kommunistischen Partei der Bolschewiki (WKP[b]) – erklärte er zornig: »Wir erschießen nicht genug Menschen.« Mit seiner Billigung wurden tausende von Arbeitern im Eisenbahnwesen und in der Schwerindustrie verhaftet und zum Tode oder zu langjährigen Gefängnisstrafen verurteilt. Die Fälle der zwischen 1937 und 1939 als »Volksfeinde« – auf Grund von Befehlen, die er persönlich unterzeichnet hatte – verhafteten Eisenbahnarbeiter nehmen fünf ganze

Bände ein. Um Massenverhaftungen in einem noch größeren Umfang zu veranlassen, unternahm Kaganowitsch eigens Reisen in die Gebiete Tscheljabinsk, Jaroslawl und Iwanow sowie ins Donezbecken (Donbass).

Andrej Alexandrowitsch Schdanow: Diente lange in der Funktion des Zweiten ZK-Sekretärs der WKP(b). Direkt verantwortlich für viele Massenverhaftungen. Im September 1936 verlangten Stalin und er gemeinsam in einem Telegramm aus dem Süden, man solle die Zahl der Verhaftungen erhöhen. Auf ihr Drängen wurde Jeschow zum Chef des NKWD ernannt. In der Vorkriegszeit veranlasste Schdanow, dass man in Leningrad mehr als 68 000 Menschen einsperrte. Um die Massenverhaftungen zu beaufsichtigen und noch weiter auszudehnen, stattete Schdanow den Parteiorganisationen von Baschkirien, Tatarien und Orenburg Besuche ab. In den sechs Monaten zwischen April und September 1937 wurden allein im Gebiet Orenburg 3655 Personen verhaftet, von denen man die Hälfte zum Tode verurteilte. Doch als Schdanow Anfang September in Orenburg eintraf, hielt er diese Zahl für unzureichend und erhöhte sie um 598 weitere Todesurteile. Nach den »Parteisäuberungen«, die Schdanow an Ort und Stelle vornahm, wurden weitere 232 Personen in Tatarien und zusätzliche 342 in Baschkirien verhaftet. Man erschoss fast alle.

Schdanow spielte eine aktive Rolle bei der brutalen Behandlung der ZK-Sekretäre des Kommunistischen Jugendbunds (Komsomol) im Jahr 1938. Im Namen des Politbüros beschrieb er sie als »Vaterlandsverräter, Terroristen, Spione, Faschisten, politisch verdorbene Volksfeinde, die innerhalb des Komsomols eine umstürzlerische Politik betreiben« – kurz, als »konterrevolutionäre Bande«.

Als Hauptinitiator hat Schdanow auch die ideologischen Pogrome auf dem Gewissen, die von 1946 bis 1948 im Bereich der Literatur, des Films, des Theaters und der Musik durchgeführt wurden. Zudem war er einer der Organisatoren der im August 1948 abgehaltenen Versammlung der W.-I.-Lenin-Allunions-Akademie der Agrarwissenschaften, auf der man anders denkende Wissenschaftler zwang, in den Rahmen der staatlichen Orthodoxie zurückzukehren. In einem Memorandum an Stalin vom 10. Juli legte er die Vorschläge dar, welche die Verfolgung einer größeren Gruppe von Biologen nach sich zogen.

Kliment Jefremowitsch Woroschilow: Autorisierte die Vernichtung der Führungsspitze und der politischen Offiziere der Roten Armee. Der Säuberung in den dreißiger Jahren fielen drei der fünf Marschälle der Armee, fünfzehn der sechzehn Armeebefehlshaber, 60 der 67 Korpsbefehlshaber, 136 von 199 Divisionskommandeuren, alle vier höchsten Admirale, alle sechs erstrangigen und sechs der fünfzehn zweitrangigen Flaggenoffiziere zum Opfer. Alle siebzehn der höchsten und zweithöchsten Kommissare der Armee wurden erschossen, zusammen mit 25 der 29 Kommissare auf Korpsebene. In Woroschilows Amtszeit als Volkskommissar für Verteidigung verhaftete man allein in den Jahren 1936 bis 1940 mehr als 36 000 Rote-Armee-Offiziere mittleren und hohen Ranges. Die Akten des Bundessicherheitsdienstes FSB enthalten über 300 Fälle von prominenten Armeebefehlshabern, die Woroschilow einsperren ließ. Während der Zweite Weltkrieg näher rückte, waren die Streitkräfte des Landes so gut wie enthauptet.

Nikita Sergejewitsch Chruschtschow: Es gibt dokumentarische Belege für Massenverhaftungen, die Chruschtschow in der Vorkriegszeit in Moskau, im Moskauer Gebiet und in der Ukraine organisierte. Hin und wieder machte er selbst schriftliche Vorschläge, führende Mitarbeiter des Moskauer Sowjets und des Moskauer Gebietskomitees der Partei zu verhaften. Allein in den Jahren 1936 und 1937 wurden 55 741 Personen in

Moskau inhaftiert. Im Januar 1938 rückte Chruschtschow zum Parteiführer der Ukraine auf. In jenem Jahr verhaftete man dort 106 000, im folgenden Jahr 12 000 und 1940 schließlich 50 000 Personen.

Anastas Iwanowitsch Mikojan: Autorisierte die Verhaftung vieler hundert Mitarbeiter in den Volkskommissariaten für Lebensmittelversorgung und Außenhandel. Er billigte diese Verhaftungen nicht nur, sondern veranlasste sie in einigen Fällen auch. So empfahl er in einem Brief an Jeschow vom 15. Juni 1937, etliche Mitglieder des Allunions-Forschungsinstituts für Fischerei und Ozeanografie hinter Schloss und Riegel zu bringen. Ähnliche Vorschläge machte er im Hinblick auf die Mitarbeiter der Außenhandelsorganisation Wneschtorg. Im Herbst 1937 reiste Mikojan nach Armenien, um die dortige Partei und Regierung von »Volksfeinden zu säubern«. Tausende kamen um. Mikojan und Jeschow ergriffen das Wort auf der Plenarsitzung über den Fall des ehemaligen Politbüromitglieds Nikolai Bucharin, die das ZK der WKP(b) im Februar und März 1937 abhielt.

Georgi Maximiljanowitsch Malenkow: Direkt beteiligt an den meisten Aktionen des NKWD gegen führende politische Vertreter in Moskau und in den Provinzen. Unternahm häufige Reisen, um Massenverhaftungen an Ort und Stelle durchführen zu lassen. Beispielsweise fuhren Jeschow und er 1937 nach Belorussland, wo sie ein regelrechtes Gemetzel beaufsichtigten. Aus dem gleichen Grund statteten sie den Gebieten Tula, Jaroslawl, Saratow, Omsk und Tambow sowie der Autonomen Republik Tatarien Besuche ab. Malenkow war oft zugegen, wenn Verdächtige verhört und gefoltert wurden. Berija und er fingierten den Fall der »konterrevolutionären Organisation« in Armenien. Malenkows kriminelle Rolle bei der Erfindung der so genannten Leningrader Affäre, der die lokale Funktionärsschicht zum Opfer fiel, steht außer Zweifel.

Andrej Andrejewitsch Andrejew: Als Mitglied des Politbüros und des ZK-Sekretariats der WKP(b) war er persönlich an Massenverhaftungen innerhalb der Parteiorganisationen der zentralasiatischen Republiken, darunter Usbekistan und Tadschikistan, sowie des Wolgagebiets und des Nordkaukasus beteiligt. Seine Reisen führten zur Hinrichtung – genehmigt durch Stalin, Molotow und andere – von 430 führenden Parteifunktionären im Gebiet Saratow, von 440 Personen in Usbekistan und 344 in Tadschikistan.

Michail Andrejewitsch Suslow: War als Sekretär des Parteigebietskomitees von Rostow an Massenverhaftungen beteiligt. Nachdem er den Posten des Ersten Sekretärs im Parteibezirkskomitee von Ordschonikidse angetreten hatte, sprach er sich nicht nur nachdrücklich gegen die Freilassung einer Reihe unschuldiger, auf Grund gefälschter Anklagen verurteilter Personen aus, sondern forderte sogar zusätzliche Verhaftungen. Im Juli 1939 meldete eine NKWD-Kommission Berija, dass Suslow mit der Arbeit des lokalen NKWD-Büros unzufrieden sei und es als »wohlwollend« bezeichnet habe. Suslow persönlich legte eine Liste von Kandidaten vor, die seiner Meinung nach inhaftiert werden sollten; seine Vorschläge wurden befolgt. Als Vorsitzender des ZK-Büros der WKP(b) in Litauen war er unmittelbar verantwortlich für die Verschleppung Tausender aus den baltischen Staaten. Suslow inszenierte die Verfolgung vieler prominenter sowjetischer Künstler und Wissenschaftler sowie die Liquidierung des Jüdischen Antifaschistischen Komitees (1948).

Ein Wort über Michail Iwanowitsch Kalinin. Dieser armselige und rückgratlose Mann ist ein besonderer Fall. Als Vorsitzender des Zentralen Exekutivkomitees (ZEK) der UdSSR unterzeichnete er Stalins und Jenukidses Erlass vom 1. Dezember 1934, der »die Einführung von Änderungen im Strafverfahrenskodex der Sowjetrepubliken« anordnete. Fortan konnten die

Behörden Gerichtsverfahren einleiten, ohne dass der Angeklagte angehört wurde oder Berufung einlegen durfte. Zudem sah der Erlass die Möglichkeit der Todesstrafe vor. Zwischen 1931 und 1946 begünstigte Kalinin als Vorsitzender einer ZEK-Kommission zur Überprüfung von Gerichtsverfahren und insbesondere von Gerichtsurteilen die Herrschaft der Gesetzlosigkeit und des Massenterrors. Keinem einzigen Gnadengesuch wurde entsprochen. Wie Molotow fand er sich sklavisch mit der Inhaftierung seiner Frau auf Grund fingierter politischer Anklagen ab.

Das waren unsere Führer. Sie alle hätten es verdient gehabt, wegen ihrer Verbrechen gegen die Menschlichkeit vor Gericht gestellt zu werden.

Ein weiterer Kommentar ist angebracht. Es gibt immer noch einige Menschen, die dem Mythos Glauben schenken, diese Massenrepressionen seien einzig und allein das Werk Stalins und seiner Handlanger gewesen. Zur Zeit Lenins, behaupten sie, hätten sich solche Verhältnisse nicht entwickeln können. Andere meinen, die in Lenins Epoche getroffenen Maßnahmen seien von Zufällen abhängig gewesen oder durch spezifische Ereignisse notwendig geworden. Solche Ansichten werden jedoch nicht durch die Tatsachen untermauert. In Wahrheit ließ Stalin sich für seine Strafaktionen nichts einfallen, was es nicht bereits unter Lenin gegeben hätte: Hinrichtungen, Geiselnahmen, Konzentrationslager und alles Übrige.

Bereits im Januar 1918, nur zwei Monate nach seinem konterrevolutionären Putsch, sollte Lenin voller Genugtuung schreiben: »An einem Ort wird man vielleicht zehn Geldsäcke, ein Dutzend Gauner und ein halbes Dutzend Arbeiter einsperren, die sich ihren Pflichten entziehen (auf die gleiche schlampige Art wie viele Schriftsetzer in Petersburg, besonders in den Druckereien der Partei). An einem anderen Ort wird man sie zwingen, die Toiletten zu säubern. An einem dritten wird man sie als *schädlich* im Auge behalten, bis sie sich bessern. An einem vierten wird man *einen von zehn* der des Schmarotzertums Schuldigen auf der Stelle erschießen. An einem fünften wird man sich eine Kombination aus verschiedenen Maßnahmen einfallen lassen.« [Hervorhebung durch den Autor]

»Einen von zehn«: eine verhängnisvolle Formel. Später fand auch Hitler Gefallen an ihr, zum Beispiel als seine SS Geiseln aus der sowjetischen Zivilbevölkerung erschoss. Der Stil ist der gleiche. Bei den Handlungen von Unmenschen gibt es stets viele Gemeinsamkeiten.

Nach der Ermordung Wolodarskis, des Chefs der Petrograder Tscheka (Geheimpolizei), am 21. Juni 1918 schrieb Lenin an Sinowjew: »Erst heute haben wir im ZK gehört, daß die Arbeiter in Petrograd die Ermordung Wolodarskis mit dem Massenterror beantworten wollten und daß Sie (nicht Sie persönlich, aber die dortigen Mitglieder des ZK oder des PK) sie zurückgehalten haben. Ich protestiere entschieden! Wir kompromittieren uns: wir drohen sogar in den Resolutionen des Deputiertensowjets mit Massenterror, wenn es aber ernst wird, *hemmen* wir die revolutionäre Initiative der Massen, die völlig berechtigt ist. Das ist un-mög-lich! Die Terroristen werden uns für Waschlappen halten. Wir leben im Krieg, mitten im Krieg. *Man muß die Energie und den Massencharakter des Terrors gegen die Konterrevolutionäre fördern*, besonders in Petrograd, dessen Beispiel entscheidet.« [Hervorhebung durch den Autor]

Lenins Ermahnung, den »Massencharakter des Terrors« zu fördern, zeitigte das gewünschte Ergebnis. Als Reaktion auf die Ermordung Urizkis, eines weiteren Chefs der Petrograder Tscheka, wurden 500 Geiseln erschossen. Am 9. August 1918 verschickte Lenin zwei Telegramme, eines ungeheuerlicher als das andere. An Fjodorow in Nischni Nowgorod: »Es gilt, alle Kräfte anzuspannen, ein Dreierkollegium von Diktatoren (Sie, Markin u. a.) einzusetzen, *sofort den Massenterror einzuführen*, die nach hunderten zählenden Prostituierten, die die Soldaten betrunken machen, ehemalige Offiziere usw. zu erschießen bzw. aus der Stadt zu transportieren. Man darf keinen Augenblick zögern … Man muß mit aller Energie vorgehen: Haussuchungen in großem Umfang. Für den Besitz von Waffen Erschießung. Massenabtransport von Menschewiki und unzuverlässigen Personen.« Und am selben Tag an Bosch in Pensa: »Man muß verstärkte Bewachung durch ausgesucht zuverlässige Leute organisieren, *schonungslosen Massenterror* gegen Kulaken, Popen und Weißgardisten anwenden; verdächtige Personen in ein Konzentrationslager außerhalb der Stadt einsperren.« Am folgenden Tag, ebenfalls nach Pensa:

> An die Genossen Kurajew, Bosch, Minkin und andere Kommunisten in Pensa.
> Genossen! Erhebung von fünf Bezirken des Kulakentums muss *gnadenlos* niedergeschlagen werden. Dies ist im Interesse der gesamten Revolution erforderlich, da sich »Endkonflikt« mit Kulaken überall abspielt. Brauchen Handlungsvorlage.
> 1. Hängt nicht weniger als hundert bekannte Kulaken, Bonzen, Blutsauger auf (unbedingt aufhängen, damit *die Menschen es sehen*).
> 2. Veröffentlicht ihre Namen.
> 3. Beschlagnahmt *all* ihr Getreide.
> 4. Wählt Geiseln im Einklang mit gestrigem Telegramm. Geht so vor, dass die Menschen es auf hunderte von Werst sehen und zittern …
> Bestätigt Empfang und *Ausführung* des Telegramms.
> Euer Lenin
> *P.S.:* Findet härtere Leute.

Das Tragischste und Schändlichste an unserer Geschichte ist, dass die »härteren Leute« im Übermaß gefunden wurden.

Weitere Anweisungen vom Oberhaupt. An das Exekutivkomitee in Liwny: »Notwendig … sämtliches Getreide und Eigentum der aufsässigen Kulaken zu beschlagnahmen, die Anstifter unter den Kulaken *aufzuhängen*, das arme Volk durch zuverlässige Führer aus unseren Reihen zu mobilisieren und zu bewaffnen, Geiseln unter den Reichen zu nehmen und sie festzuhalten, bis jedes bisschen Getreide aus ihren Bezirken entfernt ist … Es ist teuflisch wichtig für uns, Judenitsch zu erledigen (genau, ihn zu erledigen, ein für alle Mal). Wenn die Offensive begonnen hat, können Sie nicht weitere rund 20 000 Petrograder Arbeiter mobilisieren sowie 10 000 Bürgerliche, Maschinengewehre in ihrem Rücken aufstellen, *ein paar hundert erschießen* und Judenitsch wirklich unter Druck setzen?« [Hervorhebung durch den Autor]

Und Lenin war nicht allein verantwortlich, auch wenn seine persönliche Rolle bei der Ermordung von Millionen russischer Menschen, besonders während des Bürgerkriegs, offensichtlich ist. Im Wesentlichen war das System verantwortlich, das er aufzubauen begann, denn es stützte sich auf eine Ideologie der Gewalt.

Als eine Arbeiterbrigade in der bitteren Kälte des Januar 1924 mit Spaten und Brecheisen das Fundament für das Leninmausoleum aushob, beschädigte sie eine Abwasserleitung. Die Bruchstelle fror zu, und das Mausoleum wurde im Frühjahr mit Abwässern überflutet. Dazu bemerkte der Patriarch Tichon: »Die Reliquien haben das Salböl erhalten, das sie verdienen.« Der Patriarch hatte Recht.

Die Vernichtung eines Menschenlebens ist die älteste aller Sünden. Das 20. Jahrhundert hat den Neokainismus hervorgebracht: den Demozid, die Auslöschung ganzer Völker. Eine neue Branche ist entstanden, die Völkermorde am Fließband begeht – in Auschwitz an denen, die einer der »minderwertigen Rassen« angehörten, in den Gefängnissen und Lagern des Gulags an denen, die man einer »minderwertigen Klasse« zuordnete.

Der Neokainismus hat zur Folge, dass Menschen wegen ihrer »Rasse« und ihrer Klassenzugehörigkeit verurteilt werden. Du magst Einstein persönlich sein, doch wenn du Jude bist, dann ab in die Gaskammer mit dir. Du magst ein Biologe wie Wawilow oder ein Dichter wie Gumiljow sein, doch wenn du eine eigene Meinung hast, musst du bestraft werden. In Wawilows Fall durch Folter bis zum Verhungern, in Gumiljows Fall durch eine Kugel.

Lenin, Stalin und Hitler – diese Troika der schlimmsten Verbrecher des Jahrhunderts schuf den Neokainismus. In Kains Jahrhundert wurde Russland ruiniert und sein tausendjähriges Entwicklungsmodell verworfen. Einst ein Land der Bauern, wandelte es sich zu einem Land der Lumpen, das heißt der groben und entwurzelten Menschen. Einst russisch-orthodox, wurde es atheistisch. Einst vorwärts eilend, begann es zurückzubleiben. Ihm wurde das tödliche Gift der Verlumpung ins Knochenmark gespritzt. Man verachtet es zu Recht, denn weshalb sollte man es respektieren? Wegen seiner Faulheit, seiner Trunksucht, seines Neides auf den Wohlstand seiner Nachbarn, wegen seiner Schnorrerei? Es gibt nichts, dessen das russische Volk nicht fähig wäre. Es kann einen Puschkin, einen Gogol, einen Ziolkowski und einen Wernadski hervorbringen. Es versteht sich auf alles, doch besonders auf das Trinken und auf das Nichtstun unter Alkoholeinwirkung. Er mag mittellos sein, unser Russe, aber er möchte trotzdem nicht ins Schwitzen geraten. Geld mag in den Boden eingetrampelt sein, doch er ist zu träge, um sich zu bücken und es aufzuheben. Und diejenigen, die nicht faul sind, finden kein Auskommen in Russland. Heute ist Revolution, und morgen wird man durch die Machthaber ausgeraubt.

Doch dafür, alles zu bereuen, fehlt es an Mut, an Gewissensbissen und an Zeit.

Das orthodoxe Russland ist untergegangen. Verschwunden. Alles ist zertrümmert, die Tempel sind vom Lumpenpöbel ruiniert worden. Alles hat sich in Lüge aufgelöst. Der Geist ist umnebelt, die Seele verhärtet. Statt der Wahrheit hat man die Lüge des Teufels auf den Thron gesetzt, denn die Wahrheit schadet dem Volk, wie die Lumpen meinen: Sie lässt die Augen schmerzen und knirscht in den Ohren. Die Wahrheit ist verderblich, also lebt die Macht von Lügen.

Im Lauf von zwei Revolutionen – im Januar 1905 und im Februar 1917 – war Russland zuerst eine konstitutionelle Monarchie und dann eine demokratische Republik geworden. Die Konterrevolution vom Oktober 1917 warf das Land wieder zurück, und die sich anschließende stalinistische Kollektivierung und Industrialisierung ließen es noch weiter zurückfallen – bis in die Zeit der mittelalterlichen Inquisition.

Stalin und die anderen Bolschewiki logen, wenn sie behaupteten, das Russland Tolstois und Stolypins liege um hundert Jahre hinter dem Westen zurück. In Wirklichkeit war es dabei, zum Westen aufzuschließen, doch dann brachen die Bolschewiki ihm die Beine, prügelten ihm das Gehirn heraus und stellten es auf den Kopf. Die Blüte des Volkes wurde zum Opfer einer totalen Inquisition: Man kategorisierte Aristokraten, Kaufleute, Offiziere, Professoren und andere (die ganze »Intelligenzijascheiße«, um mit Lenin zu sprechen) wie Hexen nach dem Ausmaß ihrer Schuld. Ein siebzigjähriger Hexenprozess. Ein Konzentrationslager namens Sozialismus.

Habt ihr vergessen, wie es in jenem »Land der Freude« zuging? Ihr kauftet eine Flasche Wodka – welch ein Glück; ein Stück Wurst – noch besser; ein Paar Frauenstiefel oder einen Kühlschrank – ein Anlass zu wilden, trunkenen Feiern. Niemand konnte sich den Schlangen nach verdorbenem Fleisch und verfaulten Kartoffeln entziehen, auch nicht den Spitzeln im eigenen Kreis und den anklagenden Debatten innerhalb der Partei- und der Gewerkschaftskomitees darüber, wer ... und wie ... und mit wessen Frau. Marschall Schukow und der Theaterregisseur Georgi Towstonogow wurden in ihrem Schlafzimmer belauscht. Unsere Herren hatten einen neugierigen Geist, sie dürsteten nach Wissen.

Reform in der UdSSR und in Russland erwies sich in politischer und wirtschaftlicher, vor allem jedoch in psychologischer Hinsicht als schwieriger Prozess. Bei dem Versuch, das Land zu reformieren, unterschätzten wir – und so auch ich – etliche Faktoren, vor allem aber den psychischen Zustand der Gesellschaft, die träger, gleichgültiger und abhängiger war, als wir uns vorgestellt hatten. Bis zum heutigen Tag richten viele Menschen ihre Hoffnungen auf irgendeinen großen Mann, irgendein Idol; sie träumen von Sklaverei und »stärkeren« Führern. Das ist es, das »Rätsel« der russischen Seele. In Wirklichkeit versteckt sich dahinter nichts anderes als eine Sklavenmentalität.

Natürlich ist nichts auf Erden derart einfach. Millionen von Menschen verbrachten ihr ganzes Leben unter diesem System. Sie studierten, arbeiteten, zogen Kinder auf, kannten Sorgen und Freuden. Sie können nur schwer den Gedanken akzeptieren, dass ihr Leben sinnlos oder umsonst gewesen sein soll. Andererseits ist dies das Los sämtlicher Generationen, wenn sie sich dem Ende nähern. Verebbt das Leben, nistet sich Melancholie in der Seele ein.

Die Jugend ist in unserer Erinnerung stets so schön, dass im Rückblick Wehmut und Tränen aufkommen. Alles ist wunderbar, sonnig, voller Liebe und Hoffnung.

Man kann und muss der abtretenden Generation Verständnis entgegenbringen. Sie will nicht mit der Vergangenheit brechen. Besonders verhasst ist ihr der Gedanke, dass ihr das versprochene ruhige Alter vorenthalten wird und sie sich stattdessen darum sorgen muss, genug Geld für eine Beerdigung zusammenzubekommen.

Alles, was sich nach Oktober 1917 abspielte, fügt sich zu einem unglaublichen Drama zusammen, das ein ganzes Land und all seine Völker einbezieht: eine ununterbrochene Folge von Leiden für manche und von Verbrechen für andere. Gleichwohl beherrschte das totalitäre Regime keineswegs das gesamte Leben der Menschen. Der Bolschewismus war nur ein einziger, wenn auch widerwärtiger Aspekt des Daseins. Die Zeiten verlangen eine ehrliche Antwort auf die Hauptfrage: Wie war es möglich, dass Millionen von unschuldigen Menschen durch die Launen einer kleinen Gruppe krimineller Machthaber vernichtet und weitere Millionen als sozial Geächtete, Opfer einer inhumanen Staatsmaschinerie, zu endlosen Qualen verdammt wurden?

Ein Grund ist natürlich der, dass sich das russische Volk, erschöpft nach tausend Jahren der Armut und der ständigen Erniedrigung, durch die Versprechen eines sofortigen irdischen Paradieses benebeln und verwirren ließ, seine eigenen Zweifel nicht mehr hörte und der Lüge Glauben schenkte. Die Hauptsache war, ein besseres Leben zu erlangen, und das um jeden Preis. Die ungemein niederträchtige marxistisch-leninistische Lumpenideologie machte sich diesen Glauben zu Nutze.

Und diese Eigenschaft besteht weiter. Haben die freiwilligen Anzeigen ein Ende gefunden? Heute denunziert man nicht mehr durch anonyme Briefe, sondern in aller Offenheit, im Fernsehen, in den Zeitungen, vom Podium bei Massendemonstrationen und durch den Gebrauch von kompromittierendem Material. Gibt es weniger Diebstähle und weniger Bestechlichkeit? Weniger Lügen und Heuchelei? Hören wir nicht Aufrufe zur

Vergeltung, zur Aburteilung und Hinrichtung jener, die sich gegen den Bolschewismus erhoben? Werden nicht über hundert offen faschistische Zeitungen in unserem Land veröffentlicht? Klebt man nicht antisemitische Plakate an unsere Wände? Leisten nicht viele unserer Richter und Staatsanwälte, die Jahre des treuen Dienstes an der bolschewistischen Gesetzlosigkeit hinter sich haben, der schleichenden Restauration aktiv Vorschub, wenn sie die verfassungswidrigen Handlungen unserer Nazis sanktionieren?

Die Praxis der Massenverhaftungen hat sämtlichen Völkern Russlands unermesslichen Schaden zugefügt, die Gesellschaft förmlich ausbluten lassen und ihren moralischen Zusammenbruch unvermeidlich gemacht. In den siebzig Jahren des Bolschewismus wandelten sich die Formen der Unterdrückung, doch die Ursachen und der Charakter des Despotismus blieben unverändert. Das Regime und seine Führer waren bereit, jedes Verbrechen gegen die Menschlichkeit zu begehen, um ihr Monopol im Hinblick auf Macht, Ideologie und Eigentum zu festigen und um eine untertänige Herde, wenn auch mit der Mentalität eines »Volkes auf den Barrikaden«, zu schaffen.

Unsere heutigen Bolschewiki (die gegenwärtigen Kommunisten, Nationalpatrioten sowie andere russophobe, antipatriotische Gruppen) sind immer noch in der Lage, die demokratische Entwicklung des Landes zu unterbinden und es wieder in die Senkgrube zu stürzen. Ich bin davon überzeugt, dass nur eine konsequente Entbolschewisierung des Staates und der Gesellschaft unser Volk vor dem endgültigen physischen und geistigen Ruin retten kann.

Das 20. Jahrhundert liegt hinter uns. Für Russland war es das schrecklichste, blutigste aller Jahrhunderte, geprägt von Hass und Intoleranz. Es ist an der Zeit, zur Vernunft zu kommen, Reue zu üben, die wenigen Überlebenden der Konzentrationslager um Vergebung zu bitten, vor den Gräbern all jener Menschen, die erschossen wurden oder Hungers starben, auf die Knie zu fallen und endlich einzusehen, dass wir in einem kriminellen Staat lebten und ihm halfen, uns zu versklaven – alle von uns gemeinsam und jeden Einzelnen von uns.

Im Grunde war es das Erwachen von 1956, das zur Perestroika von 1985 führte, zur Ära der Erneuerung. Sie kam spät, aber nun ist sie hier. Wir, die wir all das durchlebt haben, werden zweifellos immer wieder zu jenem Dickicht amtlicher und persönlicher Beziehungen zurückkehren müssen, um die Ereignisse zu analysieren, um unseren Stolz auf das Erreichte auszukosten und um unsere Sünden und Irrtümer zu bereuen.

Die Gulag-Ernte der Kreuze – räumlich unbegrenzt, doch ein Phänomen der jüngeren Vergangenheit. Der größte Friedhof der Erde und der Geschichte. Vernachlässigt, überwuchert, verpestet durch Denunziationen, verschmutzt durch radioaktiven und chemischen Müll, immer wieder durch geistlose Trottel mit Porträts von Lenin und Stalin entweiht. Der Friedhof menschlicher Hoffnungen. Ein ewiger Stempel der Schande auf unserem unglücklichen Land.

SOZIAL GEFÄHRLICHE KINDER

Heute verurteilt die Geschichte das Übel des Bolschewismus im Namen der Kinder. Für Verbrechen an Kindern gibt es keine Vergebung, genauso wenig wie für das, was Jeschows Befehl Nummer 00486 vom 15. August 1937 bewirkte. Hier sind einige seiner Klauseln. Ich zitiere nach dem Original mit seinem ganz eigentümlichen Stil:

> Vorbereitung der Operation. Dies beginnt mit einer gründlichen Überprüfung sämtlicher Familien, die für Repressionsmaßnahmen vorgesehen sind. Zusätzliches kompromittierendes Material wird gesammelt. Auf dessen Grundlage fertigt man Folgendes an:
> a) einen allgemeinen Bericht über die Familie;
> b) einen separaten kurzen Bericht über Kinder von mehr als fünfzehn Jahren, die sozial gefährlich und zu antisowjetischen Handlungen fähig sind;
> c) eine separate Liste der Namen von Kindern unter fünfzehn Jahren im Vorschul- und Schulalter.
> Die Berichte werden von den Volkskommissariaten für Innere Angelegenheiten der Republiken und den Leitern der Gebiets- und Kreisbüros des Volkskommissariats für Innere Angelegenheiten (NKWD) geprüft.
> Die Letzteren
> a) genehmigen die Verhaftung und Durchsuchung der Frauen von Vaterlandsverrätern;
> b) entscheiden, welche Maßnahmen hinsichtlich der Kinder und der verhafteten Frauen zu treffen sind.

Wie Verhaftungen und Durchsuchungen vonstatten gehen. Frauen im legalen oder faktischen Stand der Ehe mit einem Verurteilten unterliegen vom Moment seiner Verhaftung an ihrerseits der Verhaftung.
Ehefrauen, die zur Zeit seiner Verhaftung von dem Verurteilten geschieden sind, unterliegen ebenfalls der Verhaftung, wenn sie an den konterrevolutionären Handlungen des Verurteilten beteiligt waren, ihn verborgen oder von seinen konterrevolutionären Handlungen gewusst haben, ohne die Behörden in Kenntnis zu setzen.
Nach der Verhaftung und Durchsuchung sind die Ehefrauen der Verurteilten mit Militärzügen ins Gefängnis zu schicken. Gleichzeitig werden die Kinder im Einklang mit dem unten dargelegten Verfahren entfernt.
Verfahren für die Aufzeichnung von Fällen. Ermittlungen werden für jede verhaftete Ehefrau und jedes sozial gefährliche Kind über fünfzehn Jahren eröffnet. Die Ergebnisse sind zur Prüfung an die Sonderkonferenz des NKWD der UdSSR weiterzuleiten.
Prüfung von Fällen und Strafmaßen. Die Sonderkonferenz prüft die Fälle der Ehefrauen von Vaterlandsverrätern und von Kindern über fünfzehn Jahren, die sozial gefährlich und zu antisowjetischen Handlungen fähig sind.
Die sozial gefährlichen Kinder der Verurteilten unterliegen je nach ihrem Alter, dem Grad der Gefahr und der Wahrscheinlichkeit ihrer Besserung der Inhaftierung in den Lagern oder den Besserungsarbeitskolonien des NKWD oder in den Waisenhäusern mit strengem Regime der Volkskommissariate für Aufklärung der Republiken.
Verfahren für die Ausführung von Strafen. Die sozial gefährlichen Kinder von Verurteilten werden zu den Lagern, den Besserungsarbeitskolonien oder Waisenhäusern mit strengem Regime der Volkskommissariate für Aufklärung der Republiken gebracht, und

zwar im Einklang mit den persönlichen Anordnungen des Gulags des NKWD hinsichtlich der ersten und zweiten Gruppe und der Verwaltungswirtschaftlichen Abteilung (AChU) des NKWD der UdSSR hinsichtlich der dritten Gruppe.

Unterbringung der Kinder von Verurteilten. Alle anderen Kategorien der nach einer Verurteilung verwaisten Kinder sind folgendermaßen unterzubringen:

a) Kinder zwischen ein und anderthalb bis zu drei Jahren in den Waisenhäusern und Säuglingsheimen der Volkskommissariate für Gesundheit an den Siedlungsorten der verurteilten Personen;

b) Kinder zwischen drei und fünfzehn Jahren in den Waisenhäusern der Volkskommissariate für Aufklärung anderer Republiken, Regionen und Gebiete (im Einklang mit der vereinbarten Verteilungsordnung), doch außerhalb von Moskau, Leningrad, Kiew, Tbilissi [Tiflis] und Minsk und nicht in Küsten- und Grenzstädten.

Fälle von über fünfzehnjährigen Kindern sind auf individueller Grundlage zu entscheiden. Säuglinge werden mit ihren verurteilten Müttern in die Lager geschickt, wo man sie im Alter von ein bis anderthalb Jahren den Waisenhäusern und Säuglingsheimen der Volkskommissariate für Gesundheit der Republiken übergibt.

Falls (nicht von Repressionen betroffene) Verwandte die Waisen als Unterhaltspflichtige bei sich aufnehmen wollen, sind keine Einwände zu erheben.

Vorbereitungen für den Empfang und die Verteilung der Kinder. In sämtlichen an den Aktionen beteiligten Städten werden spezielle Aufnahme- und Verschickungszentren eingerichtet, wohin man die Kinder unmittelbar nach Verhaftung ihrer Mütter transportiert und von wo sie dann in Waisenhäuser weitergeleitet werden.

Die Leiter der NKWD-Organe und der Zentren, in denen sich die Waisenhäuser der Volkskommissariate für Aufklärung befinden, überprüfen gemeinsam mit den Direktoren oder Vertretern der Gebietsabteilungen für Aufklärung (OBLONO) das Personal der

Waisenhäuser und entlassen sämtliche politisch unzuverlässigen, antisowjetischen und dekadenten Leute. Die Entlassenen werden durch glaubwürdige, politisch zuverlässige Personen ersetzt, welche die Fähigkeit besitzen, die eintreffenden Kinder zu unterrichten und zu erziehen.

Verfahren zur Entsendung von Kindern in Waisenhäuser. In den Empfangs- und Verteilungszentren werden die Kinder von dem Direktor oder Leiter des Zentrums und einem eigens ausgebildeten Experten der Staatssicherheitsverwaltung (UGB) empfangen.

Die Details jedes eintreffenden Kindes werden in ein Verzeichnis eingetragen und seine Dokumente in einem separaten Umschlag versiegelt.

Die Kinder werden dann je nach ihrem Bestimmungsort in Gruppen eingeteilt und von eigens ausgewählten Mitarbeitern zu den Waisenhäusern der Volkskommissariate für Aufklärung gebracht, wo man sie mit ihren Dokumenten dem Direktor gegen dessen persönliche Unterschrift übergibt.

Kinder unter drei Jahren werden den Direktoren der Waisenhäuser oder Säuglingsheime der Volkskommissariate für Gesundheit gegen deren persönliche Unterschrift übergeben. Die Geburtsurkunde ist zusammen mit dem Kind auszuhändigen.

Beaufsichtigung der Kinder von Verurteilten. Die Kontrolle über die politische Einstellung der Kinder von Verurteilten sowie ihre Unterrichtung und Erziehung obliegt den Volkskommissariaten für Innere Angelegenheiten der Republiken sowie den Leitern der Kreis- und Gebietsorgane des NKWD.[1]

Ich lese diese unter Jeschow und Stalin zu Stande gekommenen Texte erneut und bin wieder verwirrt und unsicher: Könnte das alles nicht eine Erfindung, eine Fälschung sein? Waren diese blutrünstigen Sätze wirklich das Werk von Staatslenkern mit eigenen Kindern? Nur zwei Dinge kommen in Frage: Entweder waren sie, die mit Blut schrieben, wahnsinnig, oder ich selbst habe beim Lesen den Verstand verloren.

Leider sind all diese Dinge geschehen, und vor nicht allzu langer Zeit. Deshalb kann man nur Zorn auf diejenigen empfinden, die durch unser Land marschieren und blöken, dass Stalin »nicht weit genug gegangen« sei und seine reinigende Mission nicht vollendet habe. Allerdings haben sie nicht ganz Unrecht, denn er vernichtete nur sechzig bis siebzig Millionen Menschen. Die Zeit reichte nicht, alle umzubringen, da er sich vorher in die Hölle empfahl, um dem Teufel Bericht zu erstatten.

Möge der Herr unsere Enkel und Urenkel vor dem Schicksal derjenigen bewahren, die das kommunistische Regime mit dem Etikett »Kinder von Volksfeinden« versah. Die Abkürzung in den Akten lautete TschSIR (»Mitglied der Familie eines Vaterlandsverräters«). Das war das schwere Kreuz, das diese Kinder ihr ganzes Leben lang zu tragen hatten.

Kinder sind Kinder. Sie bedürfen stets der Fürsorge der Erwachsenen. Formell gesehen waren es natürlich nicht die Kinder, sondern die Eltern, die von den »Troikas«, den dreiköpfigen Revolutionstribunalen, und den »Sonderkonferenzen« abgeurteilt wurden. Nicht die hilflosen Minderjährigen, sondern ihre Eltern wurden mit dem Tod durch Erschießen, der Entsendung in Gefangenenlager und Sondersiedlungen oder in die Verbannung bestraft. Doch die Tragödie von Eltern und Kindern ist ununterscheidbar. An allen Haltepunkten ihres Lebens, an der ganzen Straße des Leides, der Erniedrigung und des Missbrauchs erging es den Kindern am schlimmsten. Der leninistisch-stalinistische Apparat der politischen Repression entriss Millionen Kinder ihren Familien, so dass sie ihren Folterern allein von Angesicht zu Angesicht gegenüberstanden, brachte sie um ihr Elternhaus und sogar um ihren Namen, den man in den

Waisenhäusern des NKWD häufig vergaß, und beraubte sie ihrer Zukunft. Es ist schrecklich, an all das zu denken, und noch unerträglicher, zugeben zu müssen, dass es sich wirklich ereignete.

Heute sind die Lagerkinder nicht mehr jung. Viele sind Kriegsveteranen und Rentner. Ihre Eltern lebten nicht lange genug, um den zu einem demokratischen Russland führenden Wandel beobachten zu können. Bald werden diese einstigen »stalinschen Waisen« die einzigen lebenden Zeugen jener tragischen Ereignisse und der Verbrechen des faschistischen Regimes sein. Und schließlich wird es auch sie nicht mehr geben.

Die Kommission zur Rehabilitierung der Opfer politischer Repressionen, deren Vorsitz ich führe und die dem Präsidenten Russlands unterstellt ist, hat etliche Briefe der damals noch jungen Gefangenen in ihrem Besitz. Die Opfer schreiben, dass sie bis zum heutigen Tag von den Gräueln des Gulags träumen und immer noch nach ihren Eltern suchen. Sie leben und erinnern sich. Ihre Erinnerungen sind ihr nicht abzulegendes Kreuz.

So schreibt Viktor Iwanowitsch Pankow aus dem Gebiet Tjumen: »Ich war fünf Jahre alt, als man unsere Familie 1930 unter dem Vorwurf des Kulakentums deportierte. Sie bestand aus sieben Personen. Wir wurden in die Verbannung nach Tobolsk geschickt. Dann teilte man uns der neu gegründeten Siedlung Sowetski jenseits der Sümpfe siebzig Kilometer westlich von Tobolsk zu. Wir wohnten in Baracken. Viele der in die Verbannung geschickten Kulaken, besonders Kinder und alte Menschen, starben in Folge von Hunger und Kälte. Wir wussten nicht, was es heißt, eine Kindheit zu haben oder jung zu sein. Wir hungerten, wir überlebten durch den Verzehr von Blättern und Moos, wir trugen Bastschuhe und selbst gemachte Kleidung.«[2]

Ein Lackmustest für jede Regierung, mag sie sich auch noch so verstellen, ist ihre Behandlung der Kinder. Ja, die Sowjetunion hatte ihr sonniges Jugendlager Artek als Reklame für eine glückliche Kindheit, sie hatte ihre Jungen Pioniere und ihre verbilligten Reisen in Sommerlager. Zugleich hatte sie jedoch auch ihre Gulag-Konzentrationslager, ihre Reiserouten für die nach Sibirien Verbannten und ihre Unterlagen vom Reisebüro der NKWD-Chefs Jagoda, Jeschow und Berija.

Die Strafmaßnahmen gegen Kinder kennzeichnen den Tiefpunkt der Unmenschlichkeit unter dem bolschewistischen Faschismus. Nichts ist verabscheuungswürdiger als eine Regierung, die mit der ganzen Macht ihrer Straforgane Krieg gegen Kinder führt.

Die Bolschewiki ließen sich den einzigartigen, umfassenden Begriff der »in Ungnade gefallenen Kindheit« einfallen. Er ist nachzulesen in zahlreichen Direktiven des Politbüros der Partei, in persönlichen Anordnungen Lenins und Stalins, in Gesetzentwürfen höchster Regierungsstellen, in beratenden Schriften und Instruktionen des NKWD bezüglich der Lebensbedingungen der Kinder von »Vaterlandsverrätern«, einschließlich ihrer ständigen Überwachung. Das Programm hatte zur Folge, dass man mobile Zentren für die Aufnahme und die Verschickung von Neuankömmlingen, spezielle Waisenhäuser und Säuglingsheime, Lager und Siedlungen einrichtete. Die Kinder sollten vergessen, wie sie hießen, woher sie kamen, wer und wo ihre Eltern waren.

Es war eine freche Heuchelei, als Stalin erklärte, der Sohn sei nicht für den Vater verantwortlich. Die Lüge hatte ihren Ursprung nicht im Jahr 1937, sondern in der Zeit unmittelbar nach der Machtübernahme durch die Bolschewiki. Wenn wir die ersten Namen im Hauptbuch ermordeter Kinder nachschlagen wollen, müssen wir uns der Nacht vom 16. auf den 17. Juni 1918 zuwenden, als Zar Nikolaus II. und seine Familie im Ipatjew-Haus in Jekaterinburg hingerichtet wurden. Gemeinsam mit dem Zaren erschoss man, wie wir wissen, Zarin Alexandra Fjodorowna und ihre Kinder: Olga, Tatjana, Maria, Anastasia und den Zarewitsch Alexej, der noch keine vierzehn Jahre alt war.

Lenins Regierung genehmigte die Hinrichtung des Zaren und seiner Familie. Und sie sollte zahlreiche andere Erschießungen genehmigen. Als Trotzki durch ZK-Sekretär Swerdlow von der Exekution der Zarenfamilie erfuhr, fragte er: »Wer traf die Entscheidung?« Swerdlow erwiderte: »Wir hier haben die Entscheidung getroffen. Iljitsch dachte, wir sollten sie nicht als lebendes Symbol existieren lassen, schon gar nicht unter diesen schwierigen Umständen.«[3]

In späteren Jahren, so wollte es die grausame Rache des Schicksals, sollten die Kinder derjenigen, die laut Swerdlow »die Entscheidung getroffen« hatten, den Töchtern und dem Sohn von Nikolaus II. folgen. Zwei Söhne Michail Rjutins, ein Sohn Grigori Sinowjews und zwei Söhne Lew Kamenews wurden erschossen; Trotzkis eigene Söhne wurden ebenfalls getötet; zwei Söhne von Ju. Pjatakow verschwanden spurlos. Die Väter waren mitschuldig an Lenins und Stalins Verbrechen und ernteten, was sie gesät hatten.

Die Ernte war unheilvoll: Massenterror, Konzentrationslager, Geiselnahmen, Erschießungen von Müttern, Ehefrauen und Kindern, weil ihre Söhne, Gatten und Väter sich weigerten, mit den machthabenden Abenteurern zusammenzuarbeiten. Die Zahl der Geiseln geht in die tausende. Bereits 1918 wurden 500 Geiseln auf Befehl der Petrograder Tscheka erschossen.[4] Ebenfalls in Petrograd exekutierte man im folgenden Jahr die Verwandten (darunter die Kinder) der Offiziere des 86. Infanterieregiments, die zu den Weißen übergelaufen waren. Im Mai 1920 berichteten die Zeitungen, dass die alte Mutter und die vier drei bis sieben Jahre alten Töchter eines Offiziers, der sich geweigert hatte, dem proletarischen Regime zu dienen, in Jelisawetgrad hingerichtet worden seien. Archangelsk, wo die Tscheka Kinder im Alter von zwölf bis sechzehn Jahren erschoss, war 1920 als »Stadt der Toten« bekannt. Zwischen 1918 und 1922 nahmen die Bolschewiki in ihrem Kampf gegen Bauern, die sich der Agrarpolitik des Regimes widersetzten, häufig Kinder als Geiseln. Im Herbst 1918 kam es zur Einrichtung von Konzentrationslagern, deren Häftlinge zunächst überwiegend Verwandte von »Rebellen« waren, darunter Frauen mit Säuglingen, die man als Geiseln eingesperrt hatte.

Im Sitzungsprotokoll vom 27. Juni 1921 der Kommission zur Erhaltung von kindlichen Geiseln in den Konzentrationslagern des Gouvernements Tambow heißt es, eine beträchtliche Zahl von Minderjährigen, darunter Kleinkinder, sei in die »Konzentrationsfeldlager« geströmt. Da diese Lager für die langfristige Versorgung von Kindern ungeeignet seien, komme es häufig zu Darm- und Atemwegserkrankungen. Die Kommission empfiehlt, Kinder bis zu fünfzehn Jahren getrennt von Erwachsenen in Sonderanlagen unterzubringen, wenn möglich innerhalb der Lagergrenzen. In Extremfällen könne man die Kinder mit Einverständnis der lokalen Organe in neben den Lagern stehende Gebäude, allerdings »unter obligatorischer Sicherheitsbewachung«, verlegen.[5] Aus den Dokumenten geht hervor, dass die Konzentrationslager im Gouvernement Tambow sogar nach der »Ausdünnungs«-Kampagne vom Juli 1921 noch mehr als 450 ein- bis zehnjährige Geiseln enthielten.[6]

Der bekannte Theoretiker des Anarchismus, Fürst Kropotkin, fällte ein gerechtes Urteil über die grausame »Erfindung« der Geiselnahme von Kindern durch die Bolschewiki. In einem Brief an Lenin vom Dezember 1920 schrieb er, die Verwendung von Geiseln durch die bolschewistischen Führer sei ebenso wie ihr Rückgriff auf Massenhinrichtungen eine Schande für Männer, die sich dem Aufbau einer neuen Gesellschaft widmeten.

Der Fürst glaubte, man werde seiner Stimme Gehör schenken, doch Lenin kritzelte auf den Brief: »Ins Archiv ...«

Auch Tichon, der Patriarch von Moskau und Allrussland, kritisierte die Behörden zum Thema Geiseln: »Es schaudert uns bei dem Gedanken, dass solche Dinge möglich sind: dass im Lauf der Feindseligkeiten eine Seite ihre Reihen mit Frauen und Kindern verteidigt, die sie der entgegengesetzten Seite als Geiseln entrissen hat. Es schaudert uns, wenn wir die Barbarei unserer Zeiten betrachten.«

Experten schätzen, dass die Zahl der in den dreißiger und vierziger Jahren des 20. Jahrhunderts vernichteten Kulakenhaushalte im ganzen Land fast sieben Millionen erreichte. Da Bauernfamilien durchschnittlich fünf bis sieben Personen, die Hälfte davon minderjährig, angehörten, können wir die Dimension der Verbrechen, die das Regime an Kindern beging, ermessen. Die meisten Bauernfamilien wurden en masse in Sonder- oder Arbeitssiedlungen in fernen Landesgebieten (genannt »Kulakenexil« oder »Arbeitsexil«) transportiert. Man trieb Millionen Menschen wie Vieh nach Norden und Osten. In einem Brief an M. Kalinin über die Deportation von Familien aus der Ukraine und aus Kursk steht: »Sie wurden in die schreckliche Kälte fortgeschickt: Kleinkinder, schwangere Frauen, in Viehwaggons aufeinander gestapelt, und genau dort brachten Frauen Kinder zur Welt (könnte es eine größere Schmach geben?); dann wurden sie wie Hunde aus den Waggons hinausgeworfen und verlaust, frierend und hungrig in schmutzige, kalte Schuppen gesteckt. Hier sind sie nun, tausende von ihnen, der Willkür des Schicksals überlassen wie Tiere, die niemand zur Kenntnis nehmen will.«

Untergebracht in entsetzlichen Löchern, die sich als menschliche Wohnung nicht eigneten, waren die »Sonderumsiedler« zu einem langsamen Tod verurteilt. Die besonders eifrigen Aufseher hatten bereits im Voraus Gräber im Blickfeld derjenigen ausgehoben, für die sie bestimmt waren. Ein Dokument, das die Verhältnisse in der Sondersiedlung Buschuika im Gebiet Aldan beschrieb, wurde der Kommission für Sonderumsiedler vorgelegt, die das Politbüro 1931 eingerichtet hatte, um das Programm zur »Deportation und Umsiedlung der Kulaken« durchzuführen. Der Kommission gehörten Andrejew, Jagoda und Postyschew an. In dem Bericht hieß es, die Siedlung bestehe aus 3306 Personen, davon 1415 Kinder bis vierzehn Jahren. Die Ernährung war so unzureichend, dass innerhalb von acht Monaten 184 Kinder unter fünf Jahren starben. Eine Typhusepidemie brach aus. In einer Notiz wird nüchtern vermerkt, die Sterblichkeitsziffer sei im Juni (81 Todesfälle) und Juli (99) am höchsten gewesen. Während der Epidemie mussten die Menschen auf medizinische Hilfe verzichten. Das so genannte Waisenhaus, wo man die meisten Kinder getrennt von ihren Eltern untergebracht hatte, war nichts als eine Baracke mit einer Doppelreihe Holzpritschen.

An allen derartigen Verbannungsorten starben die Menschen zu tausenden infolge von Krankheit, Hunger und Zwangsarbeit. Besonders hoch war die Kleinkindersterblichkeit. In einer Notiz vom 26. Oktober 1931 an Ja. Rudsutak, den Vorsitzenden der Zentralen Kontrollkommission der Allunions-Kommunistischen Partei (der Bolschewiki) (WKP[b]), unterstreicht G. Jagoda die hohe Krankheits- und Todesrate unter den Zwangsumsiedlern. Monatlich starben 1,3 Prozent der Verbannten in Nordkasachstan und 0,8 Prozent im Kreis Narym. Sehr kleine Kinder machten einen hohen Prozentsatz der Opfer aus. Hier belaufen sich die monatlichen Todesfälle bei Kindern unter drei Jahren auf 8 bis 12 Prozent, und in Magnitogorsk steigen sie sogar auf 15 Prozent. Eine häufige Folge des »Kulakenexils« war die Obdachlosigkeit vieler Kinder. Ende 1934 gab es allein in den Arbeitssiedlungen des »Westlichen Waldes« 2850 dieser *besprisorniki*, deren Eltern gestorben oder geflüchtet waren.

Ich möchte noch ein paar weitere gruselige Briefe über das tragische Schicksal dieser jungen »Mitglieder von Bauernhaushalten« zitieren, die dem Regime zum Opfer fielen. Folgendes Schreiben stammt von Maria Basich: »Am 12. April 1939 wurde mein Mann verhaftet ... Am 14. Mai schickte man mich in die Verbannung. Ich durfte nichts mitnehmen. Nackt und barfüßig, hungrig und mit kleinen Kindern, wurden wir abgeholt. Fort nach Narym. Mit mir kamen sechs Kinderchen, und außerdem war ich im achten Monat schwanger. Nach Norden, in den Kreis Narym, in die Region Nowowosjugan, in Kähnen den Wosjugan hinunter. Wir wurden in den Sümpfen ausgeladen. Es gab keine Behausungen. Dort starben Kinder und Erwachsene wie Fliegen an Hunger und Kälte. Auch meine eigenen Kinder waren darunter. Warum? Wer wird uns diese Frage beantworten?« Anastasia Lawrowskaja schreibt über das Schicksal ihrer Familie: »Man siedelte neun Personen unserer Familie aus (meine älteste Schwester hatte geheiratet und wurde nicht verhaftet) ... Wir wohnten in der Sondersiedlung Kopanka und später in Kossolbanka. Zwischen 1931 und 1934 wurde die Familie fast ausgelöscht; mein Vater starb 1931, dann fünf meiner Geschwister. 1933 nahmen sie mich meiner kranken Mutter weg und steckten mich in ein Waisenhaus in der Stadt Werchoputje. All meine Familienangehörigen verhungerten. Das wäre auch mir widerfahren, hätte man mich nicht ins Waisenhaus gebracht. Bis heute kann ich nicht begreifen, weshalb, wegen welcher Vergehen meine Verwandten umkamen – nur weil sie einen Bauernhof besaßen und sich selbst ernähren konnten? Es ist so unglaublich, so ungerecht.«

Nicht weniger tragisch war das Schicksal von Kindern verhafteter Bauernfamilien, die in die »dritte Kategorie der Entkulakisierung« eingestuft wurden, ohne dass man ihr Eigentum offiziell beschlagnahmte. Ein Mitglied der Familie Andochin, die in den dreißiger Jahren verhaftet wurde, teilt uns mit:

> Im Februar 1932 wurden meine Eltern … und unsere ganze Familie entkulakisiert – aus unserer Landwirtschaftskommune vertrieben, unseres Stimmrechts beraubt, aus unserem Haus hinausgeworfen und ohne jegliches Mittel zum Überleben zurückgelassen. Man siedelte uns nicht aus, obwohl mein Vater die Behörden wiederholt bat, uns mit den anderen Kulaken in eine Sondersiedlung zu schicken. Dort hätten wir das Recht gehabt, zu arbeiten und etwas Geld zu verdienen und damit schlecht und recht zu überleben. Doch ich wiederhole, meine Familie wurde nicht ausgesiedelt.
>
> Anscheinend war es eine Form des Klassenkampfes, die Opfer dort zurückzulassen, wo sie waren, damit sie von den Anwohnern und den Behörden verspottet, gehetzt und terrorisiert werden konnten …
>
> Unsere Familie, unsere große Familie, konnte nirgendwo wohnen, hatte nichts zu essen und keinen Arbeitsplatz … Wir schlugen uns bis zum Frühjahr durch; mit Beginn des Tauwetters hoben wir eine Grube im Hof aus, und die ganze Familie quartierte sich darin ein.
>
> Im Frühjahr 1932 gab man uns einen Plan zur Aussaat von Getreide. Der Mann, der uns den Plan brachte, wusste natürlich sehr gut, dass wir die Anordnungen nicht befolgen konnten – nicht, weil wir es nicht gewollt hätten, sondern weil wir keine Zugtiere, keinen Pflug und kein Saatgut hatten.
>
> In jenem Herbst wurde mein Vater dafür, dass er den Plan zur Ablieferung von Getreide an den Staat nicht erfüllt hatte, zu zweieinhalb Jahren Gefängnishaft verurteilt. Und noch früher im selben Herbst verurteilte man unsere Mutter zu zehn Jahren, weil sie mit Erlaubnis eines der Brigadeführer auf einer Viehweide fünf Pfund (so hieß es im Urteilsspruch) Kornähren gesammelt hatte.

> Die lokalen Aktivisten gaben sich alle Mühe, die ganze Familie auszulöschen. Das begriffen wir sehr rasch im Lauf unseres schweren, elenden Lebens. Sie nahmen uns die Almosen weg, welche die kleinen Kinder für ihr Betteln »um Christi willen« erhalten hatten, und konfiszierten auch jegliches Gerät, mit dem wir wenigstens eine Kleinigkeit hätten verdienen können ... Wir durften die Schule nicht besuchen, was wir, hungrig und in Lumpen gekleidet, ohnehin nicht gewollt hätten. Nach der Entkulakisierung konnte keiner von uns auch nur die Grundschule abschließen.[7]

Briefe wie diese zählen nach tausenden.

Ende der dreißiger Jahre kam es zu einem steilen Anstieg der Jugendkriminalität. Im Dezember 1934 hatte das Politbüro eine Kommission unter dem Vorsitz von Kalinin eingerichtet, die sich obdachlosen Kindern widmete. Eine schlimmere Heuchelei ist kaum denkbar, denn wiederum wurde die Schuld den Kindern selbst zugeschoben. Erneut verschärfte man die Kinder betreffende Strafgesetzgebung.

Einer der Faktoren, die zu dieser Verschärfung beitrugen, war meiner Meinung nach ein Brief vom 19. März 1935, den der Volkskommissar für Verteidigung, Kliment Woroschilow, an Stalin, Molotow und Kalinin richtete. Den Anlass für Woroschilows »Empörung« lieferte eine Meldung in der Moskauer Presse darüber, dass ein neunjähriger Junge den Sohn des stellvertretenden Staatsanwalts Moskaus, Koblenz, mit einem Messer angegriffen habe. Seinem Brief an Stalin legte der Volkskommissar für Verteidigung einen Zeitungsausschnitt bei, der »einerseits die ungeheuerlichen Formen des Rowdytums von Heranwachsenden hier in Moskau und andererseits die geradezu selbstzufriedene Haltung der Justizorgane (Reduzierung der Haftstrafen um die Hälfte und so weiter)« illustriere. Woroschilow konnte nicht begreifen, weshalb man solche Missetäter nicht einfach erschoss. Gleichsam als Reaktion auf seine Verwunderung veröffentlichten die Zeitungen am 8. April 1935 den Erlass des ZEK und des Rates der Volkskommissare (SNK) der UdSSR vom 7. April »Über Maßnahmen zur Bekämpfung der Kriminalität unter Jugendlichen«. Darin hieß es: »Jugendliche im Alter von mindestens zwölf Jahren sind von Strafgerichten unter Heranziehung sämtlicher Möglichkeiten der Strafgesetzgebung abzuurteilen.«[8]

Für die Ortsbehörden stellte sich die Frage, ob »sämtliche Möglichkeiten« die Todesstrafe einschlossen. Bis dahin war sie nicht auf Kinder und Jugendliche unter 18 Jahren angewandt worden. Die Antwort stand in einer geheimen Mitteilung des Politbüros vom 20. April 1935. Sie war für die Gerichte und Staatsanwaltschaften bestimmt und bestätigte, dass die im ersten Paragrafen des Erlasses angesprochenen Maßnahmen auch die Todesstrafe (Hinrichtung) beinhalteten. Mit anderen Worten, die Richter konnten Zwölfjährige erschießen lassen.

Die Kinder so genannter Volksfeinde wurden häufig dazu missbraucht, Druck auf die Verhafteten auszuüben. Dieses Verfahren wird in den Dokumenten und in den Erinnerungen der Kinder selbst beschrieben, von denen viele nicht mehr am Leben sind.

Petja Jakir, der Sohn des Armeebefehlshabers Jona Jakir, wurde 1937 im Alter von vierzehn Jahren verhaftet. Ein Foto zeigt einen Jungen mit Mütze und einem Jackett, das über einem weißen Hemd bis zum Hals zugeknöpft ist. Man erklärte ihm: »Du bist angeklagt, eine anarchistische berittene Bande organisiert zu haben, die das Ziel hatte, im Fall eines künftigen Krieges im Hinterland der Roten Armee zu operieren sowie die anarchistischen Ideen von Bakunin, Karelin und Kropotkin unter Schülern zu verbreiten.« Ein vierzehnjähriger Junge, der eine berittene

Bande organisiert, die in einem künftigen Krieg hinter der Roten Armee eingesetzt werden soll?

Heute klingen diese Worte wie schreiender Unsinn, das Gespinst einer psychotischen Fantasie, doch in den stalinschen Jahren hatten solche Hirngespinste tragische Folgen. Petja – man kann den Jungen wirklich nur bei seinem kindlichen Kosenamen nennen – wurde nicht erschossen, sondern in Astrachan inhaftiert. Darüber schrieb er später ein Buch mit dem Titel *Kindheit in Gefangenschaft*.

Mit sechzehn Jahren nahm er zusammen mit seinen Zellengenossen an einem Hungerstreik teil und war einer von vier Häftlingen, die man aus der Zelle zerrte, um mit Gewalt den Anstifter zu ermitteln. Er schildert den Vorgang:

> Ich versuchte zu erklären, daß es gar keinen Anstifter gegeben habe, daß ganz einfach in der Zelle die Luft unerträglich verbraucht gewesen sei. Ich wurde noch einmal geohrfeigt, und ohne weitere Worte zerrte man mich in den angrenzenden Raum, der Direktor schrie hinterher: »Gleich – wenn du erst das ›Hemd‹ anhast, wird sich dir die Zunge schon lösen.« Im anderen Raum stülpten sie mir ein Hemd aus Zeltstoff über, es war länger als ich selbst und hatte überlange Ärmel. Man warf mich mit dem Gesicht nach unten auf die Erde; die Hemdärmel wurden auf dem Rücken zusammengebunden und so die Arme auf den Rücken gedreht, die Hemdschöße verknoteten sie mit den Ärmeln, banden das so entstandene Bündel an einen Strick, der durch einen Block lief und an der Zimmerdecke befestigt war. Dann fingen sie an, wobei sie mir mit den Füßen in die Rippen traten, mich ruckweise hochzuziehen. Zunächst bog sich nur mein Körper, dabei blieb der Bauch auf dem Gußboden. Es tat entsetzlich weh. In dem Augenblick, als ich vollständig vom Boden losgerissen wurde, verlor ich das Bewußtsein. Ich kam erst wieder zu mir, als man mich mit Wasser übergoß. Um

mich herum standen dieselben Männer wie vorher, außerdem noch ein Arzt im Kittel, der mir den Puls fühlte. Ich wurde gefragt: »Willst Du jetzt reden?«

Ich wiederholte: »Ich weiß nichts.«[9]

Das Gesetz zur Verhängung der Todesstrafe für Kinder ließ im Westen sogar diejenigen schaudern, die das so genannte Experiment des sozialistischen Aufbaus bedauerlicherweise unterstützten. In den dreißiger Jahren lösten sich die Illusionen der »Freunde des Landes der Sowjets« allmählich auf. Diese Freunde konnten nicht verstehen, warum die Sowjetführer auch einfache Kinder verfolgten.

Eine ganze Reihe westlicher Schriftsteller, darunter Henri Barbusse, Bernard Shaw und Lion Feuchtwanger, besuchte die Sowjetunion. Sie wollten sich mit eigenen Augen vom Stand der Dinge überzeugen. Auf Gorkis Einladung hin traf Romain Rolland im Sommer 1935 in der UdSSR ein, und am 28. Juni wurde er von Stalin im Kreml empfangen. Sie führten eine Unterredung, die Rolland in seinen Briefen an Stalin sozusagen verlängerte. In einem Schreiben vom 28. Dezember 1935 bemerkt er, dass sich bei manchen französischen Intellektuellen – Professoren, Lehrern, ehrlichen Kleinbürgern – die Gefühle gegenüber der UdSSR abgekühlt hätten. »Sie sind besorgt und verwirrt darüber, dass sie keine Antworten auf viele beunruhigende Fragen erhalten können«, vertraut der Schriftsteller Stalin an. Unter diesen beunruhigenden Fragen hebt er »das Gesetz zur Bestrafung von Kindern im Alter von zwölf und mehr Jahren« hervor. Romain Rolland fährt fort:

Ich habe vorausgesehen, welche Emotionen dies in westlichen Ländern wecken würde. Allerdings übertreffen die Emotionen all meine Erwartungen. Die schrecklichsten Gerüchte greifen um sich.

> Ich musste ein Dutzend Briefe an verschiedene Freunde schreiben, um sie zu beruhigen. Ihre Besorgnis hat sich jedoch nicht gelegt, und die Protestwelle wächst. All das spielt den Feinden der UdSSR in die Hände. Ein sehr bekannter und leider geachteter Würdenträger der Kirche hält in den Provinzen von Belgien und Frankreich eine Reihe von Vorträgen, in denen er so weit geht zu behaupten, dass zwölfjährige Kinder nach der Gesetzgebung vom 7. April dieses Jahres wegen »religiöser Hartnäckigkeit« zum Tode verurteilt werden könnten. Hier ist eine Antwort gefordert. Ich kann sie nicht mit den Worten unseres Gesprächs liefern, denn mir sind die Hände gebunden. Jedenfalls ist eine Antwort unerlässlich. Gibt es keine Möglichkeit, diese schändlichen, verleumderischen Gerüchte zu ersticken, ohne die wirklichen Motive für dieses Gesetz zu enthüllen? Und vor allem sollte bekannt gegeben werden (wie Sie mir Ende Juni versicherten), dass bis zum heutigen Tag kein einziges Kind hingerichtet worden ist![10]

Rolland hatte in seiner Unterredung mit Stalin darauf hingewiesen, dass »der Text dieses Gesetzes nicht bekannt genug ist. Und selbst wenn man es kennt, lässt es ernste Zweifel aufkommen. Man erhält den Eindruck, dass solche Kinder mit der Todesstrafe bedroht werden!« Stalin wich der Antwort nicht aus, sondern versuchte, seine Aktionen als vorbeugend und notwendig darzustellen: »Dieser Erlass hat rein erzieherische Bedeutung. Wir brauchten ihn, weniger um die kriminellen Kinder als die Organisatoren dieser Jugendkriminalität abzuschrecken … In der UdSSR gibt es noch eine recht hohe Zahl von Menschen aus früheren Zeiten, die aus der Bahn geraten sind: Gendarmen, Polizisten, zaristische Offiziere, ihre Kinder und Verwandten. Diese Leute sind es nicht gewohnt zu arbeiten, und in ihrer Verbitterung bereiten sie dem Verbrechen einen fruchtbaren Boden.«[11] Unbeantwortet blieb allerdings die Bitte des französischen Schriftstellers, der Welt zu bestätigen, dass trotz des repressiven Gesetzes kein einziges Kind hingerichtet worden sei.

Auch auf einen Brief Rollands zu einem anderen Thema reagierte Stalin nicht. Als Rolland von der Verhaftung seines Schriftstellerkollegen Alexander Arossew erfuhr, des Vorsitzenden der Allunionsgesellschaft für kulturelle Beziehungen mit dem Ausland (WOKS), der ihn 1935 in den Kreml begleitet hatte, wandte er sich im August 1937 mit einem Brief über Arossews Kinder an Stalin: »Eines von ihnen ist erst drei Jahre alt. Sie haben keine Verwandten in Moskau. Arossew und seine Frau sind beide herzkrank. Würden Sie so freundlich sein, ihnen mitteilen zu lassen, dass man sich ihrer Kinder annimmt?«[12] Tatsächlich nahmen sich die »Lehrer« des NKWD der Kinder an.

Die zweite Hälfte der dreißiger Jahre wird zu Recht als Zeit des »Großen Terrors« bezeichnet. Meiner Meinung nach wäre es allerdings zutreffender, sie die Zeit der »Hexenjagd auf Kinder« zu nennen.

Am 15. Juli 1937 bestätigte Jeschow eine Reihe von Anweisungen für eine Operation, die den Zweck hatte, die Familien von Trotzkisten, Rechtsabweichlern, Linksabweichlern und Personen, die man aus der WKP(b) ausgeschlossen hatte, aus Moskau, Leningrad, Kiew, Rostow, Kaganow, Sotschi und Umgebung in die Verbannung zu schicken. Alle, die der letzten Gruppe angehörten, sollten gemeinsam mit ihren Familien verbannt werden. Man plante, die Aktion zwischen dem 25. Juni und dem 25. August 1937 durchzuführen.[13]

Am 3. Juli wurden die Anordnungen ergänzt. Man forderte die lokalen NKWD-Organe auf, Verzeichnisse der Familien von Personen vorzulegen, die nach dem 1. Dezember 1934 durch das Militärkollegium des Obersten Gerichtshofs verurteilt worden waren, dazu Listen der Angehörigen sozial gefährlicher Personen, welche die Sonderkollegien der Gerichtshöfe abgeurteilt hatten. Diese Angehörigen, etwa 6000 bis 7000 Menschen, sollten bald »verurteilt und unter besonders strengen Bedingungen isoliert werden«.[14]

Am 5. Juli hatte das Politbüro die »NKWD-Frage« geprüft und den Vorschlag akzeptiert, »alle Frauen von verurteilten Vaterlandsverrätern und Mitgliedern rechtsabweichlerischer, trotzkistischer Spionage- und Sabotageorganisationen für fünf bis acht Jahre in Lagern zu internieren«. Zugleich entschied man über das Schicksal ihrer Töchter und Söhne. Das NKWD wurde beauftragt, »die Kinder im bestehenden System von Waisenhäusern und Geheiminternaten der Volkskommissariate für Aufklärung der Republiken unterzubringen«.[15]

Am 15. August erschien ein von Jeschow unterzeichneter »operativer Befehl« mit genauen Vorschriften für die Verhaftung der Ehefrauen und die Trennung der Kinder von ihren Eltern. Die Einleitung lautete: »Bei Empfang dieses Befehls beginne man mit der Verhaftung der Ehefrauen von Vaterlandsverrätern und Mitgliedern rechtsabweichlerisch-trotzkistischer Spionage- und Sabotageorganisationen, die seit dem 1. August 1936 durch Militärkollegien und Militärtribunale der ersten und zweiten Kategorie verurteilt worden sind.« Es folgten detaillierte Anweisungen zur Vorbereitung der Operation, zur Verhaftung der Ehefrauen und der Durchsuchung ihrer Wohnungen, zur Vorbereitung der Verfahren, zur Auswahl der Strafmaßnahmen und zur Vollstreckung der Urteile. Mehrere Abschnitte haben mit Kindern zu tun. Insbesondere geht es in dem Dokument darum, wie Kinder von verurteilten Eltern umzusiedeln sind, welche Vorkehrungen man in den Verteilungszentren (die in jenen Jahren tatsächlich existierten) treffen sollte, wie die Kinder von Volksfeinden überwacht werden mussten und so weiter.

Kurzum, wir haben ein umfangreiches Dokument vor uns, das grammatisch zweifelhaft sein mag, dafür aber sehr genau festlegt, wohin die Frauen und Kinder zu transportieren sind und wem man die verwaisten Anderthalbjährigen zu übergeben hat. Die Rufe der Folterer hallen laut und deutlich wider: sozial gefährliche Kinder, verurteilte sozial gefährliche Kinder, Waisenhäuser mit strengem Regime der Volkskommissariate für Aufklärung, Sondereinheiten des Gulag des NKWD sowie der AChU des NKWD für sozial gefährliche Kinder …

Es ist, als hätte man es mit einem Schrotthaufen und nicht mit dem Schicksal kleiner Kinder zu tun. Wer konnte glauben, dass die Verfasser dieser Instruktionen einmal selbst Kinder waren und nun eigene Sprösslinge hatten? Wie verrückt, verroht und nichtswürdig muss man sein, um das Weinen von Kindern nicht zu hören? Wie tief muss man sinken, um die Prahlerei des Schakals auszustoßen, dass der Nachwuchs im Land der Sowjets die glücklichste Kindheit auf Erden erlebe?

In den Archiven des NKWD haben sich hunderte von Briefen, Aussagen und Notizen der eigenen »Inspekteure« erhalten, welche die in den Waisenhäusern für Kinder von Volksfeinden begangenen Schandtaten belegen: »In einer Reihe von Waisenhäusern herrscht eine feindliche Haltung gegenüber Kindern von Verhafteten, die manchmal reinem Missbrauch gleicht … [In] vielen Waisenhäusern werden die Kinder der Verhafteten als Trotzkisten beschimpft und wie Feinde verfolgt.« Und in einem anderen Brief heißt es: »Im Waisenhaus Fjodorowska im Gebiet Kustanai der Kasachischen SSR … wurden die Kinder der Verhafteten Krutschin und Stepanow von erwachsenen Insassen vergewaltigt. Der Speisesaal eines Waisenhauses mit 212 Kindern hat lediglich zwölf Löffel und zwanzig Teller. Der Schlafsaal enthält nur jeweils eine Matratze für drei Personen. Die Kinder schlafen, ohne ihre Kleidung und ihre Schuhe auszuziehen.«[16]

Die Sicherheitsagenten wachten aufmerksam über die Haltung der Kinder und der verhafteten Eltern. In einer der NKWD-

Direktiven steht Folgendes: »Im Waisenhaus Nischneissetsk im Gebiet Swerdlow legen die Insassen Tuchatschewski, Gamarnik, Uborewitsch und Schteinbrjuk konterrevolutionäre, defätistische und terroristische Einstellungen an den Tag. Um ihre konterrevolutionären Aktionen zu verbergen, haben sie sich dem Komsomol angeschlossen. Die besagte Gruppe von Kindern hegt terroristische Absichten gegenüber den Parteiführern und der Regierung, um ihre Eltern zu rächen. Im Waisenhaus Tscheremchowo im Gebiet Irkutsk sind die Insassen Stepanow, Grunde, Kasakow und Ossipenko wegen antisowjetischer Erklärungen von den NKWD-Organen verhaftet worden.«[17]

Nicht nur innerhalb der Waisenhäuser übten die Sicherheitsorgane eine derart eiserne Kontrolle über die »isolierten Kinder« aus. Das NKWD der UdSSR legte folgende Vorschriften in einem Rundschreiben vom 20. Mai 1938 nieder:

> Die Kinder von verhafteten Eltern sind ohne spezielle Anweisung der AChU des NKWD der UdSSR nicht aus Waisenhäusern (etwa wegen zu hohen Alters oder nach Abschluss des Lehrgangs) zu entlassen … Im Hinblick auf über fünfzehnjährige Kinder von Verhafteten, die man zur Arbeit oder zu weiterem Unterricht abgeordnet hat, erstattet die NKWD-Verwaltung der AChU des NKWD der UdSSR schriftlichen Bericht … Das besagte Kontingent von Kindern verhafteter Eltern ist der amtlichen Überwachung zu unterstellen, um antisowjetische, terroristische Tendenzen und Aktionen rechtzeitig aufzudecken und zu unterbinden … Sozial gefährliche Kinder, die antisowjetische Einstellungen und Aktionen erkennen lassen, müssen den Gerichten nach allgemeinen Auflagen übergeben und von Sonderabteilungen des Gulags des NKWD zu den Lagern begleitet werden.[18]

Sogar als der Zweite Weltkrieg tobte und das Überleben des Landes gefährdet war, blieben die Mechanismen der Repression unverändert. Mehr noch, sie wurden unter dem Vorwand verschärft, dass man in kritischen Zeiten lebe. In seinem Befehl Nr. 270 vom 16. August 1941 verfügte das Oberkommando, dass Befehlshaber und politische Offiziere, die sich dem Feind ergaben und in Gefangenschaft gerieten, als »böswillige Deserteure zu betrachten« seien, »deren Familien zu verhaften sind«. Gegen Ende Mai 1942 gaben das Volkskommissariat für Innere Angelegenheiten sowie der Oberstaatsanwalt der UdSSR den Befehl, »die Repressionsmaßnahmen gegen die Familien von Vaterlandsverrätern auszuweiten«.[19]

Während des Krieges trieben die Nationalsozialisten zahlreiche Kinder in die eine Richtung, nämlich nach Deutschland, während die Stalinisten sie in die andere Richtung, das heißt nach Zentralasien, Kasachstan und weiter nach Osten schickten. Die Kinder von Wolgadeutschen, Polen, Tschetschenen, Kalmüken, Inguschen, Karatschajern, Balkaren, Krimtataren, Ungarn, Griechen, Armeniern, Turkmescheten, Kurden, Chemschilen – und nach dem Krieg von Esten, Letten und Litauern – wurden in die fernsten Regionen verbannt. Im April 1945 lebten nicht weniger als 34 700 karatschajische Kinder unter sechzehn Jahren innerhalb der Grenzen Kasachstans, Kirgisiens und Usbekistans. Etwa 46 000 Kinder wurden aus Georgien nach Usbekistan gebracht. In den ersten Jahren an ihrem neuen Wohnort hatten die Zwangsumsiedler eine Sterblichkeitsziffer von 27 Prozent zu beklagen, und die meisten Toten waren Kinder.

Das Land stöhnte unter dem Leid der Menschen, doch die Raserei der Behörden kannte keine Grenzen. Nach einem Besuch in Kasachstan empfahl der künftige Innenminister S. Kruglow, alle Kinder, die nach einer Zwangsumsiedlung unbeaufsichtigt waren, nicht in den Waisenhäusern des Erziehungssystems unterzubringen, sondern sie stattdessen in die Arbeitskolonien des NKWD zu schicken.

Den bitteren Kelch der Umsiedlung musste auch der kalmükische Dichter D. Kugultinow leeren. Als Buchhalter eingesetzt, erhielt er eines Tages den Befehl, eine Bestandsaufnahme des Kinderheims im Konzentrationslager Norilsk zu machen. Er erinnert sich: »Ich überschritt die Schwelle: Kinder. Eine Schar Kinder von fünf oder sechs Jahren. Sie trugen kleine, gefütterte Baumwollhosen und -jacken mit Nummern auf dem Rücken und auf der Brust wie Häftlinge. Die Nummern waren die ihrer Mütter. Die Kinder waren daran gewöhnt, nur Frauen um sich zu haben, aber sie hatten gehört, dass es auch Papas, Männer, gibt. Deshalb rannten sie auf mich zu und riefen: ›Papa, Papotschka, wo bist du so lange gewesen?‹ Es gibt nichts Schrecklicheres als Kinder mit Nummern, und an den Türen der Baracken sieht man die Losung: ›Dank dem Genossen Stalin für unsere glückliche Kindheit.‹«

Auch ich wurde an diese Verhältnisse erinnert, als ich in Magadan der Enthüllung eines von Ernst Neiswestny geschaffenen Denkmals für die Opfer des stalinschen Regimes beiwohnte. Sogar bei dieser feierlichen Zusammenkunft hörte man einige über die einstigen Häftlinge schimpfen. Noch heute können die früheren Kapos, Ermittler und Lagerkommandeure sich nicht damit abfinden, dass ihnen ihr Pfund Fleisch versagt blieb.

In Magadan findet man ein der Repressionszeit gewidmetes Museum und eine Galerie mit den Kunstwerken von Häftlingen. In dem Museum verblüfften mich Plakate mit unglaublichen Botschaften wie: »Die Sorge der Partei und der Regierung um uns werden wir mit Stachanow-Arbeit [das heißt mit Übererfüllung der Norm] beantworten.« Die Gemälde und Zeichnungen in der Galerie spiegeln zwei unterschiedliche Weltanschauungen wider. Einige der Werke waren in dunklen, finsteren Tönen gehalten. Männer mit Schaufeln in der Hand schoben Karren. Kohlenstaub bedeckte ihre Gesichter, und ihre Augen verrieten Kummer und unendliche Verzweiflung. Andere Bilder erstaunten mich durch ihre Heiterkeit. Wälder und Dickichte, Blumen, Jungen und Mädchen in weißen Hemden und Blusen. Spielende Kinder. Diese Werke ließen die Sehnsucht der Häftlinge nach der fernen Vergangenheit und ihre Hoffnung auf die Zukunft erkennen.

Der Krieg gegen den Faschismus ging zu Ende, die Welt bejubelte den Mörder Stalin, doch er selbst hatte seinen eigenen Krieg gegen das Sowjetvolk noch nicht abgeschlossen. Weiterhin schickte er die Frauen und Kinder von Volksfeinden aus Leningrad, Moskau, der Ukraine, den baltischen Staaten und anderen Gebieten in die Verbannung. Die Mühlsteine des verbrecherischen Regimes drehten sich immer noch unablässig und zermahlten das Leben neuer Generationen.

Das System verstieß Menschen, ohne dass diese erfahren hätten, wie lange ihre Strafe währte. Nach dem Erlass des Präsidiums des Obersten Sowjets der UdSSR vom 26. November 1948 wurde der Status der Zwangsumsiedler auf unbegrenzte Zeit verlängert, womit ihnen das Recht, in ihre Heimat zurückzukehren, verwehrt war. Und auch das Leid der Kinder nahm kein Ende. In einer gemeinsamen Anweisung des Innenministeriums (MWD) und der Generalstaatsanwaltschaft vom 16. Mai 1949 wurde verfügt, dass Kinder, die mit ihren ausgewiesenen Eltern oder anderen Verwandten in Sondersiedlungen lebten, als permanent Verbannte einzustufen seien, sobald sie das sechzehnte Lebensjahr erreicht hätten. Sogar Kinder wurden also der Hoffnung beraubt, in ihre Heimat zurückzukehren.

1949 schrieb Innenminister S. Kruglow in einer Meldung an Stalin, seine Behörde habe die Bedingungen für Umgesiedelte und Verbannte, besonders im Hinblick auf Arbeitsplätze und

Überwachung, verschärft. Außerdem meldete er, in den Verzeichnissen des MWD seien 2 562 830 verbannte und zwangsumgesiedelte Personen erfasst. Seit Kriegsende waren vier Jahre vergangen. Fünf Jahre später, im März 1954 – also ein ganzes Jahr nach Stalins Tod –, informierte das Innenministerium Malenkow und Chruschtschow darüber, dass sich die Zahl der Zwangsumsiedler auf 2 819 776, darunter 884 057 Kinder unter sechzehn Jahren, belaufe.

Das Reich der Totengräber stand in voller Blüte!

Die Jahre vergingen. Durch die Perestroika fand der Krieg der Regierung gegen ihr eigenes Volk ein Ende. Die »Staatswaisen« waren erwachsen und schließlich alt geworden. Nicht alle erlebten den Tag, nach dem sie sich gesehnt hatten: den Tag, an dem das Rückgrat des Bolschewismus zertrümmert wurde. Wenn man mit diesen Menschen spricht, kann man nur staunen über ihren Mut und ihre Fähigkeit, sich der Verhärtung und dem Hass auf die ganze Welt zu widersetzen.

Aus irgendeinem Grund unterscheiden unsere Gesetzgeber, wenn es um die Opfer politischer Repressionen geht, zwischen Eltern und Kindern. Die Eltern seien direkt von Repressionsmaßnahmen betroffen gewesen, während die Kinder nur indirekt zu leiden gehabt hätten. Diese Formel ist in die entsprechenden Gesetze eingebaut worden und wirkt sich auf Alters- und Invalidenrenten aus. Die Kinder von verhafteten Eltern erhalten keine erhöhten Alters- oder Invalidenrenten.

Ich will mich nicht mit Rechtsanwälten streiten. Vielleicht könnte man von einem rein theoretischen Standpunkt aus behaupten, dass nur die Eltern, nicht die Kinder vor Gericht gestellt worden seien – womit sich die Repressionen nicht gegen die Kinder persönlich gerichtet hätten. Wie soll man dann jedoch jene Maßnahmen bezeichnen, die direkt auf »sozial gefährliche Kinder« angewandt wurden? Wie stuft man die vielen hunderttausend Kinder ein, die sich zusammen mit ihren Eltern in den Konzentrationslagern aufhielten? Und die Kinder von Eltern, die erschossen wurden – waren etwa auch sie keinen Repressionsmaßnahmen ausgesetzt?

Wir sind immer noch unvorstellbar weit davon entfernt, unserer Barbarei zu entkommen. Noch heute findet man überall im Land Lenindenkmäler und nach ihm benannte Straßen; manch ein führender Ortsfunktionär hat ein Leninporträt in seinem Büro hängen; hunderte von bolschewistischen und offen faschistischen Zeitungen werden veröffentlicht; in der Duma sind abscheuliche Reden zu hören, in denen Stalin verteidigt wird und die Opfer des bösen Regimes angegriffen werden. Als Beispiele möchte ich ein paar Äußerungen von Wladimir Schirinowski über die stalinschen Repressionen anführen. So bemerkte er in der Duma-Debatte vom 4. und 5. Februar 1998 über den Regierungshaushalt mit Blick auf die Parlamentsmehrheit: »Sie haben dafür gestimmt, genau den Personen, die unser Land zerstörten – den von Repressionsmaßnahmen Betroffenen, den Menschen, die unser Leben ruinierten –, 500 Millionen [Rubel] zu schenken. Seit 1991 fischen sie im Trüben, doch Sie geben denen in Ihrem Haushalt von 1998 500 Millionen. Lassen Sie uns diese Klausel über Hilfe für so genannte Repressionsopfer aus dem Haushalt streichen. Schon seit langem werden bei uns keine Repressionen mehr durchgeführt.« An den Finanzminister gewandt, fuhr er fort:

> Legen Sie uns Beweise vor: Wer erhielt das Geld im Jahr 1997? Was ist das für ein Fonds für politische Repression? So etwas kommt nicht in Frage. Das Volk, das russische Volk, hat auch Repressionen erlitten. Aber zur Sache: Diese 500 Millionen, wer erhält sie in diesem Jahr, und wer hat sie im letzten Jahr erhalten? Es hat den

Anschein, dass 300 Millionen an Dissidenten gingen, 150 Millionen an irgendwelche obdachlosen Penner und 50 Millionen an ein Minderheitengebiet …

Ich bin kategorisch gegen all diese Repressionsopfer – es gibt keine Repressionsopfer. Ganz Russland wurde das 20. Jahrhundert hindurch von Repressionen heimgesucht. Wenn Sie ein paar tausend alte Leute meinen, die ihr Leben lang antisowjetische Parolen gebrüllt, unser Land zerstört und 1991 gesiegt haben, dann sage ich, dass wir denen überhaupt nichts schenken, sondern ihnen sofort alles Nötige abnehmen sollten. Das ist die grundlegende Position unserer politischen Partei. Sie geben denen Geld, die die Sowjetunion zerstört haben. Leuten wie Rybakow und seinesgleichen. Und wenn Sie es immer noch nicht verstehen, dann zurück ins Gefängnis mit Ihnen, damit Sie es endlich begreifen.

Und später:

Genosse Stalin, unser Staatsoberhaupt, hat die Menschen nicht ohne Grund umgesiedelt. Als das KGB ihm meldete, dass tausende von Kalmüken eigene Brigaden aufgestellt, Überfälle auf die Rote Armee verübt und tausende von Sowjetsoldaten getötet hätten, wurden diejenigen, die man am Leben ließ, tatsächlich umgesiedelt, und sie leben noch heute. Zwar mögen sie fast achtzig Jahre alt sein, aber sie sind noch am Leben. Und wenn sie nicht umgesiedelt wurden, dann sind sie an den grässlichen Bedingungen gestorben, die ihr Perestroika-Anhänger uns beschert habt. Warum wurden die Krimtataren umgesiedelt? Weil sie den Deutschen sämtliche Partisaneneinheiten auf der Krim auslieferten …

Ich möchte dieses Gefasel nicht einmal kommentieren. Ist es wirklich möglich, dass sich das russische Volk nie aus dem Sumpf ziehen wird, in den es 1917 von Politikern gestoßen wurde, die weder durch ein Gewissen noch durch Gefühle für ihre Heimat belastet waren? Wieder stöhnen wir über die Vergangenheit und fragen uns: »War so etwas möglich?« Und wieder trampeln wir davon wie eine Viehherde, die voller Panik ins Schlachthaus stürmt. Die Russen haben ein sehr kurzes Gedächtnis. Vielleicht hat uns zu viel Kummer ereilt, und deshalb ist unser Leidensweg so unvergleichlich lang.

DIE MITLÄUFER

Das Schicksal der russischen Sozialdemokratie ist von unendlicher Tragik. Ihren Vertretern fehlte die Weisheit, im Bolschewismus die destruktive Kraft zu erkennen, welche die im Februar 1917 geborene demokratische Republik zerstören und Russland in die toten Gewässer der historischen Entwicklung schleudern sollte. Damit nicht genug, fast alle sozialistisch orientierten Parteien halfen den Bolschewiki bei ihrer kriminellen Machtergreifung. Der Preis, den die Sozialisten für ihren Fehler zahlten, war unglaublich hoch.

Nach ihrem konterrevolutionären Staatsstreich und ihrer Machtübernahme vom Oktober 1917 – all das unter vorgeblich sozialdemokratischen Parolen – begriffen die bolschewistischen Abenteurer sehr rasch, dass sie nur mit Hilfe der strengsten Diktatur am Ruder bleiben konnten. Dies entsprach dem marxistischen Axiom, wonach Gewalt die Hebamme der Geschichte sei.

Ohne einen Moment des Zögerns ließ Lenin das demokratische Programm fallen, das er 1903 im Zuge eines Kompromisses mit Plechanow ausgearbeitet hatte, und machte sich daran, die sozialdemokratische Bewegung zu verraten. Bereits im Sommer 1918 warfen die Bolschewiki ungeniert die letzten Reste ihres sozialdemokratischen Beiwerks ab und legten sich den Namen Kommunistische Partei zu, wodurch sie sich ausdrücklich von den sozialistischen Bewegungen Russlands und des Westens abgrenzten.

In der ersten Phase, als sie noch keine allzu beeindruckenden

Mittel besaßen und als die sozialistischen Gruppierungen noch über beträchtlichen Einfluss verfügten, wandten die Bolschewiki die Taktik an, die Sozialisten zu diskreditieren. Mit dieser Aufgabe betrauten sie den mächtigen Propagandaapparat der Partei. Zudem machte sich der Kreis um Lenin das endlose Gezänk zwischen den Menschewiki, den Sozialrevolutionären (SR), den Anarchisten und anderen sozialistischen Parteien sowie deren unglaublich naive Hoffnung auf die Vernunft der Bolschewiki zu Nutze.

Die Eliminierung der Sozialisten vollzog sich etappenweise. Das wichtigste – und bald das einzige – Instrument zur Erreichung dieses Ziels war die Geheimpolizei, die Allrussische Außerordentliche Kommission – Vereinigte Staatliche Politische Verwaltung (WTscheka-OGPU), die stets durch das ZK der Kommunistischen Partei unterstützt wurde. Zunächst kam es darauf an, die Sozialisten durch Machenschaften der einen oder anderen Art aus einflussreichen Positionen zu drängen und sie aus den Sowjets zu vertreiben. Dabei benutzte man allerlei Manöver – Anklagen wegen nicht existierender Verschwörungen, Schauprozesse, inszenierte Auftritte von »reumütigen« Sozialisten und so weiter –, um diese Parteien in den Augen der Öffentlichkeit bloßzustellen.

Dem standen jedoch einige Hindernisse entgegen: die vorgebliche ideologische Ähnlichkeit der Bolschewiki mit den anderen Parteien – insbesondere mit der menschewistischen Russischen Sozialdemokratischen Arbeiterpartei (RSDRP), die sich zum Dogma von Karl Marx bekannte –, die umfassenden langjährigen persönlichen und verwandtschaftlichen Beziehungen zwischen den verschiedenen Parteimitgliedern, die Jahre der gemeinsamen revolutionären Aktivität im Untergrund, die traditionelle Beliebtheit der Sozialisten bei den demokratischen Elementen des Landes und schließlich das hohe internationale

Prestige der Sozialisten. Dadurch waren die herrschenden Kommunisten gezwungen, bei der Unterdrückung ihrer einstigen Gefährten im revolutionären Abenteurertum vorsichtig zu sein und Verhaftungen vorübergehend auszusetzen. Mit anderen Worten, zuerst war es ein recht heikles Problem, sich der revolutionären Verbündeten zu entledigen. Das war zweifellos der Grund, warum es den wichtigsten sozialistischen Parteien – den linken und rechten Sozialrevolutionären, den Menschewiki, den SR-Maximalisten – gelang, sich noch bis zum Ende des Bürgerkriegs zu halten.

In der Zeit nach dem Oktober gab es elf sozialistische Parteien und anarchistische Organisationen, wenn man die nationalistischen (jüdische, ukrainische etc.) nicht berücksichtigt, die auf russischem Territorium tätig waren. Bereits 1917 überstieg die Zahl ihrer Mitglieder 1,5 Millionen. In der ersten Hälfte der zwanziger Jahre wurden sie praktisch erstickt, auch wenn die nichtbolschewistische Form des Sozialismus als gesellschaftliche Gedankenschule in Russland erst während des »Großen Terrors« der späten dreißiger und frühen vierziger Jahre verschwand, als ihre Chefideologen und Anführer ermordet wurden.

Die Verfolgung der Sozialisten begann damit, dass man die sozialistische Presse erdrosselte. Im November 1917 schrieb Maxim Gorki in der Zeitung *Nowaja Schisn* (Neues Leben): »Lenin, Trotzki und ihre Anhänger waren bereits vom verdorbenen Gift der Macht verseucht, wie ihre schändliche Haltung zur Freiheit der Rede und des Individuums und zur Gesamtheit jener Rechte anzeigte, für welche die Demokratie gerungen hatte.« Die Verhandlungen über eine Regierungskoalition »aus Bolschewiki bis hin zu Volkssozialisten« waren sogar noch im Gange, als Lenins Regierung am 9. November die Veröffentlichung der volkssozialistischen Zeitung *Narodnoje slowo* (Das Wort des Volkes) »suspendierte«. Die Schikanierung der promenschewistischen Zeitung *Den* (Der Tag) begann im Laufe desselben Monats. Die Zeitung wurde sechsmal geschlossen und erschien stets wieder unter einem anderen Namen, doch im Mai 1918 musste sie ihre Arbeit für immer einstellen.

Gegen Ende Januar 1918 hieß es in einem neuen Gesetz mit dem Titel »Vorläufige Vorschriften über die Veröffentlichung von periodischen und nichtperiodischen Publikationsorganen«, dass Zeitungen eindeutig »konterrevolutionären« Charakters geschlossen und ihr Redaktionspersonal verhaftet werden könnten.[1] Allein im Januar/Februar 1918, nur zwei Monate nach dem konterrevolutionären Staatsstreich, wurden in Petrograd und Moskau fast siebzig Zeitungen geschlossen. Wenn ein Presseorgan den geringsten Zweifel an irgendeiner bolschewistischen Entscheidung äußerte, stempelte man es sogleich als konterrevolutionär ab.

Die Hetze gegen die menschewistische Zeitung *Wperjod* (Vorwärts) im März und April 1918 löste Proteste von Arbeitern einiger Moskauer Industrieanlagen aus, etwa der Fabriken Postawschtschik, Ludwig i Smith, des zentralen städtischen Kraftwerks und anderer. Die Arbeiter verabschiedeten eine Resolution, in der sie die Zeitung der sozialdemokratischen Menschewiki als »Verteidigerin der realen Interessen der Arbeiterklasse gegen das bolschewistische Regime« bezeichneten. Am 13. Mai erhielten die Menschewiki die Erlaubnis, die Zeitung unter einem anderen Namen, *Wsegda wperjod* (Stets vorwärts), neu zu eröffnen, doch schon am folgenden Tag wurde sie auf Befehl der Tscheka wiederum dichtgemacht.[2]

Die Meinung der Behörden darüber, was eine Zeitung als konterrevolutionär charakterisierte, ist an den Umständen abzulesen, unter denen der menschewistische *Nowy lutsch* (Der neue Lichtstrahl) geschlossen wurde. Man verbot die Zeitung, weil sie über Arbeiterversammlungen im Obuchow- und im

Putilow-Werk berichtet hatte, auf denen ein Ende der »Kommissarokratie« und die Einberufung einer Verfassunggebenden Versammlung gefordert worden waren. Die lokalen Behörden taten es dem Zentrum nach. In den ersten Monaten des Jahres 1918 gingen sie gegen die menschewistischen Zeitungen *Golos naroda* (Volkes Stimme) in Tula, *Schisn* (Leben) in Saratow und andere vor. Bis zum Sommer war praktisch die gesamte sozialdemokratische Presse verboten worden.

So hatte man das Problem der Pressefreiheit auf einfache Art langfristig gelöst. Die neue »Freiheit« war bis 1985 in Kraft, als die ersten Reformbestrebungen der Glasnost den Weg bereiteten.

Leider konnten die sozialistischen Parteien ihre Gegensätze nicht überwinden und stritten sich ständig über Kleinigkeiten. Sogar in den Gefängnissen und Lagern und in der Verbannung mieden die Sozialisten den Kontakt mit den Mitgliedern anderer Parteien und intrigierten untereinander. Die Geheimpolizei nutzte die zahllosen Differenzen – von Meinungsverschiedenheiten über Programme und Strategien bis hin zu angestauten Beschwerden und allgemeinem Misstrauen – innerhalb der sozialistischen Bewegung geschickt aus. In ihren Rundbriefen drängten die Leiter der WTscheka-OGPU ihre Agenten, die Risse innerhalb der Gruppierungen zu erweitern und jeglichen Versöhnungstendenzen entgegenzuarbeiten. So nahm der Chef des OGPU-Amtes für geheime Operationen, W. Menschinski, einen »Schritt zur Vereinigung isolierter und zerstreuter volkstümlerischer SR-Gruppen und Strömungen« beunruhigt zur Kenntnis. Er forderte »den Einsatz sämtlicher Aufklärungsmittel, um die Vereinigung der SR-Gruppen zu verhindern« und »um solche Vereinigungsbemühungen zu durchkreuzen«.[3]

Die gleiche Reaktion wurde durch die Gründung eines Organisationsbüros für die Vereinigung des revolutionär-sozialistischen Volkstümlertums ausgelöst. Obwohl das Büro in einer Absichtserklärung jeglichen Angriff auf die Russische Kommunistische Partei (RKP) aus politischen und wirtschaftlichen Gründen ausschloss, sahen die Bolschewiki in dieser Organisation »eine Gruppe mit dem klaren Ziel des Kampfes gegen die Kommunisten«.[4] Da die OGPU ähnliche Strömungen im linken Volkstümlertum wahrzunehmen glaubte, bat sie das ZK der RKP um Erlaubnis, die Vereinigungstendenzen durch »verschiedene Formen der Repression« zu schwächen. Der Plan wurde genehmigt. »Die Tendenzen zur Spaltung und zur Herausbildung von Differenzen bei den uns feindlichen Parteien zu fördern« war, wie ein prominenter Tschekist es ausdrückte, das ständige Ziel der Behörden.[5]

Was die sozialistischen Parteien selbst betraf, so änderten sie im Lauf des Bürgerkriegs häufig ihre Haltung gegenüber dem herrschenden Regime. Diese Schwankungen waren bei den volkstümlerisch orientierten Parteien besonders ausgeprägt. Im Gegensatz zu den Menschewiki, die eine Rolle der stillen Opposition übernahmen, führten die Sozialrevolutionäre, die 1918 ein paar Tage lang zu den Waffen gegriffen hatten, zu Beginn des folgenden Jahres einen scharfen Kurswechsel durch und gingen zu aktiver Kooperation über. Das rettete sie allerdings nicht, denn schon bald wurden sie wieder in den Untergrund gedrängt. Der linke Flügel der Sozialrevolutionäre, der den Bolschewiki bei der Machtübernahme geholfen und während der ersten Monate nach dem Oktober in der Regierungskoalition als Partner gedient hatte, ging im Sommer 1918 zu offener Opposition über.

Am Ende war keine der Positionen, die ihre einstigen Mitläufer bezogen, für die bolschewistische Führung akzeptabel. Ihre Kampagne zur Beseitigung sämtlicher Spuren eines sozialistischen Dissidententums wurde verschärft. Das Ganze war kein »großes Patiencespiel«, wie Solschenizyn es ausdrückte, sondern die Vernichtung von Menschen durch den brutalsten Terrorapparat der Geschichte.

Zunächst waren die Meinungen in der Russischen Kommunistischen Partei nicht einheitlich. Lenin musste sich gegen eine recht einflussreiche Gruppe von Kollegen (L. Kamenew, W. Nogin, D. Rjasanow, G. Sokolnikow und andere) behaupten, die eine Koalition mit den bedeutendsten sozialistischen Parteien unter der Parole einer »homogenen« Regierung befürworteten. Die Idee eines solchen Blocks hatte weniger mit Sympathie für die Sozialisten als mit der Furcht zu tun, dass es den Kommunisten schwer fallen werde, die Macht ganz allein zu verteidigen. Die Unsicherheit über ihre eigene Stärke ließ sogar höchst orthodoxe Parteimitglieder Ausschau nach Verbündeten halten. Das Ergebnis war im Dezember 1917 die Gründung einer Koalition mit den linken Sozialrevolutionären. Anfang des Jahres 1918 leiteten Vertreter dieser Partei sechs der sechzehn zentralen Volkskommissariate.

Etliche Male diskutierte die herrschende Clique der Bolschewiki darüber, wie sie ihre allgemeine Position gegenüber den Sozialisten abschwächen konnte. Unweigerlich sprach sich die Geheimpolizei gegen solche Gedanken aus, da deren Realisierung ihre eigene Rolle innerhalb der Regierung eingeschränkt hätte. Versuche, die Tscheka zu zügeln oder sie sogar abzuschaffen – das erste derartige Projekt wurde im Januar 1918 von einer Gruppe prominenter Bolschewiki mit Kamenew an der Spitze vorgeschlagen –, hatten wenig Erfolg.[6]

Im Grunde lehnte nicht nur die Tscheka, sondern auch das Politbüro konsequent alle Bemühungen ab, die Sozialisten in das gesellschaftliche und politische Leben des Landes einzubeziehen. Im April 1921 wurde ein Vorschlag des Tschekisten Wardin (Mgeladse) schroff zurückgewiesen. Er hatte dafür plädiert, eine versöhnlichere Haltung gegenüber den »respektableren« Sozialisten und Anarchisten zu formulieren, dabei aber natürlich »die Regierungszügel straff zu halten«. »Der Verfasser irrt sich«, lautete Lenins Kommentar zu Wardins Mitteilung. »Er verhält sich formalistisch ... Der Vorschlag des Verfassers taugt nichts. Er hat das Thema nicht angemessen erfasst.«[7] Das Politbüro hatte Wardins Projekt abgelehnt, noch bevor es Lenins Reaktion kannte.[8]

Damals arbeitete das Politbüro bereits an Szenarien für Gerichtsverfahren, wobei es das Strafmaß, die Stätte des Gefängnisses, den Ort und die Bedingungen der Verbannung und viele andere Einzelheiten im Voraus festlegte. Oftmals beauftragte es die Geheimpolizei, diesen oder jenen Sozialisten zu einer spezifischen Haftstrafe verurteilen zu lassen (zum Beispiel 1925 A. Goz und Je. Timofejew, die dem ZK der rechten Sozialrevolutionäre angehörten).[9] Als geheimer, doch realer Herrscher des Landes umging das Politbüro im Einklang mit dem bekannten Prinzip der »revolutionären Notwendigkeit« sämtliche juristischen Normen. Seine Maßnahmen wären jedoch unwirksam gewesen, hätte es da nicht die begeisterte Unterstützung (und manchmal sogar das Diktat) der Geheimdienste gegeben.

Während das Regime stärker wurde, nahm Lenin persönlich immer größeren Einfluss auf die Arbeit seines Unterdrückungsapparats. Ganz bewusst entwickelte man einen Personenkult um seinen Namen. Er richtete den Repressionsmechanismus ein, doch aufgrund persönlicher Beziehungen zu einer Reihe prominenter Politiker, darunter Ju. Martow, Georgi Plechanow und Fürst Kropotkin, machte er anfangs nur zögerlich davon Gebrauch. Stalin, der eine besondere Abneigung Sozialisten gegenüber empfand, war frei von solcher Schwäche. (Im Frühjahr 1918 versuchte er, Martow wegen Verleumdung verurteilen zu lassen, nachdem dieser Stalins Ausschluss aus der RSDRP von

1910 wegen Beteiligung an Konfiszierungen, das heißt an offenem Diebstahl und Raub, zur Sprache gebracht hatte. Das Revolutionstribunal wies Stalins Antrag zurück.)

Im Frühjahr 1918 verhaftete man die ersten Anarchisten und Maximalisten, treue Waffengefährten der Bolschewiki beim Oktoberumsturz und bei der Auflösung der Verfassunggebenden Versammlung. In der Nacht vom 11. auf den 12. April führten Einheiten der Moskauer Tscheka und der Roten Garden eine Operation zur Entwaffnung anarchistischer Gruppen durch, wobei sie mehr als 400 Personen inhaftierten.[10] Gleichzeitig wurde in Ischewsk eine »Meuterei« der Maximalisten niedergeschlagen, die darin bestand, dass diese den Bolschewiki im Ortssowjet starke Konkurrenz machten und eine Mehrheit erlangten.

Doch all das nutzte wenig, denn die sozialistischen Fraktionen besaßen weiterhin erhebliches Gewicht in den Sowjets. Einige Großunternehmen, die traditionell als Bollwerke des Bolschewismus angesehen wurden – zum Beispiel die »Große Manufaktur« Karsinkinskaja in Jaroslawl –, gaben mehr Stimmen für die sozialdemokratische Liste ab als für Bolschewiki, linke Sozialrevolutionäre und parteilose Kandidaten zusammen. Deshalb brachten die Bolschewiki am 14. Juni 1918, zwei Tage vor dem Beginn einer neuen Wahlkampagne und am Vorabend des Fünften Sowjetkongresses, im Allrussischen Zentralen Exekutivkomitee (WZIK) einen Erlass durch, der den Ausschluss von Sozialrevolutionären und Menschewiki aus den Sowjets auf allen politischen Ebenen und auf dem gesamten russischen Territorium unter der Kontrolle des Kremls vorsah (vor Ort wurde der Ausschluss gewöhnlich durch die vage Formel »wegen konterrevolutionären Verhaltens und Sabotage der Sowjetmacht« gerechtfertigt).[11]

Dem Erlass zum Trotz wählte die Bevölkerung weiterhin sozialistische Parteimitglieder in die lokalen Verwaltungsorgane (so erhielten die Menschewiki und die rechten Sozialrevolutionäre Ende Juni bei den Wahlen zum Petrograder Sowjet 75 Sitze, verglichen mit 499 für die Bolschewiki und 109 für die linken Sozialrevolutionäre; im Deputiertenrat von Archangelsk errangen sie 56 Sitze, verglichen mit 168 für die Bolschewiki, und so weiter).[12] Dagegen ging die Zahl ihrer Delegierten auf den allrussischen Kongressen der Sowjets und des WZIK stark zurück. Von 1919 an musste das Verzeichnis der Sozialisten, die an den Kongressen teilnehmen durften, zudem vom Politbüro abgesegnet werden.[13]

In der Provinz gingen die Bolschewiki noch brutaler und zynischer vor. Im Dezember 1918 kam es zu Arbeiterunruhen in Motowilicha, einem Dorf im Gouvernement Perm. Die Arbeiter verlangten, die Sonderversorgung von sowjetischen Regierungs- und Parteifunktionären mit Lebensmitteln einzustellen, die willkürlichen Hinrichtungen zu beenden, Garantien für Rede- und Versammlungsfreiheit zu erteilen sowie sämtliche Machtbefugnisse an die Abgeordneten der Arbeiter- und Bauernräte zu übertragen.[14] Für den Fall, dass man ihre Forderungen ablehnte, drohten sie mit Streik.

Da die üblichen Methoden der Einflussnahme zu nichts führten – auf den Massenversammlungen der Arbeiter wurde den Regimevertretern einfach nicht das Wort erteilt –, machte man die linken Sozialrevolutionäre, die im Deputiertenrat von Motowilicha über die Mehrheit verfügten, für die Unruhen verantwortlich. Das Exekutivkomitee des Rates wurde aufgelöst und durch ein rein kommunistisches Revolutionskomitee ersetzt; dann rief man den Ausnahmezustand im Dorf aus, schloss die Fabrik und entließ sämtliche Arbeiter. So sah die Evolution der bolschewistischen Demokratie aus.

Im Juli 1918, nach der Ermordung des deutschen Botschafters Wilhelm von Mirbach durch den Tschekisten Blumkin, begannen die Bolschewiki eine Kampagne gegen die linken Sozialrevolutionäre, die sich dem Friedensvertrag von Brest-Litowsk mit Deutschland und der Agrarpolitik der Regierung energisch widersetzt hatten. Die Proteste vom 6. Juli und die demonstrative Verhaftung Felix Dserschinskis, des Tscheka-Vorsitzenden, wurden vom Regime als Versuch der linken Sozialrevolutionäre interpretiert, die Macht zu ergreifen. Sofort sperrte man so viele Parteimitglieder wie möglich ein, unabhängig von ihrer Beteiligung an den Demonstrationen (noch heute ist ungeklärt, in welchem Maße die oberste Tscheka-Führung in Mirbachs Ermordung verwickelt war).

In der Nacht vom 6. auf den 7. Juli verhaftete man nicht nur die recht starke Delegation der linken Sozialrevolutionäre auf dem Fünften Sowjetkongress, sondern auch deren Komiteemitglieder in Moskauer Bezirken wie Rogoschsko-Simonowski und Krasnopresnenski; gleichzeitig ging man gegen ihre Vertreter in Fabriken und im Moskauer Deputiertenrat vor. Am 8. Juli wurden vierzehn linke Sozialrevolutionäre, welche die Behörden für die aktivsten Teilnehmer an der »Meuterei« hielten (W. Alexandrowitsch, D. Popow und andere), ohne jegliches Verfahren erschossen. Insgesamt zog man 964 Personen für den Vorfall zur Rechenschaft.

In einem Telegramm vom 10. Juli befahl der Volkskommissar für Innere Angelegenheiten, G. Petrowski, den Sowjets der Gouvernements, »unverzüglich sämtliche Maßnahmen [zur] Ergreifung und Festsetzung« der Teilnehmer an der »Meuterei« einzuleiten sowie »jene zu verhaften, die versucht haben, einen Aufstand gegen die Sowjetmacht anzuzetteln, und sie den militärrevolutionären Gerichten zu übergeben«. Er fuhr fort: »Wer Widerstand leistet, ist zu erschießen.«[15] Schon vor Petrowskis Telegramm hatten die Ortsbehörden begonnen, sämtliche linken Sozialrevolutionäre in verantwortlichen Positionen zu ersetzen, ihre Delegationen aus den Sowjets auszuschließen und einfache Parteimitglieder zu verhaften. Zum Beispiel ergriff das Exekutivkomitee im Gouvernement Tambow am 9. Juli entsprechende Maßnahmen.[16] Im Gouvernement Kursk wurde A. Baryschnikow, ein linker Sozialrevolutionär, den man des Versuchs bezichtigte, »die Massen gegen die Sowjetmacht aufzustacheln«, auf dem regionalen Sowjetkongress verhaftet, zusammengeschlagen und ins Gefängnis geworfen. Obwohl die lokale Tscheka keine Vollmacht hatte, ihn festzuhalten, und obwohl er als Mitglied des WZIK Immunität genoss, wurde er erst Mitte August entlassen.[17] Im Gouvernement Kaluga entfernte man die gesamte Delegation der linken Sozialrevolutionäre aus einem Sowjetkongress, obwohl sie dort die größte Abordnung darstellte. Im Juli wurden die Mitglieder linker SR-Komitees in Tula, Wladimir, Nischni Nowgorod und anderswo verhaftet oder ihrer Aufgaben enthoben; außerdem löste man die Gruppe der linken Sozialrevolutionäre – das heißt die bäuerliche Vertretung – im WZIK auf.

Damit war die Zeit der Partnerschaft zwischen den linken Sozialrevolutionären und den Bolschewiki in den Gesetzgebungs- und Exekutivorganen beendet. Da das Regime nach der Verhaftung der Delegation linker Sozialrevolutionäre auf dem Fünften Sowjetkongress eine überwältigende Mehrheit besaß, konnte es eine Resolution durchbringen, in der die Zusammenarbeit mit den linken Sozialrevolutionären in den Sowjets von deren bedingungsloser öffentlicher Verurteilung der Aktionen des eigenen Zentralkomitees abhängig gemacht wurde. Wie die Dichterin Sinaida Gippius bereits im November 1917 prophetisch in ihrem Tagebuch geschrieben hatte, kam es den Bolschewiki in erster Linie auf »Geständnisse« an. Sie seien bereit, alle möglichen Vergünstigungen zu gewähren, »wenn man nur vor ihnen auf die Knie fällt«.[18]

Im Sommer 1918, kurz nach dem Tod seines Gründers und Vorsitzenden Georgi Valentinowitsch Plechanow (er starb im Mai 1918), setzte der sozialdemokratische Block Jedinstwo (Einheit) seiner eigenen Existenz ein Ende. In jenem Herbst führte die Petrograder Tscheka Massenverhaftungen von »klassenfremden Elementen« durch, wobei sie die Kandidatenverzeichnisse der verschiedenen Parteien, einschließlich der Sozialisten, benutzte, die 1917 für die Wahl der regionalen und städtischen Dumas eingereicht worden waren. Nach Angaben eines Mitglieds der Konstitutionellen Demokratischen Partei (Kadetten), A. Isgojew, kamen allein bei dieser Aktion mehr als 200 Menschen hinter Gitter.[19] Später benutzten die Behörden die alten Kandidatenverzeichnisse ausgiebig, um Verhaftungen auf Grund der Mitgliedschaft in dieser oder jener Partei durchzuführen. »Die Machtgier dieser Bande von Abenteurern erwies sich als so stark«, schrieb der Menschewik M. Liber 1918 über die Bolschewiki, »dass sie im Kampf um die Machterhaltung kein Verbrechen scheuten.«[20]

Im Herbst 1918, auf dem Höhepunkt des Roten Terrors, verwickelte das Regime die Sozialisten in ein taktisches Spiel, das viele überraschte. Das erste Anzeichen des »Tauwetters« war ein Artikel von Lenin mit dem Titel »Über das Wesen unserer Zeitungen«, der am 20. September in der *Prawda* erschien. Darin wurde die bolschewistische Presse wegen ihres übertriebenen Hangs zu »politischem Geschwätz« und wegen ihrer Konzentration auf »den schändlichen Verrat der Menschewiki, der Lakaien der Bourgeoisie«, kritisiert. Daraufhin fand die Pressekampagne gegen die Sozialisten ein Ende.

Die Ausweitung des »neuen Kurses« wurde im November 1918 durch eine Rede Lenins auf einer Versammlung von Moskauer Parteifunktionären angekündigt. Ausgehend von der Prämisse, dass der Sozialismus nur durch »eine ganze Serie von

Vereinbarungen« aufgebaut werden könne, darunter Vereinbarungen mit »den Herren von den Genossenschaften und der Intelligenzija«, die das »einzige kultivierte Element« des Landes seien, ermahnte Lenin die Parteifunktionäre zu erlernen, wie man »Vereinbarungen mit der kleinbürgerlichen Demokratie trifft« und sie sich »gewogen macht«.[21]

Der Herrscher Russlands schien zu einem Kompromiss bereit zu sein. In Wirklichkeit jedoch war davon keine Rede. Die von Lenin gestellten Bedingungen waren so streng, dass sie eher Ultimaten glichen. Dadurch wurde überdeutlich, dass die Bolschewiki nicht die geringste Absicht hatten, die Macht mit irgendjemandem zu teilen. »Sie werden gutnachbarliche Beziehungen zu uns unterhalten«, erklärte Lenin den Sozialisten, »und wir werden die Staatsmacht ausüben. Wir werden Sie gern legalisieren, meine Herren Menschewiki ... Die Staatsmacht wird jedoch in unseren Händen bleiben, und allein in unseren Händen. Nicht den kleinsten Teil davon werden wir abgeben.«[22]

Im November 1918 erhielt die RSDRP erneut das Recht, an der Arbeit der Sowjets teilzunehmen und folglich eine legale Existenz zu führen. Gleichzeitig endete die Verhandlung gegen die linken Sozialrevolutionäre, die durch die Affäre vom 6. Juli belastet worden waren: Dreizehn der 950 Angeklagten erhielten ein- bis dreijährige Haftstrafen in Konzentrationslagern, während die Übrigen freigelassen wurden. Ein paar Tage später begnadigte man einige der Verurteilten. Im Februar 1919 wurde die Sozialrevolutionäre Partei offiziell für legal erklärt.

Die wahre Haltung des Regimes gegenüber den Sozialisten kam freilich im Befehl Nr. 113 zum Ausdruck, den die WTscheka am 19. Dezember 1918 ausgab. Darin erkannte man zwar die Notwendigkeit an, die »kleinbürgerlichen Elemente und alle Sozialisten« ihre Arbeit ausführen zu lassen, doch zugleich war die »strikteste verborgene Überwachung« geplant, damit sie »keine

Gelegenheit« hätten, »die Sowjetmacht zu betrügen«. So entwickelte sich allmählich eine zweiköpfige Diktatur durch die Partei der Kommunisten und die Partei der Tschekisten.

Das »Tauwetter« der Regierung erwies sich als sehr kurz. Bereits im Februar 1919 gingen die Repressionen gegen die Sozialisten weiter – nur doppelt so schlimm. Die Partei der linken Sozialrevolutionäre wurde erneut verboten. Das Regime machte es zur alltäglichen Praxis, Häuser »zur Feststellung von Identitäten« zu durchsuchen und Personen monatelang ohne Anklageerhebung festzuhalten. Verhaftungen nicht nur wegen der Mitgliedschaft in einer sozialistischen Partei, sondern sogar »wegen des Verdachts« einer solchen Mitgliedschaft wurden zur Gewohnheit.

Dserschinski befahl den Tscheka-Abteilungen in der Provinz, »die strikteste Kontrolle« über die linken Sozialrevolutionäre und die Menschewiki auszuüben. Dazu nahm man aus deren Reihen Geiseln mit der Warnung, diese würden für jegliche antibolschewistische Propaganda seitens ihrer Genossen »mit ihrem Kopf haften«. All diese Maßnahmen hatte das Politbüro in einem Sonderentscheid vom März 1919 umrissen, der folgende Ziele hatte: »der Presse die Intensivierung der Hetzjagd auf die linken Sozialrevolutionäre zu empfehlen …, die Überwachung aller früheren linken Sozialrevolutionäre aufrechtzuerhalten …, die Zeitungen *Golos petschatnika* [Die Stimme des Druckers] und *Rabotschi internazional* [Die Arbeiter-Internationale] zu schließen«.[23]

Nicht einmal die landesweite Umsetzung der Repressionspolitik stellte Dserschinski zufrieden. Am 14. März 1919 schrieb er: »In letzter Zeit bemerken wir ein deutliches Nachlassen, was die Aktivität der außerordentlichen Kommissionen betrifft … Die Menschewiki und die Sozialrevolutionäre, die unsere Schwäche zur Kenntnis nehmen, nutzen diese für ihre eigenen konterrevolutionären Ziele. Die bei der WTscheka gemachten Anzeigen lassen keinen Zweifel daran, dass die Feinde des Proletariats ihre mündliche und schriftliche Propaganda verstärkt haben und darauf abzielen, die Sowjetmacht zu stürzen.«[24] Das Signal wurde gehört. Im April 1919 verhaftete man im Lauf einer einzigen »Liquidierung« in Moskau und Umgebung 55 Sozialrevolutionäre und 38 Menschewiki.[25] Die WTscheka drängte ihre lokalen Agenten, sämtliche sozialistischen Parteien »aufmerksam zu überwachen«. Wie M. Lazis, einer der Geheimpolizeichefs, 1919 schrieb: »Jeder ihrer Schritte und jede ihrer Absichten müssen uns bekannt sein.«[26]

Die früheren Verbündeten der Bolschewiki bei der Machtübernahme hatten ihre politischen Überzeugungen in keiner Weise geändert, doch die bolschewistische Propaganda stellte sie nun als »Konterrevolutionäre« hin, die »sich in keiner Weise von den Koltschakisten und den Dekinisten unterscheiden«. In einem Rundschreiben vom 1. Juli 1919 verkündete I. Xenofontow, der Stellvertretende Vorsitzende der WTscheka: »Für die Sowjetunion ist in diesem Moment die Partei der linken Sozialrevolutionäre … einer der gefährlichsten Feinde«, der »gnadenlos« zu bekämpfen sei.[27]

In den Archiven des FSB findet man Augenzeugenberichte über die Reden von Maria Spiridonowa und I. Schteinberg auf Arbeiter-Massenversammlungen vom Februar 1919 in Moskau. Die Berichte belegen die Popularität der Redner.[28] Im Februar und März 1919 wurden fast alle führenden linken Sozialrevolutionäre und 200 Parteiaktivisten unter dem Vorwurf verhaftet, in Moskau an einem Komplott gegen die Regierung beteiligt gewesen zu sein. Rund 45 lokale Parteibüros in Pskow, Tula, Kasan, Brjansk, Orjol, Gomel, Astrachan und anderswo wurden geschlossen.

Im Februar stellte man Spiridonowa vor ein Moskauer Revolutionstribunal. Bezeichnenderweise war vor Gericht kein Wort über irgendeine Verschwörung zu hören, doch ging man dafür ausführlich darauf ein, dass sie auf einer Arbeiterversammlung in Moskau ganze drei Stunden lang gesprochen habe, während Vertretern der Regierungspartei nur zehn bis fünfzehn Minuten eingeräumt worden seien.[29] Die Verhandlung erbrachte kein wirklich belastendes Material, was das Gericht nicht daran hinderte, Spiridonowa zu einem Jahr Isolationshaft zu verurteilen.

Die linken Sozialrevolutionäre verloren an Einfluss. Die Zahl der Mitglieder sowohl in den Ortsorganisationen als auch in der Partei insgesamt verringerte sich erheblich. Schon davor, im August und September 1918, hatte sich ein den Bolschewiken treuer Flügel infolge der listigen Taktik des Regimes von den Sozialrevolutionären abgespalten und seinerseits zwei separate Parteien gebildet: die Volkskommunisten und die Revolutionären Kommunisten, die jeweils an die 3000 Mitglieder hatten. Beide verschmolzen im November 1918 bzw. im September 1920 mit der Russischen Kommunistischen Partei (der Bolschewiki) oder RKP(b).

Ungeachtet der in einem WTscheka-Rundschreiben verbreiteten Meinung, wonach »die Partei der linken Sozialrevolutionäre unter den gegenwärtigen Bedingungen der Untergrundarbeit jegliche Bedeutung und Autorität bei den Massen verloren hat«, wurden die Tschekas in den Gouvernements aufgefordert, »die letzten mehr oder weniger aktiven Mitglieder« aus den Reihen der linken Sozialrevolutionäre »auszureißen«.[30] Im Mai 1920 bestätigte Dserschinski voller Genugtuung, dass diese Partei »endgültig von der Tscheka zerschlagen« worden sei und »keine Gefahr für uns darstellt«.[31]

In Wirklichkeit war die Schlussfolgerung des Chefs der Geheimpolizei ein wenig voreilig, denn die linken Sozialrevolutionäre beendeten ihre Existenz als Partei erst in den letzten Monaten des Jahres 1922. Ihre Reihen hatten sich da allerdings durch Verhaftungen und internen Zwist gelichtet, und die Partei war nur noch ein Schatten der 150 000 Mitglieder umfassenden dynamischen Kraft von 1918.

Die Jagd auf Sozialisten blieb ein wichtiger Teil der bolschewistischen Politik, besonders für die Geheimpolizei. Informationen über die Tätigkeit der sozialistischen Parteien tauchten unweigerlich in allen lokalen Berichten auf, die durch Partei-, Sowjet-, Militär- und Tscheka-Kanäle weitergeleitet wurden. Routinemäßig diskutierte man die Aktionen der Sozialisten und Anarchisten auf den Sitzungen des Politbüros des Zentralkomitees der RKP(b); allein in der Zeit von April bis Dezember 1919 beschäftigte sich das Politbüro 25-mal mit derartigen Fragen.

Seit 1919 diente ein System geheimer WTscheka-Anweisungen und -Rundschreiben als legale Grundlage für die Repressionspolitik gegenüber Sozialisten und anderen »Konterrevolutionären«. Als typische Strafe galt die Inhaftierung in einem Lager »bis zum Ende des Bürgerkriegs«. Die offizielle Propaganda förderte nach Kräften den Eindruck, dass die »Isolierung« von Sozialisten nur vorübergehend stattfinde (»bis zum Sieg der Arbeit über das Kapital«). Das Ende des Bürgerkriegs hatte jedoch nicht die geringste Entspannung zur Folge. Im Gegenteil: Moskau betonte in seinen Rundschreiben an die lokalen WTscheka-Organe, dass der Zusammenbruch der äußeren Front keineswegs die Beendigung des Kampfes gegen innere Feinde nach sich ziehe, da »die endgültige Beseitigung konterrevolutionärer Auswüchse erst nach dem weltweiten Sieg der sozialistischen Revolution denkbar ist«.

»An der äußeren Front hat die Sowjetrepublik eine recht stabile Situation herstellen können«, schrieb der Chef der WTscheka-Geheimabteilung, Samsonow, im Juli 1921 an die Ortsfunktionäre der Tscheka, »doch die Beseitigung der illegalen politischen Parteien durch die WTscheka-Organe ist wegen der mangelnden Wachsamkeit der Tscheka noch nicht abgeschlossen.«[32] Die ZK-Berater in den lokalen Parteiorganisationen betonten die dringende Notwendigkeit, die vor Ort tätigen WTscheka-Organe und andere Polizeibehörden der Republik vor den »intensivierten Operationen feindlicher politischer Gruppen« zu schützen.[33]

Dserschinski sorgte nicht nur dafür, dass die Tscheka die uneingeschränkte Vollmacht behielt, ihre Opfer auf dem Verwaltungsweg in Konzentrationslager zu stecken, sondern er forderte auch, dass jedes Vergehen, das eine strenge Bestrafung verdient habe, vor den Revolutionstribunalen zu verhandeln sei. Dabei setzte er auf den Propagandaeffekt, doch er verkannte die Lage. Die offenen Prozesse gegen Sozialisten riefen im Ausland ein äußerst negatives Echo hervor. Und die Tschekisten selbst, die sich der juristischen Fadenscheinigkeit ihrer Anklagen bewusst gewesen sein dürften, erschienen nur ungern vor Gericht (außer in Fällen, die mit dem Besitz oder der Verbreitung sozialistischer Literatur zu tun hatten). Lieber führten sie jenseits der Grenzen des Rechtssystems eigene Vergeltungsmaßnahmen durch.

Dserschinski erklärte die Situation in einem Rundschreiben vom 1. Mai 1920 folgendermaßen: »Wir leben in einer Epoche, in welcher der Klassenkampf, den die Bourgeoisie und die Verbrecherwelt gegen uns führen, noch nicht solche Formen angenommen hat, dass wir jedes Delikt allein mit Hilfe der Gerichte bestrafen können. Auch ist nicht jedes Verbrechen so eindeutig, dass wir es der öffentlichen Überprüfung unbesorgt und voller Zuversicht auf die Bestrafung des Verbrechers überlassen dürften. Deshalb bietet das Gesetz der Tscheka die Möglichkeit, auf dem Verwaltungsweg jene Störer der Arbeitsordnung, jene

Schmarotzer und mutmaßlichen Konterrevolutionäre zu isolieren, gegen die wir nicht genug Material für eine gerichtliche Bestrafung gesammelt haben und die sogar von den strengsten Gerichtshöfen in der Regel für nicht schuldig befunden werden.« Den gleichen Gedanken brachte Dserschinskis Stellvertreter Unschlicht im Januar 1922 nicht weniger freimütig zum Ausdruck, als er mit Lenin über Pläne zur Neuorganisation der WTscheka korrespondierte: »Es gibt eine ganze Reihe von Fällen, in denen die Tribunale den Angeklagten aus Mangel an Faktenmaterial für nicht schuldig erklären, obwohl wir von unseren Agenten genügend Informationen erhalten haben, um die strengsten Strafen, bis hin zum Todesurteil, zu rechtfertigen. Unter gewissen Bedingungen ist es in der Republik als Ganzer oder in manchen Gegenden erforderlich, allerlei Repressionsmaßnahmen gegen Personen zu ergreifen, die in den antisowjetischen Parteien aktiv sind, selbst wenn wir über keine konkreten Beweise gegen sie verfügen. Das alles ist nur durch administrative Schritte machbar.«[34]

Lediglich eine verbrecherische Regierung würde »Repressionsmaßnahmen ohne konkrete Beweise« ergreifen. Im Grunde war das gesamte »Rechtssystem« des Bolschewismus auf solchen Prinzipien aufgebaut.

Die Politik zur Ausrottung des sozialistischen Dissidententums machte es notwendig, die Struktur der Geheimpolizei unablässig zu ändern. Von 1919 an hatten die Tschekas der Gouvernements Sonderabteilungen, deren Aufgabe es war, Sozialisten ausfindig zu machen und Agenten in deren Reihen einzuschleusen. Seit 1920 nahmen ganze Gruppen von Tschekisten an diesen Bemühungen teil.

In einem Bericht nach Moskau vom Januar 1920 schrieb ein Tschekist aus Tjumen: »Wie verwundete Tiere können sich [die Sozialrevolutionäre und Menschewiki] nicht mit der Sowjetmacht abfinden und versuchen, sich auf jede denkbare Art zu einem einheitlichen antisowjetischen Lager zusammenzuschließen. Da sie sich ihrer Niederlage und ihrer Trägheit beim Streben nach dem Sieg und nach der vollständigen Verwirklichung des Sozialismus bewusst sind, bedienen sie sich verschiedener Manöver, um die Sympathien der Arbeitermassen zu gewinnen. Und um ihre verbrecherischen Ziele zu erreichen, lassen sie sich auf unterschiedliche Tricks ein, die für das alles sehende Auge der Tscheka überall erkennbar sind und dann im Keim erstickt werden.«[35] Über den Kampf gegen »antisowjetische« Parteien meldete Xenofontow den Ortsorganen im Oktober 1919: »Wir müssen einen geschmeidigen und kräftigen Informationsapparat schaffen, *in dem Ihnen jeder Kommunist als Spitzel dient*« [Hervorhebung durch den Autor].[36] Die Erfahrung des Kampfes gegen das konterrevolutionäre sozialistische Lager, hieß es in einem weiteren Rundschreiben der WTscheka, habe gezeigt, dass »wir nur dann im günstigsten Moment Verhaftungen vornehmen können …, wenn unsere Leute in diese oder jene Organisation eingeschleust werden«[37].

Die Unterdrückung und Verfolgung der Sozialisten endete nicht mit dem Bürgerkrieg. Im Februar 1921 verabschiedete das Politbüro einen Erlass, der eine weitere »Zunahme der Verhaftungen von Menschewiki und Sozialrevolutionären« verlangte. Dessen Verwirklichung konnte die Kronstädter Rebellion vom März 1921 bald als »bequemer« Vorwand dienen.[38] Mit der Behauptung, die Sozialisten seien an der Rebellion beteiligt gewesen, machte sich die WTscheka daran, deren Organisationen landesweit zu vernichten. Diese Aktionen zogen sich ohne Unterbrechung bis zum August jenes Jahres hin. Im Frühjahr 1921 zerschlug die WTscheka in Moskau das Zentralkomitee der Sozialrevolutionäre. Gleichzeitig verhaftete man sämtliche Mitglieder des Moskauer Komitees und des Zentralkomitees der

RSDRP und beseitigte die menschewistischen Gruppen in Samara, Saratow, Jekaterinburg, Pskow, Rostow am Don, Odessa und anderen Städten.[39]

Im Juni 1921 (auf dem Höhepunkt der Verhaftungen), zeichnete sich das WZIK durch einen Erlass aus, in dem es die Tscheka autorisierte, Menschen, die verdächtigt wurden, der einen oder anderen sozialistischen Partei anzugehören, bis zu zwei Jahre in Untersuchungshaft festzuhalten. Nach den Zahlen der Militärstaatsanwälte wurden mehr als 550 Menschewiki auf Grund dieses Dokuments inhaftiert. Eine ähnliche Verfügung verabschiedete man am 10. August 1922. Eine NKWD-Sonderkommission mit nomineller Beteiligung der OGPU wurde bevollmächtigt, aktive Mitglieder der antisowjetischen Parteien in die Verbannung zu schicken und sie dort bis zu drei Jahre in Arbeitslager einzusperren.[40] Das Präsidium des WZIK erläuterte am 22. November desselben Jahres, diese Verfügung sei auch auf jene anwendbar, die nur unter dem Verdacht »konterrevolutionärer Aktionen« stünden.

Schritt um Schritt näherte sich Lenin den Mitgliedern seiner eigenen Partei. Eine Kampagne zur »Säuberung« der Russischen Kommunistischen Partei wurde am 1. August 1921 eingeleitet; diese Entscheidung hatte man zuvor auf dem X. Parteitag getroffen. Unter den vier Kategorien von Parteimitgliedern, die »einer besonderen Prüfung« unterzogen wurden, waren vor allem ehemalige Angehörige anderer Parteien betroffen, die sich der RKP(b) nach 1917 angeschlossen hatten. Insbesondere einstige Menschewiki und Mitglieder sonstiger »kleinbürgerlicher« Parteien gerieten ins Visier.[41] Nach solchen Kriterien wurden während der Säuberung von 1921 mehr als 6000 Personen aus der RKP(b) ausgeschlossen. Später kam es zur endgültigen Beseitigung der »ansteckenden Krankheit des Menschewismus« in den kommunistischen Reihen.

Gegen Ende 1921 war die Mitgliederzahl der RSDRP drastisch gesunken. Während die Sozialdemokratische Partei im Herbst 1917 insgesamt 200 000 Mitglieder gezählt hatte, verfügte sie im Herbst 1921 nur noch über 4000. In einem Aufruf des Moskauer Komitees der RSDRP hieß es: »Seit bald einem Jahr wird unsere Partei belagert. Hunderte unserer Genossen füllen die Gefängnisse Russlands: Butyrka und Taganka in Moskau, die früheren Zuchthäuser in Orjol und Jaroslawl, die Gefängnisse von Rjasan und Wladimir, Rostow am Don und Charkow. Eigens gebaute Gefängnisse in jedem Winkel Sowjetrusslands sind voll von Sozialisten, die monatelang ohne Anklage und häufig sogar ohne Verhör festgehalten werden.«[42]

Die illegale und die ausländische sozialistische Presse brachten gelegentlich Berichte über die an Häftlingen verübten Gewalttaten (eine Misshandlung im Butyrka-Gefängnis am Abend des 26. April 1921, die Hinrichtung von Sitzstreikenden im Solowezki-Konzentrationslager im Dezember 1923 und so weiter). Diese Fakten wurden vom Regime auf unverschämte Weise geleugnet. Im Mai 1921 hielt die Tscheka des Gouvernements Gomel eine Untersuchung des Vorfalls im Butyrka-Gefängnis ab. Bei der Befragung erklärten Menschinski und Samsonow, dass keine Misshandlung stattgefunden habe; sie rieten zum »strengsten Vorgehen gegen jene, die solche lügnerischen Gerüchte verbreiten«. Der Arzt, der die Misshandlung inhaftierter Menschewiki und Sozialrevolutionäre in der Butyrka aufgedeckt hatte, bezahlte im Mai 1921 dafür mit seiner eigenen Entsendung ins Konzentrationslager Archangelsk. Im Lager wütete eine Typhusepidemie, doch der Arzt wurde angewiesen, die Toiletten zu säubern.[43]

Das Signal für Massenrepressionen gegen die Anarchisten wurde durch ein geheimes Rundschreiben des ZK der RKP(b) an seine Gouvernementskomitees gegeben. In dem Schreiben, welches das Politbüro am 16. April 1921 genehmigt hatte, warf man den Anarchisten vor, die Parolen des Kronstädter Aufstands unterstützt, unter Arbeitern und Bauern »Unzufriedenheit« ausgelöst und auf den ideologischen »Verfall« der Armee hingearbeitet zu haben. Weiter heißt es dort: »Bei der Ausübung der Diktatur des Proletariats kann die RKP unter keinen Umständen Ausnahmen für diejenigen Gruppen machen, die die schlimmsten konterrevolutionären Absichten ihrer Bewegung unter dem Banner des Anarchismus verbergen. Folglich billigt das ZK der RKP das Vorgehen jener Zentren der Sowjetmacht, die bei der Bekämpfung der konterrevolutionären Aktionen anarchistischer Gruppen gezwungen sind, der Handlungsfreiheit dieser Gruppen klare Grenzen zu setzen.«[44]

Die Geheimpolizei reagierte begeistert auf den Aufruf der Partei. Im Frühjahr und Sommer 1921 wurden massenhaft Anarchisten verschiedener Strömungen verhaftet, darunter die Freie Vereinigung der Anarchisten und die Anarchisten-Kommunisten (Karelin-Anhänger). Eine massive Razzia vom März 1921 setzte der Russischen Konföderation der Anarcho-Syndikalisten und dem Moskauer Arbeiterbund der Anarchisten ein Ende. Seit August 1921 belegten die Behörden die anarcho-universalistische Zeitschrift *Potschin* (Initiative) mit einer Reihe von Verboten. In der Nacht vom 1. auf den 2. November verhaftete man etliche Anarcho-Universalisten, zerschlug ihre Kommunen und legte ihre Organisation damit lahm.

Im Januar 1922 beschloss das Politbüro des Zentralkomitees, die WTscheka abzuschaffen und durch die OGPU zu ersetzen, die als politisches Verwaltungsorgan des NKWD diente. Dem Erlass zufolge sollte sich ihre Arbeit darauf konzentrieren, »ein internes Informationswesen aufzubauen und sämtliche konterrevolutionären und antisowjetischen Aktivitäten in allen Bereichen auszumerzen«. Die Stoßrichtung ihres Programms galt dem Kampf gegen die antibolschewistischen – also in erster Linie sozialistischen – Parteien. Tatsächlich wurde der Erlass des Politbüros von einer Sonderkommission »mit Zuständigkeit für Sozialrevolutionäre und Menschewiki« ausgearbeitet, die man gegen Ende 1921 gegründet hatte.[45]

Die Unterdrückung der Sozialisten und Anarchisten nahm sechs der zehn Unterabteilungen der OGPU in Anspruch. Die größte und wichtigste war die Unterabteilung für Geheimoperationen mit Sektion 1 für die Anarchisten, Sektion 2 für die Sozialdemokraten und ihnen nahe stehende Fraktionen, Sektion 3 für die Sozialrevolutionäre und so weiter.[46] Von der WTscheka übernahm man die »Sonderberater«, die mit der Geschichte und den damaligen Praktiken der sozialistischen Parteien besonders vertraut waren.

Die Erfahrung des Kampfes von 1921 mit den Anarchisten motivierte die OGPU, im Juli 1922 ein weiteres Rundschreiben herauszugeben. Als »Ideologie des linken Proletariats«, die »mit dem Ringen der Arbeiter um den Sozialismus nichts gemeinsam« habe, beabsichtige der russische Anarchismus, eine »gnadenlose Diktatur der Kulakenklasse über das Proletariat und das ärmste Bauerntum« einzurichten und »konspirative Banden« zu organisieren. Während die Ortsorgane der OGPU aufgefordert wurden, ihren unbarmherzigen Kampf gegen die Anarchisten fortzusetzen, hieß es in dem Rundschreiben auch, dass Verhaftungen allein nicht genügten – nur der Einsatz von »Informanten kann die Arbeit der Anarchisten wirklich lähmen«.

Im Februar 1923 schrieb A. Karelin, der Patriarch des russischen Anarchismus, an das ZK der RKP(b), auf Befehl der früheren Tscheka und der OGPU säßen dutzende von Anarcho-Kommunisten und Anarchisten in den als Konzentrationslager bekannten Gefängnissen der nördlichen Gouvernements sowie in Anstalten anderer Gouvernements und in Moskau ein. »Einige der Anarchisten sind in ferne Städte verbannt worden. Da sich die inhaftierten Anarchisten und jene, die auf dem Verwaltungsweg verbannt wurden, hinsichtlich ihrer Ideen und Methoden nicht von den Anarchisten Westeuropas unterscheiden, die nicht einmal von ihren bourgeoisen Regierungen verfolgt werden, und da keiner von ihnen den Gedanken hegt, die Regierungsmacht zu ergreifen, … möchte ich … in der Gewissheit, dass die Schwindsucht in ihren Reihen wütet, und in dem Wissen um ihr Leid und ihre Entbehrungen an das ZK der RKP(b) appellieren, alle oben genannten Häftlinge freizulassen.«[47] Karelins Bitte blieb jedoch »ohne Antwort«.

Auch in den folgenden Jahren wurden Anarchisten verhaftet (etwa im Oktober 1924 und im Mai 1925 in Moskau).[48] Die wichtigsten anarchistischen Organisationen in Russland zerbrachen für immer, und die letzten bedeutenden Verhaftungen von Individuen erfolgten in den Jahren 1929 und 1930, als A. Andrejew, B. Barmasch, N. Rogdajew und andere Anarchisten unterschiedlicher ideologischer Strömungen hinter Gittern landeten.

Außerdem wurden Sozialisten häufig ohne das Recht auf Rückkehr ins Ausland verbannt. Bereits in den Jahren 1920 und 1921 trennte sich das Regime gern von jenen Sozialisten und Anarchisten, die aus dem einen oder anderen Grund ins Ausland reisten. Martow und Abramowitsch durften im Sommer 1920 zur Erledigung von Parteiangelegenheiten ausreisen; der Menschewik Dalin und die Anarchisten Arschinow (Marin), Wolin, Schapiro und andere folgten ihnen 1921. Den linken Sozialrevolutionären, die eine Auslandsreise für I. Schteinberg beantragt hatten, beschied das Politbüro des Zentralkomitees der RKP(b): »Genehmigung zur Ausreise, nicht wieder ins Land zu lassen.« Kurz darauf jedoch, im Jahr 1924, lehnte das Politbüro den Vorschlag einer Kommission unter Profintern-Direktor S. Losowski ab, sämtliche mehr oder weniger prominenten russischen Sozialisten und Anarchisten, die in Gefängnissen und Konzentrationslagern einsaßen – insgesamt rund 1500 Personen – zwangsauszuweisen.[49]

Besondere Aufmerksamkeit widmeten die Bolschewiki ihren einstigen Glaubensbrüdern, den Menschewiki, die weiterhin im Rahmen der Sozialdemokratischen Partei tätig waren. In den Archiven finden sich etliche Erlasse des Politbüros zwischen 1920 und 1923, die den Menschewiki galten. Im Juni 1920 wurden sämtliche Volkskommissariate angewiesen: »Menschewiki innerhalb der Kommissariate, welche die geringste politische Rolle spielen könnten, dürfen nicht in Moskau arbeiten, sondern sind auf die Provinzen zu verteilen.« Im Juli befahl das Politbüro der WTscheka, »einen Plan zur Umsiedlung menschewistischer politischer Führer zu erarbeiten, durch den sie politisch neutralisiert werden«. In einem Beschluss vom Dezember 1921 mit dem Titel »Über die Menschewiki« heißt es: »Sie sind von jeglicher politischen Aktivität auszuschließen, und mit aller Macht ist dafür zu sorgen, dass sie ihren Einfluss in Industriezentren verlieren ... Die Aktivsten sind auf administrativem Wege in nichtproletarische Zentren auszusiedeln, wobei ihnen das Recht aberkannt wird, sich für öffentliche Ämter zur Wahl zu stellen oder überhaupt irgendein Amt zu bekleiden, das Kontakt mit den breiten Massen erfordert.«[50]

Im Januar 1922 verbot man den außenpolitischen Organen und ihren Vertretungen im Ausland, exilierte Menschewiki bzw. jeden, »der in irgendeiner Weise mit ihnen in Verbindung steht«, zu beschäftigen.[51] In der zweiten Hälfte des Jahres 1923 führte eine geheime Untersuchungskommission innerhalb des Zentralkomitees der RKP(b) eine »gründliche Säuberung« des gesamten Personals der Volkskommissariate für Ausländische Angelegenheiten (NKID), für Außenhandel (NKWT) und ihrer ausländischen Vertretungen durch. Sämtliche früheren Mitglieder der sozialistischen Parteien wurden ungeachtet ihrer beruflichen Fähigkeiten oder ihrer politischen Überzeugungen entfernt.[52] Fortan setzte man in allen Auslandsvertretungen OGPU-Agenten ein, die für die »interne Beobachtung« ihrer Kollegen zuständig waren. Diese Praxis ist noch heute üblich.

Im März 1922 richtete das Politbüro des Zentralkomitees ein System von OGPU-»Hilfskontoren« in sämtlichen sowjetischen Behörden, Genossenschaften und Gewerkschaften ein. Es handelte sich um eine »öffentliche« (das heißt vorgeblich nicht zum Staatsapparat gehörende) Organisation, die Daten über frühere Sozialisten und über Sympathisanten sammelte. Ein »Fragebogen über Mitglieder antisowjetischer Parteien« mit Instruktionen, wie solche Fälle zu behandeln seien, wurde in alle Landesteile verschickt. Danach betraute man die Volkskommissariate, die Fabriken, das Verkehrswesen, die Hochschulen (einschließlich der militärischen), die Armee und die Berufsverbände mit der Aufgabe, Sozialisten »zu fangen«.

Im September 1922 befahl die Geheimabteilung der OGPU ihren Gouvernementsorganen wieder einmal, einen »Massenausschluss« von RSDRP-Mitgliedern vorzunehmen: »Haussuchungen bei aktiven und nichtaktiven Mitgliedern sowie bei Sympathisanten durchführen … Gegen Verhaftete Anklage erheben wegen Zugehörigkeit zur Partei der Menschewiki oder wegen konterrevolutionärer Akte, je nach dem bei der Durchsuchung entdeckten Material.«[53] Die Richtlinien der Geheimpolizei für die Verhaftung von Sozialisten gehen deutlich aus den Notizen hervor, die die Tschekisten auf ihren »Liquidationslisten« jener aktiven Menschewiki und Mitglieder des Bundes (das heißt des Allgemeinen Jüdischen Arbeiterverbands) hinterließen, die bei den Gouvernementsorganen der OGPU registriert waren: »Alter Mann. Mitnehmen und ihn zwingen, aus der Partei auszutreten ... Müssen ihn in ein russisches Gebiet aussiedeln. Das wird ihn für eine Weile unschädlich machen und ihn vielleicht finanziell ruinieren ... Er ist der einzige Ernährer seiner Familie, mit der er eng verbunden ist. Muss verhaftet, isoliert, gebrochen und rekrutiert werden.«[54]

Die Repressionen von 1922 sorgten dafür, dass die Partei der Sozialrevolutionäre (PSR) so gut wie zerstört war. Neben dem Moskauer Prozess gegen das Zentralkomitee der PSR im Juli und August 1922 kam es im Dezember in Baku zu einer Verhandlung gegen eine Reihe von Sozialrevolutionären. Man klagte sie an, Ölfelder in Brand gesetzt und Vorbereitungen für einen »bewaffneten Angriff durch Anhänger« von Pjotr N. Wrangel getroffen zu haben, dem General, der die (antibolschewistischen) »weißen« Streitkräfte in der ersten Phase des Bürgerkriegs angeführt hatte. Im Lauf der Verhandlung stellte sich heraus, dass der Fall von vorne bis hinten fingiert war. Gleichwohl hatte das Politbüro des Zentralkomitees der RKP(b), das von seinem prominenten Mitglied Sergej M. Kirow zwei Tage vor dem Abschluss des Prozesses informiert wurde, »keine Einwände« gegen die Verhängung von fünf Todesurteilen.[55]

In Verbindung mit dem Moskauer Verfahren gegen das Zentralkomitee der PSR führte das Regime eine weitere Verfolgungskampagne gegen die Partei durch. Die Prozessvorbereitungen hatten bereits Ende 1921 begonnen – in jenem Moment, als das ZK-Plenum der RKP(b) auf seiner Sitzung vom 28. Dezember verfügte, es werde »die Frage der Anklageerhebung gegen die Partei der Sozialrevolutionäre vor dem Obersten Gerichtshof im Voraus lösen«.[56] Gleichzeitig berief man eine Politbürokommission »über die Menschewiki und die Sozialrevolutionäre« und plante, im Lauf der Verhandlung kurze geschichtliche Abrisse der russischen sozialistischen Bewegung veröffentlichen zu lassen.[57] Die Verfasser sollten Politbüromitglieder wie Kamenew, Sinowjew, Trotzki und Bucharin sein. Als sie ausnahmslos unter dem Vorwand zu großer Arbeitsbelastung absprangen, blieb es einem zweitrangigen Team aus Lunatscharski, Meschtscherjakow, Wardin und anderen überlassen, die Broschüre zusammenzustellen.

Alles entwickelte sich reibungslos. Nur eines beunruhigte die Parteiführer: Russland sollte im Januar 1922 an einer internationalen Wirtschafts- und Finanzkonferenz in Genua teilnehmen, und die Reaktion auf die Verhandlung gegen die Sozialrevolutionäre würde vermutlich sehr heftig ausfallen. »Sie selbst stimmen mir zu, dass der Terror intensiviert werden müsste«, schrieb Unschlicht am 26. Januar 1922 an Lenin. »Wenn wir keine Erschießungen vornehmen, werden es die Revolutionstribunale tun. Die Urteile der Revolutionstribunale werden der Öffentlichkeit bekannt werden. Ihre Zahl wird so hoch sein, dass [sie] einen neuen Ausbruch der Empörung bei unseren Feinden hervorrufen dürften. Und der Letzteren wegen machen wir Zugeständnisse.«[58] Lenin hielt Unschlichts Argumenten entgegen: »Die Kommissionstribunale gehen nicht immer an die Öffentlichkeit. Ihre Mitglieder sollten durch ›unsere eigenen‹ Leute verstärkt werden ..., damit diese das Tempo und die Schlagkraft der Repressionen verbessern.«[59]

Aus all diesen byzantinischen Plänen wurde nichts. Als die OGPU am 28. Februar 1922 das geplante Datum der Verhandlung gegen die Sozialrevolutionäre offiziell bekannt gab, wurden in Westeuropa Proteste laut. Daraufhin billigte das Politbüro am 18. März Lenins Vorschlag, dass »alle ins Ausland reisenden Genossen« verpflichtet werden müssten, »einen ganz und gar gnadenlosen Kampf« gegen Menschewiki und Sozialrevolutionäre zu führen.[60] Bemüht, die wachsende Empörung im Westen einzudämmen, schickte man S. Sosnowski und K. Radek im April nach Berlin, um »Gegenpropaganda gegen die Menschewiki und Sozialrevolutionäre« zu organisieren. Den gleichen Auftrag erhielt Ju. Larin, der zu einer medizinischen Behandlung in Berlin weilte.[61]

Man muss betonen, dass Lenin bei seinen Entscheidungen zu vielen Fragen, besonders was den Einsatz von Terror anging, äußerst konsequent war. Er geriet in Rage, als er erfuhr, dass Vertreter der drei Internationalen eine Vereinbarung getroffen hatten, die vorsah, dass die sowjetische Seite in der Verhandlung gegen 47 Sozialrevolutionäre auf Todesurteile verzichtete und ausländischen Beobachtern Zutritt zum Gerichtssaal gewährte. Am 9. April ließ er durch das Politbüro eine Direktive an die Sowjet- und Parteipresse weitergeben, in der er sie anwies, energisch auf die Berliner Vereinbarung zu reagieren. Vornehmlich solle sie »die unwiderrufliche Tatsache der realen Bande zwischen den Sozialrevolutionären und den Menschewiki … sowie der internationalen Bourgeoisie in allen Einzelheiten bloßstellen«.[62]

Zwei Tage später ging Lenin auf den Beschluss des Exekutivkomitees der Komintern »Über die Intensivierung der Kampagne gegen die Menschewiki und die Sozialrevolutionäre in der gesamten internationalen kommunistischen Presse« ein. Wiederum betonte er die Notwendigkeit, eine »detaillierte Erklärung« der Bande zwischen jenen Parteien und der »breiten Front der Landeigentümer und der Bourgeoisie gegen die Sowjetmacht« zu liefern.[63] Lenin selbst wusste natürlich genau, wie verlogen solche Anschuldigungen waren. Nachdem er im *Sozialistischeski westnik* (Sozialistischer Bote) Maxim Gorkis offenen Brief an den französischen Schriftsteller Anatole France gelesen hatte, in dem der Prozess gegen die Sozialrevolutionäre als Vorbereitung auf »die Ermordung der Menschen, die der

Sache der Befreiung des russischen Volkes aufrichtig dienen«, bezeichnet wurde, kommentierte Lenin, er habe zuerst daran gedacht, Gorki in der Presse zu beschimpfen, »dann jedoch beschlossen, dass so etwas vielleicht übertrieben sei«, und sich nicht geäußert.[64]

Seit 1922 wurden die Verdammung der Sozialisten und Forderungen nach Vergeltungsmaßnahmen gegen sie zu wesentlichen Bestandteilen aller staatlichen Feier- und Jahrestage. Eine der Parolen, die in jenem Jahr zum Gedenken an den Umsturz vorgeschlagen wurde, lautete: »Am fünften Jahrestag der Oktoberrevolution läutet die Totenglocke für die Sozialrevolutionäre, die Menschewiki und alle Lakaien des Kapitals.«[65]

Im Dezember 1922, am fünften Jahrestag der Gründung der WTscheka-OGPU, gab die ZK-Abteilung für Agitation und Propaganda (Agitprop) eine knappe Erklärung heraus, die von sämtlichen Parteiorganisationen erörtert werden sollte. Besondere Anerkennung zollte man der Geheimpolizei für ihren gnadenlosen Kampf gegen die Pseudosozialisten, die »es wagten, die Arbeit zur Stützung der Errungenschaften der Großen Oktoberrevolution zu untergraben«. Im Juli 1924 ordnete das ZK der RKP(b) im Einklang mit der von der Komintern proklamierten »internationalen Woche des Kampfes gegen die Gefahr neuer Kriege und gegen die Zweite Internationale« Massendemonstrationen unter der Parole »Nieder mit den kriegstreiberischen Kapitalisten und ihren speichelleckerischen Kollaborateuren, den Menschewiki und Sozialrevolutionären« an.[66]

Die Ergebnisse des Kampfes gegen die Sozialisten und Anarchisten wurden auf der XII. Parteikonferenz zusammengefasst, die in den entscheidenden Tagen des großen SR-Prozesses in Moskau stattfand und zum Höhepunkt der im Frühjahr und Sommer 1922 angeheizten Kampagne gegen die Sozialisten werden sollte. Auf der Konferenz verlangte man, »die Parteien der Sozialrevolutionäre und der Menschewiki innerhalb kurzer Zeit als politische Faktoren zu eliminieren«. In einem handschriftlichen Zusatz zu der Resolution merkte Stalin an, dass »genau das die wichtigste Aufgabe der RKP darstellt«.[67]

Kaum waren die donnernden Flüche auf die Sozialisten verklungen, als sich die Bolschewiki wieder den Menschewiki zuwandten, die ihnen die größten Sorgen machten. Tatsache ist, dass die bolschewistische Politik den Menschewiki gegenüber weder konsequent noch wohl durchdacht war. Einige, wenngleich geringfügige Merkmale blieben jedoch unverändert. Trotz des allgemeinen bolschewistischen Vorhabens, die »Glaubensbrüder« von der Macht zu verdrängen, um deren Einfluss auf die Massen zu schwächen und sie dann zu vernichten, behaupteten die Bolschewiki aus undurchschaubaren Gründen zuweilen, sie seien bereit, die menschewistische Fraktion der sozialistischen Abweichler zu »dulden«. Nur deshalb überlebte die Russische Sozialdemokratische Arbeiterpartei (Vereinigt) (RSDRP), wie sich die menschewistische Organisation gegen Ende 1917 offiziell nannte, ein wenig länger als die anderen sozialistischen Parteien.

Das Regime mochte eine Verfolgungskampagne einleiten und gleichzeitig bei den halb legalen Aktivitäten der RSDRP ein Auge zudrücken – nur um dann allein wegen der Tatsache, dass die Partei existierte, einen neuen »Tobsuchtsanfall« (Ju. Martow) zu bekommen. Die Bolschewiki betrachteten die Menschewiki nie als ernste Konkurrenten im Kampf um die Macht, doch sogar deren zaghafte Versuche, die Grenzen der »stillen« Opposition zu überschreiten, irritierten Lenin maßlos. Er fürchtete die Menschewiki (die weit gebildeter waren als er), aber er schämte sich seiner Taten nicht.

Ein kurzer historischer Exkurs. Im Frühjahr und Sommer 1918 leitete die Regierung, wie oben angemerkt, einen Massenangriff auf die sozialistischen und anarchistischen Repräsentanten in den Sowjets ein. Das Pressebüro der RSDRP beschrieb den Wahlkampf für den Moskauer Sowjet im März und April 1918 folgendermaßen: »Die Regierung verhaftete Redner der Menschewiki und der Sozialrevolutionäre. Die Abstimmung wurde überraschend und vor nur einer winzigen Gruppe ihrer eigenen Wähler angekündigt. Als Menschewiki gewählt wurden, versuchte man mit allen Mitteln, eine weitere Abstimmung mit weniger Wählern abzuhalten … Es ist schwer, sich etwas Abscheulicheres, Schändlicheres und Ekelhafteres vorzustellen als das Bild, das der bolschewistische Wahlkampf präsentierte.«[68] Doch in offiziellen Statements, die auf die westliche öffentliche Meinung abzielten, wurden die Menschewiki bis Ende 1920 als – wenn auch »irregeleitete« – »Genossen« bezeichnet. Was das bolschewistische Parteivolk betraf, so spürte laut F. Dan eine beträchtliche Zahl, »besonders unter den bolschewistischen Arbeitern, im tiefsten Herzen, dass diejenigen, die wegen der Ideale unserer Partei verfolgt werden, die politisch bewusstesten, am revolutionärsten gesonnenen Mitglieder sind, weshalb diese Verfolgungen eine unauslöschliche Schmach für die Kommunistische Partei darstellen«.[69]

Diese teils nachsichtige Haltung gegenüber den Menschewiki wurde natürlich keineswegs durchgängig vertreten. Wenn es um spezifische Fälle ging, zögerte die RKP nicht im Geringsten. So errangen die Menschewiki die Mehrheit in einer Wahl zum Ortssowjet, die im Frühjahr 1919 in der Arbeitersiedlung Bogorodskoje im Kreis Pawlowsk des Gouvernements Nischni Nowgorod abgehalten wurde. Die Deputierten des vorherigen – bolschewistischen – Sowjets ignorierten das Wahlergebnis und übten weiterhin die Macht aus. Am 24. Mai begann ein Hungerstreik in der Siedlung, und mehrere Kommunisten wurden vom Pöbel in Stücke gerissen. Um weiteres Blutvergießen zu verhindern, übernahm das Regime die Leitung des neuen menschewistischen Sowjets, was die Arbeiter besänftigte und dadurch anderen Kommunisten das Leben rettete. Trotzdem entsandte man ein Strafbataillon in die Siedlung, das sämtliche Menschewiki verhaftete. Sie wurden wegen »konterrevolutionärer Handlungen« vor ein Revolutionstribunal gestellt. Es verurteilte elf russische Mitglieder der RSDRP zum Tode, doch die Strafe wurde in fünfzehn bis zwanzig Jahre Haft und Zwangsarbeit umgewandelt.[70]

Es fällt schwer, auch nur ein einziges halbwegs prominentes RSDRP-Mitglied zu finden, das nicht von Durchsuchungen und Verhaftungen betroffen war – in der Regel auf Grund von fingierten Anklagen und häufig ohne jegliche Anklageschrift. 1919 verbrachte A. Potressow mehrere Monate hinter Gittern, und zwar unter Bedingungen, die sogar für jene Zeit ungewöhnlich streng waren. F. Dan und die Brüder Zelerbaum wurden in den Jahren 1920 und 1921 wiederholt verhaftet. Einen der Brüder, Wladimir, verurteilte man 1920 bei der Verhandlung gegen das Nationale Zentrum, mit dem er nicht das Geringste zu tun hatte, zum Tode; die Strafe wurde in eine bis zum Ende des Bürgerkriegs währende Verschickung ins Konzentrationslager umgewandelt. Zu den vielen anderen Verhafteten gehörten N. Roschkow, M. Liber, B. Nikolajewski, B. Ber, W. Krochmal und W. Gorew.

Der offene Krieg gegen die Menschewiki wurde praktisch direkt nach dem konterrevolutionären Staatsstreich von 1917 erklärt. Bereits im Mai 1918 beschwerte sich ZK-Mitglied Jakow Swerdlow über die »Schwierigkeiten«, die die Menschewiki verursachten, weil sie »im Gleichschritt mit den Saboteuren marschierten«. Danach wurden die Menschewiki immer wieder zu rituellen Sündenböcken gemacht, auf die die Regierung die Schuld für ihre eigenen Fehler abwälzen konnte. Ein Erlass des WZIK vom 14. Juni 1918 verbot RSDRP-Vertretern, auch auf der niedrigsten Ebene in den Sowjets mitzuwirken, und in jenem Herbst wurde die Situation der Partei, um mit Martow zu sprechen, »unerträglich«. Man beschnitt ihre Presse- und Ortsorganisationen und »verhaftete erneut die Mehrheit der Menschewiki«.[71]

Am 21. Juli 1918 ließ das Regime nicht nur Delegierte eines Moskauer Kongresses von Arbeitervertretern, sondern auch Menschewiki verhaften, die als Gäste und Beobachter eingeladen worden waren: R. Abramowitsch, Ju. Denike, M. Kefali, G. Kutschin-Oranski und andere. Die Machthaber reagierten zornig auf die Entscheidung dieses durch und durch proletarischen Gremiums, ein Ende der »Experimente in Sachen Vergesellschaftung und Verstaatlichung von Anlagen und Fabriken« anzustreben sowie auf den Sturz der Sowjetmacht und die »Wiederherstellung eines demokratischen Systems« hinzuarbeiten. Sämtlichen Verhafteten drohte die Erschießung, und die Menschewiki wurden nur durch die Intervention westeuropäischer Sozialisten gerettet.

Im November 1918, auf dem Höhepunkt des Roten Terrors, wurde der RSDRP, wie oben ausgeführt, überraschend das Recht gewährt, in den Sowjets mitzuarbeiten, und somit die Möglichkeit, eine halb legale Existenz zu führen. In einer offiziellen Erklärung rechtfertigte das Zentralkomitee diese Milderung seines Standpunkts mit der Haltung, »die die Menschewiki in Bezug auf die Invasion der Entente bezogen«. Die Legalisierung galt jedoch nur für jene Menschewiki, die »ihren Widerstand gegen die Intervention und ihre Unterstützung der Sowjetmacht unzweideutig zum Ausdruck brachten«.[72] Und tatsächlich wurden viele Sozialdemokraten während des Bürgerkriegs von ihrer Partei zur Einberufung in die Rote Armee mobilisiert. Ein Mitglied des Moskauer Komitees der RSDRP, Stoilow, diente während des gesamten Bürgerkriegs als Divisionsstabschef, und ein ZK-Mitglied der Partei, Kutschin-Oranski, kämpfte 1921 an der Polenfront.

Die Legalisierung erwies sich jedoch als sehr befristet. Im Frühjahr 1919 wurden das Zentralkomitee und das Moskauer Komitee der RSDRP aufgelöst. Außerdem schloss man das wichtigste Presseorgan der Partei, *Wsegde wperjod*, sowie ihre Zeitungen und Zeitschriften in Kiew und Charkow. Die WTscheka erklärte offiziell, die verhafteten Menschewiki seien Geiseln, deren Schicksal vom »Verhalten« ihrer Partei abhänge. Der Druck auf die Menschewiki, aus der RSDRP auszutreten, verstärkte sich. Eine Reihe von Parteimitgliedern – Chintschuk, Dubrowinskaja, Wilinski, Gorew und ein wenig später Roschkow, der sich in Haft befand – gab in den Jahren 1919 und 1920 ihren Austritt bekannt. Ende 1919 schloss sich eine Gruppe internationalistischer Menschewiki, die die RSDRP im Januar 1918 verlassen und ihre eigene Partei gegründet hatte, mit der RKP(b) zusammen. 1922 traten die ZK-Mitglieder Jermanski, Semkowski, Pleskow und Groman in aller Stille aus der Sozialdemokratischen Partei aus.

Nach D. Dalins Meinung waren die meisten Parteiwechsel durch »eigennützige oder karrierebezogene Erwägungen« motiviert. Martow zu Folge beruhte der »Schritt nach links« mancher Abtrünnigen jedoch auf ehrlicher Überzeugung. Sie glaubten, die Bolschewiki hätten trotz aller Mängel des neuen Regimes die Grundlagen für den Aufbau des Sozialismus und damit für die unweigerliche Demokratisierung gelegt. Laut Augenzeugen teilte S. Jeschow diese Illusionen fast bis zu seinem tragischen Tod. Und schließlich gab es unter den Abtrünnigen auch solche, die bei der Entscheidung für die Zusammenarbeit mit den Bolschewiki keine ideologische Wiedergeburt durchmachten, sondern im Gegenteil von dem Gedanken motiviert wurden, das »Öl« des authentischen Marxismus in der »Lampe« des Bolschewismus zu bewahren – mit anderen Worten, sie träumten von einem vulgarisierten Marxismus.

Im Jahr 1920 verschärften sich die Repressionen gegen die »russischen Kautskisten« erneut. In Odessa, Gomel und Nikolajew wurden die menschewistischen Fraktionen von Anfang an aus den Sowjets ausgeschlossen (in Nikolajew wegen der Weigerung der Menschewiki, bei der Wahl eines »Ehrenpräsidiums« für Lenin zu stimmen). In Kiew stellte man zehn Menschewiki unter der fingierten Anklage der »Zusammenarbeit mit Denikin« vor Gericht. Im Mittelpunkt der Anklageschrift stand eine kritische Mitteilung über das bolschewistische Regime, die örtliche Gewerkschaften anderen Gewerkschaften in Europa geschickt hatten. In Moskau löste man die Druckergewerkschaft, in der die Menschewiki großen Einfluss ausübten, auf und schloss ihre beiden Parteiclubs. Außerdem zerschlug man die RSDRP-Organisationen in Samara (in Verbindung mit einem Generalstreik), in Omsk (wegen der Herausgabe eines illegalen Aufrufs) und in Tula (in Zusammenhang mit einem Streik). Massenverhaftungen fanden im August in Moskau statt. Eine Amnestie, die das WZIK am dritten Jahrestag der Oktoberrevolution verkündete, bezog sich nicht auf Mitglieder der RSDRP.

Insgesamt war es, um Martow zu zitieren, eine »rasende« und »unverschämt blutgierige« Kampagne, die Massendurchsuchungen und -verhaftungen der aktiveren Menschewiki nach sich zog – eine Kampagne, die 1919 und 1920 durch eine Reihe von Teilerfolgen der RSDRP bei Wahlen zu den Ortssowjets »provoziert« worden war. So errangen die Menschewiki bei den Wahlen von 1920 46 Sitze im Moskauer Sowjet, 205 in Charkow,

120 in Jekaterinoslaw, 78 in Krementschug (gegenüber 62 der Bolschewiki) und so weiter.[73]

Die Ergebnisse in einem Chemiewerk in Petrograd können als Gradmesser für die Stimmung der Arbeiter dienen. Seinem eigenen Bericht zufolge trat Martow als Gegenkandidat zu Lenin auf. In einer offenen Wahl erhielt Lenin acht und Martow dagegen 76 Stimmen. Lenin war wütend über seinen engsten Jugendfreund. Als er erfuhr, dass die Menschewiki 46 Sitze (von 1532) im Moskauer Sowjet erhalten hatten, befahl er sofort, ihre Führer durch schwere Aufgaben »zermalmen« zu lassen: »Für Dan sanitäre Anlagen, für Martow Aufsicht über Speisesäle.«[74] Im Mai 1920 drängte das Politbüro der RKP den Moskauer Sowjet, »Mitglieder der menschewistischen Fraktion auszuschließen, die nicht kundtun, dass sie jene Menschewiki ablehnen, die man wegen des Aufrufs zum Streik verhaftet hat«.[75]

1921 sah sich die RSDRP in einem stark geschwächten Zustand. Ihre Mitgliederzahl sank immer weiter. Während die menschewistischen Kandidaten unter Alexander Kerenski, der die kurzlebige Provisorische Regierung von 1917 geleitet hatte, in Moskau 21 000 Stimmen für die Verfassunggebende Versammlung sammelten, die Stimmen der von Plechanow gegründeten Gruppe Jedinstwo (Einheit) nicht mitgerechnet, erhielten die 1921 neu in der Hauptstadt registrierten Kandidaten lediglich rund 300 Stimmen. In der RSDRP als Ganzer betrug die Mitgliederzahl – die noch im Herbst 1917 nicht weniger als 200 000 Menschen umfasst hatte – nur einige Tausend. Die Tatsache, dass sich die Parteiführer ins Ausland abgesetzt hatten – Ju. Martow 1920, D. Dalin 1921, F. Dan und andere 1922 –, trug erheblich zu der sich verdichtenden Krise bei.

Die Bolschewiki schienen ihre Ziele erreicht zu haben, weshalb sie die Repressionen gegen den besiegten Gegner hätten einstellen können. Doch auch diese Hoffnung erwies sich als illusorisch. Seit 1922 befand sich jede Aktivität der Menschewiki – und damit die Existenz ihrer Partei – außerhalb des Gesetzes. Unter diesen Umständen blieb der Partei nichts anderes übrig, als sich in den Untergrund zurückzuziehen, was sie im Herbst 1922 tat. Dabei stützte sie sich auf die Entscheidung eines Rates, der die Ortsorganisationen der RSDRP repräsentierte. Da die Hauptgremien der RSDRP, die auf einem Parteitag gewählt worden waren, ihre Arbeit mittlerweile eingestellt hatten, wurde ein ZK-Büro unter dem Vorsitz von G. Kutschin-Oranski kooptiert, der aus der Verbannung in Zentralasien entkommen war.

Trotzdem fürchtete Lenin, die Menschewiki könnten noch einmal Auftrieb bekommen. Das war anscheinend der Grund, weshalb er sich 1922 daranmachte, eine weitere antisozialistische Offensive einzuleiten. In einer augenscheinlich unbedeutenden Episode – einer polemischen Auseinandersetzung zwischen einem 18-jährigen bolschewistischen Studenten namens Gurwitsch und Leo Trotzki auf einer Jugendkonferenz über die Probleme der Neuen Ökonomischen Politik – entdeckte der Parteiführer ein gefährliches Anzeichen dafür, dass der scheinbar im Todeskampf liegende Menschewismus in Wirklichkeit eine dauerhafte Vitalität in sich barg und wachsenden Einfluss auf die Jugend ausübte. Er schrieb an Trotzki: »Ich habe keinen Zweifel daran, dass die Menschewiki ihre bösartige Propaganda intensivieren und weiterhin intensivieren werden. Aus diesem Grund meine ich, dass wir sowohl ihre Überwachung als auch die Repressionen gegen sie verstärken müssen. Darüber habe ich mit Unschlicht gesprochen … Vielleicht wäre es sehr nützlich, wenn Sie in der Presse in die offene Schlacht eingreifen, diesen Menschewiken beim Namen nennen, den boshaften, weißgardistischen Charakter seines Statements erklären und die Partei streng ermahnen könnten, sich zu bessern.«[76] Man beachte die Gehässigkeit dieser Zeilen. Lenin, der in manchen Kreisen als kluger Mann gilt, fand nie eine andere Methode, seine Überzeugungen zu vertreten, als die der Gewalt, der »Überwachung« und der »Repressionen«.

Lenins Anregung wurde umgehend von den Tschekisten aufgegriffen. Im März 1922 meldete Unschlicht dem »Führer des Weltproletariats«, dass »die Geheimabteilung der OGPU es angesichts der intensivierten Arbeit des Jugendbundes der Menschewiki für erforderlich hält, eine Reihe vorbeugender Repressionsmaßnahmen gegen dessen schädliche Aktivitäten zu ergreifen«.[77] Diese Maßnahmen erbrachten eine so reiche Ernte, dass das Politbüro auf seiner Sitzung vom 20. März beschloss, eine »öffentliche Verhandlung über die sozialdemokratische Jugend« vorzubereiten. Nach Durchsicht des vorliegenden Beweismaterials gelangte eine eigens geschaffene Kommission jedoch zu dem Schluss, dass »es unzweckmäßig wäre, ein politisches Verfahren darauf aufzubauen«. Deshalb nahm das Politbüro am 20. April 1922 seinen Erlass zurück und stimmte der Empfehlung der Kommission zu, »sich in diesem Fall auf eine administrative Verbannung zu beschränken«.[78]

Auch die Gerichtshöfe erhielten Anweisungen von Lenin. »Zum öffentlichen Nachweis des Menschewismus müssen unsere Revolutionsgerichte Hinrichtungen anordnen, sonst sind sie nicht unsere Gerichte«, erklärte er im März 1922 in einer Rede auf dem XI. Parteitag der RKP(b). Zwei Monate später ergänzte er den Entwurf der Strafgesetzgebung der Russischen Sozialistischen Föderativen Sowjetrepublik durch ein Schreiben an D. Kurski, den Volkskommissar der Justiz: »Meiner Meinung nach müssen wir den Einsatz von Erschießungen (umwandelbar in Deportation ins Ausland) … auf sämtliche Aktivitäten seitens der Menschewiki, Sozialrevolutionäre und so fort ausweiten; wir müssen eine Formulierung finden, die solche Aktionen mit der internationalen Bourgeoisie und ihrem Kampf gegen uns verknüpft.«[79]

So geriet der »berühmte« Artikel 58 in das erste sowjetische Strafgesetzbuch von 1922. Er sah die Todesstrafe für bewusst verschwommen definierte Aktivitäten vor: nicht nur für »die Organisation von bewaffneten Aufständen oder von Angriffen bewaffneter Abteilungen oder Banden auf sowjetisches Territorium zu konterrevolutionären Zwecken«, sondern auch für »die Teilnahme an jeglichem Versuch, zu den gleichen Zwecken die Macht im Zentrum oder in den Gouvernements zu ergreifen«.[80] 1927 enthielt Artikel 58 bereits achtzehn Klauseln, von denen dreizehn für Todesstrafen durch Erschießen herangezogen wurden.

Im Dezember 1922 befahl das Politbüro »die Entfernung von Menschewiki aus sämtlichen Staats-, Berufs- und Genossenschaftseinrichtungen, wobei die ›Säuberung‹ bei jenen Institutionen zu beginnen hat, in denen die Menschewiki mit den Arbeitermassen in Kontakt treten können«. Die OGPU erhielt das Recht, die administrative Verbannung für jene »aktiven Menschewiki«, in deren Fall »keine gerichtliche Verhandlungsgrundlage« gegeben war, durch Lagerstrafen zu ersetzen. Um die Fürsprache für Menschewiki durch prominente RKP-Mitglieder zu unterbinden, beschloss man 1923, solche Antragsteller durch die Partei zur Ordnung rufen zu lassen. Die gleiche Strafe war für die Leiter sämtlicher Sowjetinstitutionen vorgesehen, die »auch nur eine kleine Gruppe von Menschewiki« beschäftigten.[81]

Sozialisten, die in die Klauen der OGPU gerieten, erlangten nur selten wieder die Freiheit, selbst wenn ihre Haftzeit abgelaufen war. Ein Ermittlungsbeamter brauchte nur festzustellen, dass es »unratsam« sei, jemandem eine »freie Existenz« zu gewähren, und schon wurde der betreffende Häftling vom Sonderrat des OGPU-Kollegiums in Abwesenheit zu einer weiteren Lager- oder Verbannungsstrafe verurteilt.

Zwischen 1923 und 1925 wurden verhaftete Sozialisten überwiegend in die Sonderlager auf den Solowezki-Inseln geschickt. Große Gruppen von Sozialrevolutionären, Menschewiki und Anarchisten inhaftierte man auch in Moskau, Wladimir, Jaroslawl, Jekaterinburg und Susdal. Zunächst genossen die Sozialisten ein privilegiertes »politisches Regime«, das sie von Zwangsarbeit und einer Reihe Gefängnispflichten freistellte und ihnen das Recht gewährte, ihren eigenen »Ältesten« zu wählen. Doch auf Jeschows Befehl hin wurden im Februar 1937 in allen NKWD-Sondergefängnissen für besonders gefährliche Staatsverbrecher einheitliche Vorschriften zur strengen Isolierung sämtlicher Häftlinge eingeführt.[82] Von einer Abmilderung der Bedingungen konnte keine Rede mehr sein. Zusammen mit den Sozialisten wurden Spione, Saboteure und Mitglieder terroristischer, faschistischer und aufrührerischer Gruppen als »besonders gefährliche politische Verbrecher« eingeordnet.

In den dreißiger Jahren verbot man alle wissenschaftlichen, kulturellen und gesellschaftlichen Organisationen, die die geringste Beziehung zu den Sozialisten und Anarchisten hatten, darunter das Allrussische P.-A.-Kropotkin-Sozialkomitee (1934 geschlossen), die Gesellschaft für ehemalige politische Häftlinge und Exilanten mit ihren fünfzig Filialen und ihrem Verlag (1935), die Gesellschaft alter Bolschewiki (1935) sowie das Internationale Rote Kreuz (1937). Noch früher, bereits in den zwanziger Jahren, schloss man Privat- und Genossenschaftsverlage, die Bücher über die Geschichte der sozialistischen und der anarchistischen Bewegung veröffentlichten, darunter *Sadruga* (Kommune), *Kolos* (Ähre) und *Golos truda* (Stimme der Arbeit).

Ebenfalls in den dreißiger Jahren startete die OGPU eine Kampagne zur »Entlarvung« und Beseitigung der so genannten hoch geheimen Zentren des sozialrevolutionären und menschewistischen »Untergrunds«: 1933 in Moskau, Leningrad, Sewastopol, Charkow, im Donezbecken, in Kiew, Dnepropetrowsk und anderen Orten der Ukraine; 1934 in Iwanowo und Jaroslawl; 1935 in Kasan, Uljanowsk, Saratow und Kalinin; 1936 und 1937 in den Gebieten Swerdlowsk, Woronesch, Kuibyschew, Moskau und anderswo.[83]

Die Zahl der in diesen fingierten Fällen verhafteten Personen belief sich auf mehrere tausend, die meisten davon Mitglieder der sozialistischen Parteien. Gegen sie wurden die üblichen Anklagen der Sabotage, der antisowjetischen Propaganda und der Vorbereitung konterrevolutionärer und terroristischer Massenaktionen erhoben. 1937 erinnerte man sich plötzlich an die Sozialrevolutionäre, die sich seit vielen Jahren in der Verbannung befanden. Jeschow schlug vor, sie erneut zu verhaften. Mit Zustimmung des Zentralkomitees der RKP(b) initiierte er eine weitere Kampagne, durch die noch einmal bis zu 600 Menschen hinter Gitter gelangten.[84]

Die zweite Hälfte des Jahres 1937 und der Beginn des Jahres 1938 waren durch harte NKWD-Maßnahmen gekennzeichnet, durch die man eine Reihe von Organisationen, die in Wirklichkeit nie existiert hatten, neutralisieren wollte, zum Beispiel das »Allunions-SR-Zentrum« und das »PSR-Büro Ostsibiriens«. Die Geheimpolizei erfand etliche »Verschwörungen« der Sozialrevolutionäre, die sich angeblich mit Menschewiki, »Rechtsabweichlern« (Bucharinisten), Trotzkisten und Weißgardisten zusammengetan hatten, um die Sowjetmacht zu stürzen und terroristische Akte gegen die »Führer« zu verüben.

Zunehmend verhaftete man nicht nur sozialistische Parteimitglieder, sondern auch ihre engen Verwandten, angefangen mit ihren Ehefrauen, von denen die meisten nicht das Geringste mit Politik zu tun hatten. Das übliche Urteil, das die »Troikas« über Ehefrauen und sonstige Verwandte fällten, lief auf eine zehnjährige Gefängnisstrafe mit fünfjährigem Entzug der Bürgerrechte hinaus.

Nach Jahren der Verfolgung, der wiederholten Verhaftungen und der Folter beim Verhör begannen sogar die Standhaftesten, sich selbst zu belasten oder Reuebriefe zu schreiben. 1937 legte Goz, Mitglied des Zentralkomitees der PSR und seit 1901 in der Partei, unter der Folter eine »ehrliche« Aussage ab. Er wurde zu 25 Jahren Haft verurteilt und starb im August 1940 im Konzentrationslager Krasnojarsk. 1935 erhielt man ein schriftliches Geständnis von Kutschin-Oranski, einem Mitglied der RSDRP seit 1907. Auch er gehörte dem Zentralkomitee seiner Partei an und hatte zu dem Zeitpunkt bereits elf Jahre im Gefängnis oder in der Verbannung verbracht.

M. Nasarjew (Petrow), einer der Leiter des Petrograder Komitees der RSDRP, starb 1935 in der Verbannung; um das Jahr 1938 fand E. Aschpis, einer der Delegierten auf dem V. Parteitag, in einem Konzentrationslager den Tod; 1938 kam der geachtete Sozialdemokrat P. Kolokolnikow, ein prominenter Ökonom und Historiker und Stellvertretender Arbeitsminister in der Provisorischen Regierungskoalition, im Gefängnis um; am 4. Oktober 1937 wurde der alte Sozialdemokrat Liber (Goldman) erschossen. Ebenfalls erschossen wurden der Menschewik F. Tscherewanin im Jahr 1938 und der Menschewik S. Jeschow im Februar 1939; B. Ber starb während eines Verhörs.

Die Liste der Opfer ist endlos. Von allen, die in der »großen« Verhandlung über das SR-Zentralkomitee angeklagt wurden, sollte nur ein einziger Stalin überleben: A. Altowski, der 1975 starb. Mit ganz seltenen Ausnahmen (Andrej Wyschinski, Iwan Maiski, W. Kopp) waren in jenen Jahren sogar solche Sozialisten von den Repressionsmaßnahmen betroffen, die bereits im Bürgerkrieg mit ihrer Partei gebrochen und dem Regime danach treu gedient hatten: beispielsweise der frühere linke Sozialrevolutionär und Divisionskommandeur Ju. Sablin, der ehemalige maximalistische Sozialrevolutionär und Armeebefehlshaber P. Eideman sowie der einstige Menschewik I. Chintschuk, der dem Präsidium des WZIK angehörte. Im Herbst 1941 gehörten die linken Sozialrevolutionäre Spiridonow, Ismailowitsch und Majorow, der Maximalist Nestrojew und der Sozialrevolutionär Timofejew zu den 157 Häftlingen, die im Medwedewski-Wald erschossen wurden.

So gespenstisch es klingen mag, noch in der Nachkriegszeit lebten die politischen Führer in Angst vor ihren ehemaligen Genossen bei der Machtübernahme von 1917. Durch Beschluss Nr. 416-159cc des Ministerrats der UdSSR vom 21. Februar 1948 wurden die Lagerbedingungen für besonders gefährliche politische Häftlinge bis zum Äußersten verschärft. Man setzte sie nur unter anstrengenden klimatischen Verhältnissen zur Zwangsarbeit ein; sie mussten einen zehnstündigen Arbeitstag ableisten, saßen in den Lagerbaracken in Einzelzellen und trugen eine spezielle Gefängnisuniform mit Nummern auf dem Rücken und an der Kopfbedeckung. Nachdem die Insassen der Sonderlager ihre Strafe abgeleistet hatten, wurden sie zur lebenslangen Verbannung in ferne Regionen geschickt, wo man sie von MWD-Organen überwachen ließ.[85]

Im August 1953, also nach Stalins Tod, wurde der Erlass von 1948 »teilweise geändert«. Dies änderte jedoch nichts am Status der Menschewiki und Sozialrevolutionäre als »besonders gefährliche politische Verbrecher«. Ende 1953 waren weniger als 2000 Trotzkisten, Rechtsabweichler, Menschewiki und Sozialrevolutionäre in den Sonderlagern und -gefängnissen (Wladimir, Werchne-Uralsk und Alexandrowsk) übrig geblieben.[86] Doch selbst sie, obwohl behindert, alt und gebrechlich, erregten noch weiterhin den pathologischen Hass des Regimes.

DIE BAUERN

Die Willkür des Regimes in der von Verwüstung und Hunger geprägten Nachkriegszeit richtete sich vornehmlich gegen die Bauern. Erstens besaßen sie Getreide, das beschlagnahmt werden musste, und zweitens galten sie automatisch als Gegner der neuen Ordnung, da sie dem marxistischen Dogma zufolge die Welt des Kleinbürgertums ständig neu erschufen und immer wieder die Bedeutung des Privateigentums beschworen.

Unmittelbar nach der Konterrevolution vom Oktober 1917 schlugen die Bolschewiki eine Politik ein, die das Bauerntum wirtschaftlich regelrecht erdrosseln sollte, indem sie Agrarerzeugnisse requirierten, den freien Handel verboten, Zwangsarbeitsdienste im Fuhrwesen und in der Holzverarbeitung einführten und so weiter. Bald jedoch, Mitte 1918, leiteten sie mit Streitkräften, die mit Geschützen, Panzerwagen und sogar Flugzeugen ausgerüstet waren, eine direkte Militäroffensive gegen die Dörfer ein. Diese Verbände sollten die »sozialistischen« Strukturen in den Landgebieten festigen. In Wirklichkeit plünderten sie die Agrargebiete im Namen der Regierung aus und erstickten erbarmungslos jeglichen Protest der Bauern.

Bereits im Mai 1918 (noch vor dem offiziellen Beginn des Roten Terrors) erhielten die Revolutionstribunale zusammen mit der WTscheka die Befugnis, diejenigen Bauern zum Tode zu verurteilen, die sich weigerten, ihr Getreide bei den Beschaffungsbrigaden abzuliefern. Diese Plünderungstruppe bestand zum größten Teil aus anrüchigen Gestalten. Zu den Vertretern der WTscheka, den Soldaten der inneren Sicherheitsdienste (WOChR) und den regulären Verbänden der Roten Armee der Arbeiter und Bauern kamen im August 1918 noch Unterabteilungen aus dem Militärischen Lebensmittelamt (Ernte- und Ernterequisitionseinheiten) von mehr als 20 000 Mann hinzu. Im Frühjahr 1919 folgten Sondereinheiten (TschON), eine »Parteigarde«, die durch einen ZK-Beschluss auf der Gouvernements- und Kreisebene der Partei geschaffen worden war, »um den Organen der Sowjetmacht im Kampf gegen die Konterrevolution beizustehen«. 1921 umfasste die Truppe rund 40 000 Mann.

Die Rote Armee selbst war, nach Lenins Worten, zu neun Zehnteln für »systematische Militäroperationen« geschaffen worden, »die den Zweck haben, Getreide und Treibstoff zu erobern und zurückzuerobern«.[1] Wohlgemerkt: für systematische Militäroperationen. Bei der Entwicklung ihres »Plans, sich mit Maschinengewehren Getreide zu verschaffen«, verfolgten die Bolschewiki im Wesentlichen politische Ziele.[2] Ihre Behauptungen, diese Aktionen würden durch die Hungersnot erforderlich gemacht, waren nichts als ein Nebelschleier.

Die Armutskomitees, die aus einem WZIK-Erlass vom 11. Juli 1918 hervorgegangen waren, halfen den Lebensmittelbeschaffungsorganen, Getreide zu konfiszieren und – vor allem – den Bürgerkrieg in den Dörfern zu schüren. Die Bolschewiki bezeichneten diese Komitees als Bollwerke ihrer Agrarpolitik und versuchten damit, sich dem Gesindel der bäuerlichen Gesellschaft anzunähern, das nur zu gern bereit war, fremdes Eigentum zu verteilen und den Erlös zu vertrinken, ohne selbst arbeiten zu müssen.

In meinem Heimatdorf Korolewo in der Region und dem Gebiet Jaroslawl gab es wie auch in anderen Dörfern einen solchen Aktivisten. Er hieß Fjodor Sudakow. Während des Bürgerkriegs leitete er das Armutskomitee. Ich erinnere mich an ihn aus Kolchostagen. Niemand sah Sudakow jemals arbeiten. Seine bedauernswerte Frau mühte sich bis zur Erschöpfung für ihn ab. Ihr einziger Trost bestand darin, auf ihren Mann mit dem erstbesten Gegenstand einzuschlagen, wenn er wieder einmal betrunken nach Hause geschleppt wurde. Natürlich trank er am liebsten auf anderer Leute Kosten, und er deklamierte gern laut vor sich hin, selbst wenn er allein war. Manchmal stolzierte er die Dorfstraße entlang und brüllte: »Wir [das heißt die Armen] werden euch fertigmachen, ihr Blutsauger«, obwohl alle anderen im Dorf ebenfalls arm waren. Zuerst schwadronierte er nur abstrakt über die »Parteilinie«. Wir hielten ihn für einen Clown, über den man herzlich lachen konnte. Das Gelächter hörte jedoch auf, als Sudakow begann, Namen zu nennen. Dann trat gewöhnlich einer der Männer hinaus auf die Straße, um die Visage des »ideologischen Kämpfers« zu polieren. Das war der Klassenkampf in seiner unmittelbarsten Form.

Nichtsnutze wie Sudakow gaben in den Dörfern den Ton an. Sie wurden als Spitzel rekrutiert und prahlten, wenn sie betrunken waren, mit ihrer »Sonderstellung« und ihrer Fähigkeit, jeden Dorfbewohner nach Belieben »abholen« zu lassen. Zum Glück hielten sich die Bauern von diesen Schurken fern, abgesehen davon, dass sie die Spitzel an religiösen und sowjetischen Feiertagen ohne Erbarmen verprügelten.

Im Herbst 1918 wurden die Armutskomitees, die man zu »Herren des gesamten politischen, administrativen und wirtschaftlichen Lebens in ihrem Dorf oder Amtsbezirk« ernannt hatte, zu Sowjets umorganisiert, woraufhin ihre Mitglieder sich als noch standhaftere Anhänger der offiziellen Politik gebärdeten.[3]

Später ließen sich die führenden Bolschewiki oft scheinheilig über »lokale Ausschreitungen« bei der Beschlagnahme von Agrarprodukten und über andere Formen der Gesetzlosigkeit in den Dörfern aus. Tatsachen bleiben jedoch Tatsachen. Die treibende Kraft der Kampagne gegen die Landgebiete war die herrschende Clique der Partei, in erster Linie Lenin, der öffentlich gelobt hatte, er werde »sich lieber hinlegen und sterben«, als einen freien Getreidehandel zuzulassen.[4] Der Regierungschef schickte seine kannibalistischen Befehle in alle Richtungen: »Gnadenloser Krieg gegen die Kulaken! Tod ihnen allen!« Seine Instruktionen an die Beschlagnahmer lauteten: »Gnadenlosen Terror gegen die Kulaken, Priester und Weißgardisten; alle fragwürdigen Personen sind in Konzentrationslager zu sperren ... Es ist notwendig, den Aufstand der Kulaken mit größter Energie, Geschwindigkeit und Brutalität niederzuschlagen, indem man einige Soldaten aus Pensa entsendet und den gesamten Besitz der rebellischen Kosaken und ihr Getreide konfisziert.« Der letzte Satz enthält seine Befehle an die Behörden in Pensa. Im August 1918 leitete Lenin den Brauch ein, Geiseln bei »Kulaken, Blutsaugern und Geldsäcken« zu nehmen, die mit ihrem Leben für die »genaue und möglichst schnelle Ablieferung des veranschlagten Beitrags« haften sollten.[5]

Dadurch wurden die Bauern an den Rand eines frühen Grabes gedrängt. Laut Berichten aus dem Gouvernement Tambow ernährte sich die Bevölkerung in einer Reihe von Amtsbezirken in den Kreisen Usmansk, Lipezk, Koslowsk und Borissoglebsk »nicht nur von Getreidehülsen und Wildgras, sondern auch von Baumrinde und Nesseln«.[6] In anderen Gouvernements war die Lage der Bauern ebenfalls katastrophal. In einer Meldung des Armeeoberbefehlshabers Sergej Kamenew vom Oktober 1920 ist von Scharen hungernder Bauern in den Gouvernements Woronesch und Saratow die Rede, die die Ortsbehörden baten, ihnen wenigstens einen Teil des an den Sammelzentralen abgelieferten Getreides zurückzugeben. Häufig, schreibt Kamenew, »wurden diese Menschenmengen mit Maschinengewehren niedergemäht«.[7]

Der Krieg gegen die Bauern hatte auch einen starken Rückgang der Aussaat und des Ernteertrags zur Folge, was jedoch nicht zu einer Verringerung der im Januar 1919 festgelegten Mengen abzuliefernder Agrarprodukte führte. Im Gegenteil, nachdem der Staat 1918/19 noch 107 900 000 Pud Getreide bezogen hatte, beschlagnahmte er 1921/22, mitten in der Hungersnot, fast zweimal so viel, nämlich 212 000 000 Pud [1 Pud = 16,38 kg]. Zudem beschränkten sich die Requisitionen seit Ende 1920 nicht mehr auf Getreide, sondern schlossen praktisch alle Agrarprodukte und in manchen Gebieten, etwa dem Kuban, sogar Gebrauchsgegenstände (Töpfe, Kissen, Gabeln etc.) ein.

Die Verwüstung der Dörfer und der Zusammenbruch der Bauernhaushalte wurden nicht nur durch die Lebensmittelbeschaffungsbrigaden bewirkt, sondern auch durch Verbände, die Desertionen verhindern sollten, denn viele Bauern wurden für die Rote Armee zwangsrekrutiert. Man erschoss Deserteure, die gefangen wurden, oder steckte sie in Konzentrationslager und Gefängnisse. Ihr Besitz sowie der von Familien, die man verdächtigte, Deserteuren Unterschlupf geboten zu haben, wurden beschlagnahmt.

Die Geduld der Bauern schien allmählich erschöpft. In ihrer Verzweiflung begannen sie, die Gebäude der Lebensmittelbehörden zu plündern sowie deren Angestellte und Kommunisten zu verprügeln. In den letzten Monaten des Jahres 1921 stieg die Zahl solcher Angriffe, und die Zusammenstöße mit Militärstreitkräften nahmen an Heftigkeit zu. Unvollständigen Angaben zufolge kam es 1918 im gesamten Land zu 245 derartigen Vorfällen und zu fast 100 in den ersten sieben Monaten des Jahres 1919. Anfang 1921, als der Bauernkrieg seinen Höhepunkt erreichte, waren schließlich 18 der Kreise Russlands in die Rebellionen verwickelt.

In den Gegenden, die am stärksten »vom Banditentum infiziert« waren, wie die Behörden es ausdrückten, richtete man spezielle Kontrollorgane ein: Kreis-Politkommissionen, Dorf- und Bezirks-Revolutionskomitees. Im ZK der RKP(b) wurden Anträge eingebracht, wonach diese Regionen als »vom Feind besetztes« Territorium und als »in ihrer Bedeutung vergleichbar mit den Fronten ... zur Zeit des Bürgerkriegs« zu betrachten seien.[8]

Die übliche Vorgehensweise der Beschaffungsbrigaden bestand darin, dass Bauern ohne Verhandlung oder Ermittlung geschlagen, ausgepeitscht, gefoltert und erschossen wurden. Einige der Lebensmittelkommissare in den Gouvernements galten sogar unter ihren Kollegen als Henker. Und die Tschekisten taten es ihnen gleich. »Die außerordentlichen Kommissionen«, bekundete M. Lazis, »rechneten gnadenlos mit diesen Bestien [den Bauern] ab, um sie ein für allemal von der Lust zur Rebellion zu kurieren.«[9]

In den Grenzgebieten des Landes konnten die Agenten der WTscheka ungestraft blutige Gräueltaten begehen. Im Oktober 1920 versprach K. Lander, der Sonderbeauftragte für den Nordkaukasus, der vor seiner Abreise dorthin spezielle Anweisungen von Lenin erhalten hatte, »sämtliche Angriffe der weiß-grünen Banden« mit »unversöhnlicher Härte« niederzuschlagen. Auf seinen Befehl hin wurden Kosakendörfer und -siedlungen, die Weißen und Grünen Zuflucht gewährten, zerstört und ihre erwachsenen Bewohner ausnahmslos erschossen. Die Verwandten von Aufrührern erklärte man zu Geiseln, und auch sie wurden erschossen, wenn die »Banden« in die Offensive gingen; Kinder siedelte man in die zentralen Gouvernements aus. Sollte es zu Massendemonstrationen in den Dörfern oder Städten kommen, schrieb dieser Abgesandte Lenins, »werden wir solche Orte dem Massenterror aussetzen. Für jeden ermordeten sowjetischen Aktivisten werden hunderte von Bewohnern mit dem Leben bezahlen.«[10]

Ein Augenzeuge kommentierte 1921: »Die Gebiete Terek und Kuban sind unterworfen worden. Man hat die aufrührerischen Kosakendörfer vom Erdboden weggefegt und die Bevölkerung weggebracht: die Männer zur Zwangsarbeit in Bergwerken, Kinder und Frauen überall hin verstreut. Das lebende und tote Vieh ist beschlagnahmt oder gestohlen worden, oder es verrottet.«[11]

Im Februar 1921 erreichte die Auseinandersetzung eine neue Qualität. Der Aufstand im Gouvernement Tambow, den man nach seinem Anführer Antonow als »Antonowschtschina« bezeichnete, hatte sich enorm ausgeweitet und fand Unterstützung in den angrenzenden Kreisen der Gouvernements Woronesch, Saratow und Pensa. Nach der Auflösung der Fronten gegen Polen und Wrangel konnte das Regime frische Verbände in die betroffenen Gebiete verlegen. Ende Februar und Anfang März gründete man eine bevollmächtigte WZIK-Kommission mit W. Antonow-Owsenko an der Spitze als höchstes Organ im Kampf gegen die Antonowschtschina. Ende April wurde Michail Tuchatschewski, der Sieger von Kronstadt – auf Lenins Initiative hin und als Reaktion auf seine Forderung nach »der raschesten und exemplarischsten Niederschlagung des Aufstands« –, zum alleinigen Befehlshaber im Kreis Tambow ernannt und mit der Aufgabe betraut, die Rebellenbanden zu vernichten. Dabei schlossen sich ihm andere Militärbefehlshaber und Geheimpolizeichefs wie I. Uborewitsch, G. Kotowski, G. Jagoda und W. Ulrich an.

Das »Besatzungsregime«, wie es offiziell genannt wurde, sorgte für die »Überflutung« der aufständischen Gebiete mit Soldaten, die Zerstörung der Haushalte und Behausungen von Rebellen (manche Dörfer wurden vollständig niedergebrannt) und Bestrafungen bis hin zur Hinrichtung wegen Ungehorsams oder wegen des Versteckens von »Banditen« und Waffen. Hinzurichten waren auf Befehl von W. Ulrich, Mitglied des Revolutionstribunals, alle »Führer, Anstifter und Provokateure« der Bauernbewegung, die Befehlshaber der Bauernarmee, jene, die für den Tod von Kommunisten und Sowjetaktivisten direkt verantwortlich waren, »böswillige Deserteure« sowie »Kommunisten, Sowjetaktivisten und Befehlshaber der Roten Armee, die sich Antonows Bande anschließen«.[12]

Eine Order der bevollmächtigten WZIK-Kommission vom 11. Juni 1921 sah die Hinrichtung von Geiseln in Bezirken vor, auf die der Aufstand übergegriffen hatte. In demselben Befehl hieß es, Personen, die sich weigerten, ihren Namen zu nennen, seien ohne Verhandlung zu erschießen. Am folgenden Tag ordnete Tuchatschewski an, »Wälder, in denen sich die Banditen verstecken können, mit Giftgas zu säubern«. Um keinen Zweifel aufkommen zu lassen, verlangte er, dass »sich die Wolke der Giftgase durch den gesamten Wald zu verbreiten hat, damit jeder getötet wird, der sich dort versteckt«.[13]

Noch im Juni 1921, als die Rebellion bereits abebbte, »entfernten« die Behörden 16 000 »Banditen-Deserteure«, beschlagnahmten das Eigentum von 500 Bauernhaushalten und brannten 250 Bauernhäuser nieder. Im Gouvernement entstand ein Netz aus mobilen Konzentrationslagern, in denen nicht nur Aufrührer, sondern auch Geiseln, darunter Frauen und Kleinkinder, untergebracht waren. Ein »großer Zustrom« von Kindern wird im Protokoll einer Sitzung der »Kommission für Kindergeiseln in Konzentrationsfeldlagern im Gouvernement Tambow« erwähnt. Auch nach einer Aktion im Juli 1921 zur »Entlastung« der Konzentrationslager wurden dort immer noch mehr als 450 Kindergeiseln im Alter zwischen einem und zehn Jahren festgehalten.[14]

Auch in Westsibirien hinterließ die Geheimpolizei eine blutige Spur. Bei ihrem Kampf gegen die Bauernaufstände zögerten die Ortsbehörden nicht im Geringsten, Geiseln zu nehmen und

Kollektivhaftung walten zu lassen. Geiseln waren nicht bloß dann zu erschießen, wenn sich aufständische Verbände den Kreis- und Bezirkszentren näherten oder wenn kommunistische und Sowjetfunktionäre ermordet wurden, sondern auch, wenn Telegrafen- und Eisenbahnverbindungen beschädigt oder »provozierende Gerüchte« in Umlauf gesetzt wurden (etwa im Kreis Tobolsk), oder sogar, wenn »der Hauch einer Absicht« vorlag, »die Rechte von Regierungsvertretern mit Füßen zu treten« (etwa im Kreis Kurgan).[15] Die Kollektivhaftung wurde auf ganze Siedlungen und Dörfer ausgeweitet, wenn einer der dortigen Bewohner an einem Aufstand teilnahm oder den Rebellen half. So gaben die Behörden des Kreises Ischimsk im Februar 1921 einen Erlass heraus, wonach die Unterstützung der Aufständischen durch »Beschlagnahme sämtlichen Eigentums und, wenn nötig, auch durch die totale Zerstörung von Dörfern« zu bestrafen war.

Auf dem X. Parteitag der RKP(b) im März 1921 wurden die Lebensmittelbeschaffungsbrigaden aufgelöst. An ihre Stelle traten eine Naturaliensteuer und der Übergang zur Neuen Ökonomischen Politik. Dadurch, dass die bolschewistische Führung ihre wilden »sozialistischen« Experimente in den Landgebieten aufgab, konnte sie die Welle der bäuerlichen Unzufriedenheit abschwächen. Die »Krönung« des Ganzen war die schreckliche Hungersnot von 1921/22, der mehr als fünf Millionen Menschen zum Opfer fielen und die die beschämenden Ergebnisse der dreijährigen bolschewistischen Agrarmisswirtschaft auf tragische Weise unterstrich. Das Experiment des »Kriegskommunismus« war ganz und gar fehlgeschlagen.

Doch auch noch lange nach der Niederschlagung des Aufstands kam es zu Repressionen gegen die Teilnehmer an bewaffneten Bauernangriffen und ihre Familien. In den dreißiger Jahren wurden diejenigen von ihnen, die noch am Leben waren, von den OGPU-NKWD-Organen registriert und in den meisten Fällen verhaftet. So bezichtigte das NKWD jede dritte Person unter den 17 000 Bewohnern des Gebiets Omsk, das 1937 von Repressionen betroffen war, an den sibirischen Aufständen beteiligt gewesen zu sein.

Jahrelang wurde dem Sowjetvolk die Formulierung »Stalin ist der Lenin unserer Tage« eingehämmert, was Stalins eigener Einfall gewesen war. Diese Parole trifft im Gegensatz zu den meisten anderen jener Zeit durchaus zu. Stalin erwies sich in seinem Hass und seiner Blutgier tatsächlich als würdiger Schüler Lenins. Er setzte dessen verbrecherische Bemühungen nicht nur hartnäckig fort, sondern vollendete auch die Vernichtung des Bauerntums in den entsetzlichen Jahren der Kollektivierung und Entkulakisierung, der tragischsten Periode in der Geschichte Russlands. Unter dem Klang der Hinrichtungen durch Gewehre und Maschinengewehre trat die Sowjetunion in eine schreckliche Entwicklungsphase ein, die vielleicht nur mit den Jahren des Zweiten Weltkriegs vergleichbar ist.

Das bolschewistische Regime fügte der Volkswirtschaft ungeheuren Schaden zu, zerstörte die jahrhundertealten Traditionen und Grundlagen des russischen Dorfes und schuf ein seinem Wesen nach feudales Kolchos- und Sowchossystem. Den Bauern war brutal und blutig der Garaus gemacht worden. Außer den Herrschaften von der Nomenklatura sollten sämtliche Bürger des Landes jahrelang gezwungen sein, nach Brot und Fleisch anzustehen.

Das zu vergessen wäre eine Sünde, eine große Sünde.

Die Tragödie begann mit dem ZK-Plenum der WKP(b) vom November 1929, auf dem man beschloss, »beim energischen Kampf gegen die Kulaken voranzuschreiten und die Wurzeln des Kapitalismus in der Landwirtschaft auszureißen«. Mitte

Januar 1930 richtete das Politbüro des ZK der WKP(b) eine Sonderkommission unter seinem Sekretär Molotow ein, die Art und Weise der Entkulakisierung ausarbeiten sollte. Sehr bald setzte die Kommission einen Erlass auf, in dem es unter anderem hieß:

> In den nächsten beiden Monaten (Februar und März) hat die OGPU bei der Ausführung von Maßnahmen zu dem Zweck, Bevölkerungen in entlegene Gebiete der Union auszusiedeln und sie in Konzentrationslagern unterzubringen, damit zu rechnen, dass ungefähr 60 000 Personen in Konzentrationslager geschickt und 150 000 Haushalte ausgesiedelt werden müssen. Was die böswilligsten konterrevolutionären Elemente angeht, so ist nötigenfalls auch die Todesstrafe anzuwenden … Die Verbannungsorte sind in den Kreisen des hohen Nordens (bis zu 70 000 Familien), Sibiriens (50 000 Familien), des Urals (20 000 bis 25 000 Familien) und Kasachstans (20 000 bis 25 000 Familien) in unbevölkerten oder spärlich bevölkerten Gebieten zu ermitteln; die Umgesiedelten haben in der Landwirtschaft oder im Gewerbe (Holzwirtschaft, Fischerei etc.) zu arbeiten … Exilierte Kulaken sind in Siedlungen unterzubringen, die von ordnungsgemäß berufenen Kommandanten geleitet werden.[16]

Am 30. Januar fasste das ZK der WKP(b) einen Beschluss »Über Maßnahmen zur Liquidierung von Bauernhaushalten in Regionen der totalen Kollektivierung«, den man noch am selben Tag an die lokalen Parteiorganisationen weiterleitete. In Regionen der totalen Kollektivierung war es verboten, Land zu pachten und Arbeitskräfte anzuheuern. Produktionsmittel wie Vieh und landwirtschaftliche Gebäude, die Kulaken gehörten, sollten beschlagnahmt werden. Für Bauernhaushalte, deren Vorstände den Kulaken zugeordnet wurden, galt Folgendes:

> a) Erste Kategorie: Aktivistenzentren konterrevolutionärer Kulaken sind unverzüglich zu beseitigen, indem man ihre Angehörigen in Konzentrationslager entsendet. Wenn nötig, ist die Todesstrafe auf die Organisatoren terroristischer Handlungen, konterrevolutionärer Angriffe und aufrührerischer Gruppen anzuwenden.
> b) Die zweite Kategorie hat die übrigen Elemente einzuschließen, besonders die der reicheren Kulaken und selbst ernannten Landeigentümer, die innerhalb ihrer Regionen in entlegene Bereiche der UdSSR auszusiedeln sind.
> c) Die dritte Kategorie umfasst in ihrem Bezirk zurückbleibende Kulaken, die auf andere Böden außerhalb der Kolchoswirtschaft umzusiedeln sind.[17]

Die Molotow-Kommission hatte diese Pläne kaum entworfen, da begann die OGPU bereits, sie in die Praxis umzusetzen. Am 18. Januar erhielten ihre Organe den Befehl:

> 1. Innerhalb der OGPU eine operative Gruppe einzurichten, die sämtliche Phasen der kommenden Aktion miteinander verbindet. Unverzüglich einen detaillierten Operationsplan auszuarbeiten und der OGPU vorzulegen, der sämtliche operativen, personellen, militärischen und technischen Fragen berücksichtigt …
> 6. An den Eisenbahnlinien Orte auszuwählen, die als Sammelstellen für die Umsiedler dienen können, sowie den Umfang des rollenden Inventars und anderer Verkehrsmittel zu bestimmen, die an diesen Orten verfügbar sein müssen.
> 7. Die Situation in den betroffenen Regionen und die Möglichkeit von Ausschreitungen einzuschätzen, damit diese unverzüglich abgewehrt werden können. Für ununterbrochene Informations- und Agententätigkeit in den Operationsgebieten zu sorgen.
> 8. Genaue Pläne für die Verteilung und den Einsatz der verfügbaren OGPU- und der RKKA-Soldaten zu erstellen. Orte für die Verlegung von Reservisten auszuwählen.

In Dörfern überall im Land wurde die Entkulakisierung vorwiegend von Vertretern der Armutskomitees durchgeführt. Die ungezügelte Macht dieser Bevollmächtigten, erhöht durch den »Enthusiasmus« der völlig Verarmten, sorgte für eine Atmosphäre totaler Willkür und maßloser Angst.

Die Gewalt breitete sich immer weiter aus. Am 20. Februar 1930 verabschiedete das ZK der WKP(b) den Erlass »Über die Kollektivierung und den Kampf mit dem Kulakentum in wirtschaftlich rückständigen Volkszonen«. Die »Liquidierung des Kulakentums« betraf sämtliche Republiken, Regionen und Gebiete des Landes. Mit Menschen beladene Güterzüge begannen, sich nach Norden und Osten zu schlängeln; endlose Reihen von Muschiks, alten Menschen und Frauen mit kleinen Kindern schleppten sich auf Schlitten und zu Fuß dahin. Wer von Tieren gezogene Fahrzeuge besaß, wurde gezwungen, bei der Verlegung von »Kulakenfamilien« zu helfen; neben Zügen kamen auch Lastwagen und Automobile weithin zum Einsatz. Viele der Aussiedler starben infolge von Hunger und Kälte – und durch die Kugeln ihrer Wächter.

Die Gesamtzahl der von den Repressionsmaßnahmen betroffenen Kulaken überstieg die ursprünglichen Schätzungen um ein Vielfaches. Die lokalen Gebieter, die Angst um ihre eigene Haut hatten, gaben sich jede erdenkliche Mühe bei der Ausführung der Befehle. So erreichte die Zahl der entkulakisierten Bauern in den zentralen Schwarzerderegionen 15 Prozent aller Bauernhaushalte. In manchen Teilen des Kreises Nischegorod belief sie sich auf 37 Prozent. Massenentkulakisierungen, die die Quoten noch übertrafen, waren die Regel in der Ukraine, im Gebiet Moskau, in der Tatarischen und der Baschkirischen Sozialistischen Sowjetrepublik und in anderen Regionen.

Zahllose Entkulakisierte und ihre Angehörigen– fast 1,2 Millionen Bauern – verbannte man in die entlegensten Teile des

Landes, also nach Sibirien und in den hohen Norden, und setzte sie zu Bauarbeiten ein. Millionen von Menschen wurden obdachlos, hatten keine Möglichkeit, sich zu ernähren, und wurden nicht vor der Misshandlung durch die grundlos neidischen und hinters Licht geführten Massen in Schutz genommen.

In einem Brief an Molotow empfahl Stalin Anfang August 1930, »die gesamte Gruppe der Saboteure in der Fleischindustrie ausnahmslos erschießen zu lassen, worüber ein Bericht in der Presse zu erscheinen hat«.[18] Am 20. September traf das Politbüro des ZK der WKP(b) eine Entscheidung »Über Saboteure in der Fleischindustrie und andere«. Darin wurde verlangt:

> a) Die Notwendigkeit zu akzeptieren, dass die Hauptaussagen der Schuldigen im Fall der Sabotage in der Fleisch-, Fisch-, Konserven- und Gemüseindustrie unverzüglich veröffentlicht werden.
> Diesem Material eine kurze Einführung durch das OGPU voranzustellen, aus der hervorgeht, dass der Fall auf Befehl des ZIK und des SNK der Union zur Ermittlung an die OGPU weitergeleitet worden ist.
> b) Eine Artikelreihe zu veröffentlichen, in der die Bedeutung dieses Falles erklärt und darauf hingewiesen wird, dass die Arbeit der konterrevolutionären Bande lückenlos aufgedeckt und sämtliche Schritte zur Behebung des durch die Sabotage angerichteten Schadens ergriffen wurden. Diesem Text in den Ausgaben der wichtigsten Zeitungen vom 22. September anderthalb Seiten zu widmen.
> c) Eine Kommission, bestehend aus Genossen Menschinski, Jaroslawski, Rykow und Postyschew, zu beauftragen, diesen Text und die OGPU-Einführung vor der Publikation zu prüfen.
> d) Fünf Tage später das OGPU-Urteil zu veröffentlichen, in dem die Erschießung aller Mitglieder dieser Sabotageorganisation angeordnet wird.[19]

Die Aussagen der Mitglieder der so genannten Organisation zur Sabotage der Arbeiterversorgung wurden wie geplant in den Zeitungen veröffentlicht. Drei Tage darauf meldeten sie, das OGPU-Kollegium habe 48 Saboteure der Arbeiterversorgung zum Tod durch Erschießen verurteilt; das Urteil sei bereits vollstreckt worden.

Anfang 1931 erreichte die gegen die Bauern gerichtete Vernichtungswelle einen neuen Höhepunkt. Diesmal traf sie jene Kulaken, die angeblich die Getreidebeschaffung und andere agrarpolitische Kampagnen untergraben hatten. Bereits im Januar 1931 wurden Entscheidungen über eine neue Zwangsumsiedlung der Kulaken getroffen. Die zweite Massenkampagne zur »Liquidierung der Kulaken als Klasse« begann im März. Sie erfasste beinahe das ganze Land.

Eine Sonderkommission des ZK der WKP(b) wurde gegründet, um die Operation zu unterstützen. Am 18. März 1931 beschloss man, in den Monaten Mai, Juni und Juli 40 000 Kulakenhaushalte in den nördlichen Teil Westsibiriens und 150 000 Kulakenhaushalte nach Kasachstan umzusiedeln. Mit anderen Worten, im Lauf von nur drei Monaten wurden 190 000 Bauernfamilien – mehr als eine Million Personen – in gerade mal zwei Regionen verbannt. Die Entscheidung »Über Maßnahmen zur Liquidierung von Bauernhaushalten in Regionen der totalen Kollektivierung« legte fest, dass »die Umsiedlungsorte unbevölkert oder spärlich bevölkert sein müssen«.[20] Die Menschen, die man in der wilden Taiga oder Tundra aussetzte, wurden ganz bewusst einem langsamen Tod überlassen.

Man liest diese Dokumente und kann nicht glauben, dass all das vor nicht langer Zeit geschah und dass diese Verbrechen von hunderttausenden unserer Mitbürger auf Geheiß einer kriminellen Clique an der Parteispitze verübt wurden.

Von Beginn der Entkulakisierung an richtete sich das Alltagsleben der Zwangsumsiedler am Vorbild der Arbeitsbesserungslager aus. Die Menschen wurden in »separaten Siedlungen von jeweils 100 000 Familien« untergebracht. Für die Bewachung war ein Kommandant zuständig, dem »zwei bis fünf Gewehrschützen von den Schutzeinheiten« zur Seite standen.[21] Nachdem man die Zwangsumsiedler dem OGPU überantwortet hatte, verschärften sich ihre Lebensbedingungen erheblich.

In den Archiven finden sich nicht wenige Dokumente, in denen das Leben der »Entkulakisierten« beschrieben wird. Dort kann man zum Beispiel lesen: »Da es an angemessener Ernährung sowie an medizinischer Aufsicht und Hilfe fehlte, konnte eine große Zahl der allzu geschwächten Zwangsumsiedler das Pensum für die Holzverarbeitung nicht erfüllen. Daraufhin befahl die Holzwirtschaftsorganisation allen Zwangsumsiedlern beiderlei Geschlechts und jeglichen Alters, an der Holzverarbeitung teilzunehmen. Sie legte eine Norm von zwei bis zweieinhalb Kubikmetern pro Tag für zwölfjährige Kinder und alte Menschen fest, während die Durchschnittsnorm für einen Erwachsenen bei täglich drei Kubikmetern gelegen hatte. Infolgedessen versuchten die Zwangsumsiedler, ihr Pensum zu erfüllen, indem sie 24 Stunden lang ununterbrochen im Wald arbeiteten, wo sie häufig erfroren, Frostbeulen erlitten oder Seuchen zum Opfer fielen.« Ein OGPU-Agent meldete dem Chef seiner für den Ural zuständigen Zentrale: »Unter insgesamt 32 000 Personen sind 15 000 Kinder bis zu zwölf Jahren und rund 4000 Frauen mit Kleinkindern und Kindern bis zu acht Jahren. Es gibt 8500 Männer, von denen 1000 nicht arbeitsfähig sind. Die Zahl uneingeschränkt arbeitsfähiger Personen beläuft sich auf ungefähr 12 000 bis 13 000 Männer und Frauen. Natürlich können 50 Prozent der 1000 nicht arbeitsfähigen Männer sowie 4000 Frauen und 15 000 Kinder zu anderen Tätigkeiten herangezogen werden.«[22]

Einige der Zwangsumsiedler versuchten, wohin auch immer zu entkommen. Um Fluchtversuche zu verhindern, führten die Lagerkommandanten ein System der Kollektivhaftung ein, zahlten dreißig Rubel für die Gefangennahme jedes Flüchtlings, verschärften die Überwachung durch Agenten, gründeten fliegende WTscheka-Kolonnen und rüsteten sämtliche Bahnhöfe mit Barrikaden und Sicherheitsmannschaften aus.

Proteste gegen die Rechtlosigkeit, die Willkür und die Sklavenarbeit nahmen unterschiedliche Formen an und führten manchmal zu Massenunruhen, etwa im Kreis Narym, wo sich mehr als 200 000 Zwangsumsiedler, zwei Drittel von ihnen sibirische Bauern, die als »Kulakenelemente« in die unbevölkerten Gebiete des Kreises verbannt worden waren, in Wäldern und Sümpfen drängten. Die Unruhe griff auf das Territorium der Kommandantur Parbig über, des größten der nördlichen Hauptquartiere der sibirischen Konzentrationslagerverwaltung, das für mehr als 33 000 aus Südsibirien exilierte Bauern verantwortlich war (ein Lied des beliebten Sängers Wladimir Wyssozki trug den passenden Titel »Aus Sibirien nach Sibirien«). Die dort im Sommer ausgesetzten Menschen mussten sich Unterkünfte bauen, bevor es kalt wurde. Dafür fehlte jedoch die Zeit, da alle gesunden Männer in der Taiga, dutzende von Kilometern von der Siedlung entfernt, mit der Holzverarbeitung beschäftigt waren, während ihre Frauen und Kinder in Erdhöhlen und Zelten hausten. Der Winter rückte näher, und die Zwangsumsiedler entschlossen sich zu einem verzweifelten Akt: Sie stellten die Arbeit ein und kehrten zu ihren Familien zurück, nachdem sie ihre Bewacher entwaffnet hatten. Zur Vergeltung ließen die Behörden OGPU-Einheiten anrücken. Die Revolte der Zwangsumsiedler wurde brutal niedergeschlagen. Die Überlebenden flohen in die Taiga, wo OGPU- und Polizeikompanien ihnen noch lange nachsetzten. Es war eine richtiggehende Jagd, allerdings auf Menschen. Jeder, den man gefangen nahm, wurde auf der Stelle erschossen.

Eine besondere Brutalität legten die bewaffneten Gruppen der örtlichen Parteiaktivisten an den Tag. Unter dem Vorwand, die Aufrührer zu bekämpfen, töteten manche nicht nur Zwangsumsiedler, sondern auch Einheimische, um deren Behausungen auszuplündern. So erschoss eine bewaffnete Parteigruppe in dem Dorf Tungusow fünfzehn der dort ansässigen Bewohner. Danach kam es zu Plündereien und einem Massenbesäufnis, in dessen Verlauf noch mehr Menschen ermordet wurden.

1937 bekamen die Bolschewiki einen weiteren Tobsuchtsanfall. Am 2. Juli befahl das Politbüro des ZK der WKP(b) sämtlichen Sekretären von Gebiets- und Regionsorganisationen und allen NKWD-Vertretern auf Gebiets-, Regions- und Republikebene, sorgfältig aufzuzeichnen, welche Kulaken noch an ihren Verbannungsorten wohnten und welche nach Ablauf der Strafe in ihre Heimat zurückgekehrt waren. Die »feindlicheren« unter ihnen sollten »unverzüglich verhaftet« und erschossen werden.

Auf seiner nächsten Sitzung bestätigte das Politbüro die Zusammensetzung der Troikas, die die Repressionsmaßnahmen gegen Kulaken und antisowjetische Elemente in Republiken, Kreisen und Gebieten durchzuführen hatten. Außerdem legte es die ungefähre Zahl derjenigen fest, die nach dem Ermessen der Troikas Urteile der ersten Kategorie (was Erschießung bedeutete) und der zweiten Kategorie (Lager- oder Gefängnisstrafen von acht bis zehn Jahren) zu erhalten hatten. Diese Phase begann am 5. August 1937 und sollte vier Monate dauern. Man plante, in diesem Zeitraum allein in Russland 186 100 Personen verhaften und 47 450 von ihnen erschießen zu lassen.

Der Schwachsinn der Planwirtschaft kam darin zum Ausdruck, dass man sogar die Zahl der Verhaftungen und Hinrichtungen im Voraus festlegte. Die lokalen Partei- und Geheimpolizeiorgane machten sich mit großer Begeisterung an dieses barbarische Geschäft.

Es ist die moralische Pflicht aller russischen Bürger, die Tatsache nie zu vergessen und sie von Generation zu Generation weiterzugeben, dass sich fast alle Ortsorgane der WKP(b) dafür einsetzten, die »Planziffern« der von Repressionsmaßnahmen Betroffenen zu erhöhen. Und obwohl die lokalen NKWD-Henker dies offiziell hätten verhindern müssen, überstieg die Zahl der Repressionsopfer in sämtlichen Republiken, Kreisen und Gebieten bald die gesetzten Normen. Beispielsweise meldete das Parteigebietskomitee der Stadt Gorki Stalin persönlich im Februar 1938, dass es nicht, wie geplant, 4500, sondern 9600 Personen in seinem Zuständigkeitsbereich habe verhaften lassen. Doch selbst das genügte nicht. Das Gebietskomitee bat, die Zahl um weitere 5000 Menschen zu erhöhen, von denen 3000 erschossen werden sollten. Die Ortsfunktionäre waren sich der im Kreml vorherrschenden Stimmung nur zu bewusst.

Neben den administrativen Repressionsmethoden, die dem Kulakentum ein Ende setzen sollten, griffen die Behörden auch zu wirtschaftlichen Maßnahmen, um die Bauern ihres Lebensunterhalts zu berauben. Man belegte alle wohlhabenden Haushalte mit einer Individualsteuer, die in jeder Klasse steil anstieg. Auch das Verzeichnis der Zwangsgebühren wurde immer länger. Ab einem gewissen Einkommensniveau waren die Steuerzahlungen höher als die Einnahmen des bäuerlichen Haushalts. Hatte ein Haushalt beispielsweise ein Einkommen von 5000 Rubeln, musste er 7500 Rubel an Steuern entrichten. Kein Wunder, dass viele Bauern ihren Zahlungen nicht nachkamen. Daraufhin beschlagnahmte man ihr Land, ihr Vieh und ihr Inventar, so dass die Familie nicht mehr existieren konnte.

Eine andere weit verbreitete Methode der wirtschaftlichen Entkulakisierung bestand darin, Haushalten feste Normen für die Ablieferung von Agrarprodukten aufzuerlegen. Auch hier kannte die Willkür keine Grenzen. Die Auflagen wurden erteilt, ohne dass man die Produktionskapazität der Haushalte im Geringsten berücksichtigte. Am Ende wurde der Besitz des Bauern, dem man eine nicht zu bewältigende Aufgabe zugewiesen hatte, gewöhnlich beschlagnahmt und der Bauer selbst in die Entkulakisierung einbezogen. Bereits im November 1930 verabschiedeten das WZIK und das SNK der UdSSR einen Erlass mit dem Titel »Über den Ausschluss von Kulaken und Personen, die die Bürgerrechte eingebüßt haben, aus den Genossenschaften«. Darin war zu lesen: »Kulaken und jene, denen das Stimmrecht bei Sowjetwahlen entzogen ist, dürfen weder Kolchosen noch anderen Agrargenossenschaften, noch gewerblichen Genossenschaftsverbänden (Artels), noch Konsumgenossenschaften angehören.«

Infolgedessen konnten vermögendere Bauern keine Eggen oder Sämaschinen kaufen, keinen Kredit erhalten und ihre eigene Ernte nicht verkaufen. Sie hatten keine Genehmigung, im Genossenschaftsladen (den Privathandel hatte man mittlerweile gänzlich unterbunden) Öl, Kleidung und sonstige Gebrauchsgegenstände zu erwerben. Dieser Bauerngruppe fehlte die Wirtschaftsbasis für eine unabhängige Haushaltsführung, weshalb sie praktisch zum Aussterben verurteilt war.

In ihrem Kampf gegen das Volk hatte die stalinsche Clique alle notwendigen Vorbereitungen getroffen. Im August 1932 verabschiedete sie ein von Stalin selbst formuliertes Gesetz. Diese monströse Weisung sah eine Gefängnis- oder sogar die Todesstrafe für Personen vor, die auf einem abgeernteten Feld ein paar Kornähren aufsammelten. Die verhungernden Bauern wurden selbst dann bestraft, wenn sie die Körnchen aus dem Bau einer Feldmaus herauskratzten.

Eine unmittelbare Folge der Entkulakisierung war die Hungersnot, die das Land in den Jahren 1932 und 1933 erfasste. Fälle von Kannibalismus waren nicht selten. Das Regime erreichte sein Ziel: Mehr als fünf Millionen Menschen fielen der Hungersnot zum Opfer.

In der Regel verbindet man die Entkulakisierung nur mit den dreißiger Jahren, doch noch am 10. Februar 1948 lauschte das Politbüro Chruschtschow, der einen Vorschlag zur Aussiedlung »schädlicher Dorfelemente« aus der Ukraine verlas. Am selben Tag setzte der Ministerrat der UdSSR eine Kommission zur Ausarbeitung der Details ein, der L. Berija, N. Chruschtschow, M. Suslow und andere angehörten. Ausgesiedelt werden sollten all jene, denen man unterstellte, dass sie »die Arbeitsdisziplin in der Landwirtschaft untergraben« oder »das Gedeihen des Kolchos durch ihre Anwesenheit im Dorf gefährden« könnten. Diese Leute kannten wirklich keine Grenzen – wie konnte jemand das Gedeihen des Kolchos nur durch seine Anwesenheit im Dorf gefährden?

Chruschtschows Initiative wurde in anderen Territorien der UdSSR aufgegriffen. Den »Säuberungen« fielen nicht nur Dorfbewohner, sondern überhaupt all diejenigen zum Opfer, die als verdächtige Elemente und als potenzielle Feinde des Regimes galten. Das Ausmaß dieser Kampagne wird durch die nüchternen Zahlen der offiziellen Statistik belegt, die man viele Jahrzehnte lang geheim hielt.

Am 1. Januar 1949 standen fast 2,5 Millionen Menschen auf dem Verzeichnis der Zwangsumsiedler. Zwischen 1949 und 1952 wurden rund 200 000 von ihnen entlassen. Trotzdem nahm die Gesamtzahl der Zwangsumsiedler sogar noch zu. Nach dem Krieg wurden hunderttausende von Menschen, vornehmlich

Dorfbewohner, aus den baltischen Staaten, der westlichen Ukraine, dem westlichen Belorussland, Moldawien und Sibirien deportiert.

Wie kurz unser Gedächtnis ist, wo wir doch den heutigen Agrarbaronen – den verschiedenen Vorsitzenden und anderen Potentaten – gestatten, das Feudalsystem in den Dörfern aufrechtzuerhalten. Die Sklavenmentalität ist so tief in unserem Bewusstsein verwurzelt, dass viele der Bauern, die noch in unseren Dörfern wohnen – frühere »Sprecher der Armen« (nur die Armen sind noch übrig) –, es ablehnen, das Land zu bewirtschaften. Vom Alkohol verwirrt, sind sie nicht in der Lage, einen unabhängigen Haushalt zu führen oder von den Früchten ihrer Arbeit zu leben. Und den Baronen könnte es nicht gleichgültiger sein. Wir beziehen Getreide, Fleisch und Butter aus dem Ausland, doch hier in der Heimat verteilen wir Billionen von Rubel in Form von Subventionen an die Schmarotzer der Agrarbürokratie.

Durch die verbrecherische Politik der Entkulakisierung wurde der russische Boden mit Blut und Tränen getränkt. Die mörderische Kampagne begann in den ersten Jahren der Sowjetmacht und verfolgte das Ziel, die jahrhundertealten Institutionen des Kosakentums zu entwurzeln und dessen fleißigste, freiheitsliebende Angehörige physisch zu vernichten.

Schon die ersten Schritte bei der »sozialistischen« Umgestaltung der Dörfer führten dazu, dass die Kosaken im Sommer 1918 in direkte Opposition zur neuen Regierung gerieten. In allen großen Kosakengebieten – Don, Kuban, Orenburg, Ural – bildete man bewaffnete Gruppen, um sich der bolschewistischen Diktatur zu widersetzen. Seit damals betrachtete die Regierung die Kosaken als Mitglieder der »Stoßtruppe« der Weißen Armee, die außerdem vom deutschen, englischen und französischen Imperialismus »gekauft« worden seien.[23] Am 24. Januar 1919 richtete das Zentralkomitee der Partei ein Telegramm an seine Ortsorgane und befahl ihnen, »Massenterror gegen reiche Kosaken durchzuführen und sie alle auszulöschen; gnadenlosen Massenterror gegen sämtliche Kosaken walten zu lassen, die in irgendeiner Weise, ob direkt oder indirekt, am Kampf gegen die Sowjetmacht teilnahmen«.[24]

Die örtlichen Revolutionskomitees begnügten sich nicht damit, die geforderten Hinrichtungen, Requisitionen und Aussiedlungen abzuwickeln, sondern machten sich in einem Anfall von Kriecherei und Grausamkeit auch daran, die Kosakenbräuche zu verhöhnen und schon das Wort »Kosak« zu verspotten. Eine besonders raffinierte Erniedrigung bestand darin, österreichische Kriegsgefangene in den Kosakendörfern zu Kommissaren zu ernennen.

Die Kosaken fanden sich mit dieser Situation nicht lange ab. Im März 1919 brach am Oberlauf des Don ein Massenaufstand aus. Er zwang die Behörden, ihren Kurs ein wenig zu korrigieren, ohne jedoch ihre prinzipielle Politik zu ändern. Sie schickten sich an, die Kosaken zu spalten, indem sie versuchten, die ärmeren, die sich auf Kosten ihrer Landsleute bereichern wollten, zu umwerben. Am 16. März beschloss das Zentralkomitee, die Wirkung seines Rundschreibens vom Januar in der Hoffnung »auszusetzen«, dass ein Teil der Kosakengesellschaft »mit uns zusammenarbeiten könnte«.[25] Es versteht sich von selbst, dass dies keinen Einfluss auf die Methoden hatte, mit denen der Aufstand am Don niedergeschlagen wurde. Das Regime ertränkte ihn im Mai 1919 in einem Meer von Blut.

Um die Feindschaft der Kosaken abzuschwächen, erklärten sich die Bolschewiki bereit, ihre bevorzugten Klassenkriterien bei der Einstufung sozialer Gruppen hintanzustellen. Dazu dachten sie sich folgende Formulierung aus, die in den »Thesen des ZK der RKP(b) über die Arbeit am Don« vom September

1919 hervorgehoben wurde: »Der Maßstab für unsere Beziehungen zu den verschiedenen Schichten und Gruppen des Donkosakentums wird in naher Zukunft weniger eine direkte Klassenbewertung (nach Kulaken, Mittelbauern und Armen) sein als die Einschätzung des Verhältnisses der verschiedenen Kosakengruppen zu unserer Roten Armee. Wir werden jene Kosakenelemente, die durch ihre Taten zeigen, dass sie auf unserer Seite sind, standhaft unterstützen und ihnen bewaffneten Schutz leisten.«[26] Dieses neue Vorgehen hatte vor allem den Zweck, das Kosakentum von innen her zu spalten.

Im Februar und März 1920 fand der Erste Allrussische Kongress der Kosakenarbeiter in Moskau statt. Man hielt sich an sämtliche bolschewistischen Verfahrensregeln – Wahl der Delegierten unter Aufsicht von Beobachtern des Zentralkomitees der RKP(b), Absegnung von Resolutionen im Voraus durch das ZK-Politbüro – und inszenierte den Kongress als Massendemonstration für die Bereitschaft der Kosaken, mit der Sowjetmacht zu kooperieren. Auf der Basis der hier getroffenen Entscheidungen richtete der Rat der Volkskommissare in den Kosakengebieten lokale Verwaltungsorgane ein, denen das WZIK »die Ausübung der in der RSFSR gültigen allgemeinen Gesetze zur Landverteilung und Bodennutzung« übertrug. Das Kosakentum als gesonderte militärische Schicht wurde abgeschafft.

Ungeachtet der demagogischen Machenschaften des Regimes wuchs die Erbitterung der Kosaken weiter. Ihre gesellschaftlichen und politischen Proteste nahmen bald neue Ausmaße und neue Formen an, darunter auch die des bewaffneten Widerstands. 1920 wurde sämtlicher Besitz in den Kosakenterritorien beschlagnahmt. Die Bauern besaßen keine Lebensmittel und kein Saatgut mehr und durften nur die Kleidung behalten, die sie am Leibe trugen. Sie hatten nichts anzupflanzen, was ohnehin sinnlos gewesen wäre, denn sie wussten aus Erfahrung, dass man ihnen die gesamte Ernte rauben und sie dann auch noch verprügeln würde.

Im Frühjahr 1921 hatten die Kosakendörfer ihre letzten Vorräte verbraucht. Eine Hungersnot brach aus, die sich im Sommer auf fast die Hälfte der Landbevölkerung ausweitete. Ende 1921 hungerten 250 000 Menschen am Don, und im Juli des folgenden Jahres waren es mehr als 500 000 – bei einer Landbevölkerung von 1,3 Millionen Menschen. Praktisch jeder Zweite hungerte. Der Kreml leugnete die Katastrophe im Dongebiet jedoch und befreite es deshalb nicht von Steuern. Wahnsinnig vor Hunger, wurden viele in den Kannibalismus getrieben.

Die Hungersnot war künstlich geschaffen worden: das Werk der bolschewistischen Herrscher.

Auch in den frühen dreißiger Jahren kam es zu ähnlichen Verhältnissen. Die Ernte von 1932 wurde im Dongebiet ganz und gar beschlagnahmt. Wie in anderen Kornkammern des Landes – der Ukraine, dem Wolgagebiet, dem Kuban, dem südlichen Ural – verkaufte man das Getreide ins Ausland. Das Regime verkündete, die Sowjetunion brauche unbedingt Devisen, um Industrieanlagen erwerben zu können. Die Kosakendörfer wurden von immer wieder neuen Plänen zur Getreideablieferung heimgesucht. Trafen die Lieferungen nicht rechtzeitig ein, erklärte man die Dorfbewohner zu Saboteuren und verwehrte ihnen das Recht, Salz, Zucker und Streichhölzer zu kaufen.

Wer nicht verhungerte, fiel der Geheimpolizei zum Opfer. Wie Michail Scholochow schreiben sollte, konnte jeder Verhaftungen veranlassen, dem der Sinn danach stand: Vorsitzende von Kolchosen und Mitglieder ihrer Verwaltung, Leiter von Dorfsowjets und Sekretäre der Parteiorgane. Die bereits ausgebluteten Kosakendörfer gerieten unter eine Gewaltherrschaft.

Hunderttausende von Kosaken wurden ermordet, viele emigrierten, die Dörfer wurden entvölkert, und bald waren Millionen Hektar Ackerboden von Wildgras überwuchert.

So wurde das russische Bauerntum zerstört, so vernichtete die Sowjetmacht das bäuerliche Russland.

DIE INTELLIGENZIJA

Zehn Jahre vor der Oktoberrevolution schrieb Lenin an Gorki: »Die Rolle der Intelligenzija in unserer Partei verringert sich. Von überall ist zu hören, dass die Intelligenzler der Partei davonlaufen. Gut, dass wir das Gesindel los sind.«[1]

Damals war Lenin nahezu unbekannt, und seine Ansichten fanden wenig Beachtung. Wen interessierte es schon, was irgendeinem Ignoranten durch den Kopf ging? Russland erlebte einen Wirtschaftsaufschwung, und alle kümmerten sich um ihre eigenen Angelegenheiten.

Die Geschichte verfügte jedoch, dass Russland, überwältigt von den Spannungen des Ersten Weltkriegs, im Februar 1917 einen großen Schritt in Richtung Demokratie machen sollte. Wer hätte ahnen können, dass nur neun Monate nach diesem Moment der Einsicht eine kleine Gruppe von Abenteurern mit Lenin an der Spitze einen gewaltsamen konterrevolutionären Staatsstreich durchführen und für lange Zeit die Macht ergreifen würde – in hohem Maße mit aktiver Unterstützung ebenjenen »Gesindels«, das der neue Herrscher Russlands einst mit dieser eleganten Bezeichnung bedacht hatte?

Wie sich herausstellte, war das Wort »Gesindel« nicht beiläufig als Ausdruck angeborener Intoleranz gebraucht worden. Im September 1919 schrieb Lenin an Gorki: »Warum verlieren Sie so unglaublich zornige Worte? Weil mehrere Dutzend (oder vielleicht auch hundert) Kadetten- oder Pseudokadettenherrchen ein paar Tage im Gefängnis verbringen werden, damit es nicht zu Verschwörungen kommt? Das ist ja schrecklich! Welche Ungerechtigkeit ... Die geistigen Kräfte der Arbeiter und Bauern wachsen und festigen sich im Kampf zum Sturz der Bourgeoisie und ihrer Komplizen, jener schlauen kleinen Intelligenzler, der Lakaien des Kapitals, die sich für das Hirn der Nation halten. In Wirklichkeit sind sie nicht das Hirn, sondern Scheiße ...«[2]

Diese Grobheit entlarvt das kulturelle Niveau des neuen »Führers«, doch tragischerweise spiegeln solche linguistischen Kostbarkeiten etwas viel Wichtigeres wider. Sie waren der Schlüssel zur gesamten politischen Haltung des bolschewistischen Regimes gegenüber der Intelligenzija.

Häufig wird behauptet, der proletarische Führer habe Schritte zur Beseitigung des Analphabetentums in Russland unternommen und sich deshalb bemüht, die alte bürgerliche Intelligenzija durch eine neue Intelligenzija der Arbeiter und Bauern zu ersetzen. Er selbst reagierte jedoch unwirsch auf solche Interpretationen. Als er dem Maler Ju. Annenkow 1921 Porträt saß, ließ er keinen Zweifel an seinen Standpunkten: »Wie Sie wahrscheinlich wissen, hege ich keine große Sympathie gegenüber der Intelligenzija, und unsere Parole ›Das Analphabetentum auslöschen‹ sollte nicht so interpretiert werden, als wünschten wir, eine neue Intelligenzija hervorzubringen. Die ›Auslöschung des Analphabetentums‹ ist nur deshalb erforderlich, damit jeder Bauer und jeder Arbeiter unsere Erlasse, Befehle und Aufrufe ohne fremde Hilfe lesen kann. Das Ziel ist rein praktischer Art. Das ist alles.«[3]

Der erste Tagesordnungspunkt der Bolschewiki sah vor, einen erbarmungslosen Krieg gegen die Redefreiheit zu führen und sämtliche oppositionellen Druckorgane zu schließen (Erlass des SNK »Über die Presse« vom 28. Oktober 1917). Sie richteten Zensurbüros ein, ursprünglich im Rahmen der politischen Abteilung des Staatsverlags (Gosisdat) der RSFSR, die durch einen Erlass des WZIK vom 20. Mai 1919 geschaffen wurde, und später als Hauptdirektorat für Literatur und Verlagswesen (Glawlit), das auf einen Erlass des SNK der RSFSR vom 6. Juli 1922 zurückging, sowie als Hauptkomitee für Repertoirekontrolle (Glawrepertkom), das durch einen Erlass des SNK der RSFSR vom 9. Februar 1923 innerhalb des Volkskommissariats für Aufklärung entstand. Diese Institutionen arbeiteten eng mit der Geheimpolizei zusammen – oder, besser gesagt, unter der gemeinsamen Kontrolle und Leitung des Zentralkomitees der RKP(b) und der WTscheka-OGPU. Zu ihrem Personal zählten stets Agenten der Sonderdienste.

Allein in den ersten drei Jahren seiner Existenz schloss oder verbot das Glawrepertkom (nach unvollständigen Angaben) 35 Dramenvorführungen, darunter die Produktion der *Brüder Karamasow* im Moskauer Künstlertheater (da in dem Stück die christliche Demut in den Vordergrund gestellt wurde, befand man es für reaktionär), die Maly-Theater-Aufführung von Friedrich Schillers *Maria Stuart* (religiös-mystisch) sowie *Salome* (dekadent-ästhetisch) und *Ein perfekter Ehemann* (Betonung des bourgeoisen Parlamentarismus) im Kammer- und früheren Alexandrinski-Theater.[4]

Das gleiche Schicksal erwartete in den darauf folgenden Jahren sämtliche Werke, die dem überängstlichen Zensor in die Hände fielen. Viele Stücke wurden auch direkt vom KGB geprüft, obwohl etliche seiner Agenten ohnehin Mitarbeiter des Zensurapparats waren. Während des Zweiten Weltkriegs etwa lehnte das Glawrepertkom rund die Hälfte der 700 ihm vorgelegten Dramen aus dem einen oder anderen Grund ab.[5]

Die Maßnahmen gegen die Redefreiheit gingen mit Verhaftungen einher. Im Sommer 1918 inhaftierte man den Dichter Alexander Blok wegen des Verdachts der Beteiligung an einer Verschwörung der linken Sozialrevolutionäre. Unter der so genannten Kadetten-Intelligenzija kam es seit August 1919 zu Verhaftungen. In jenem Monat sperrte man Wladimir Nemirowitsch-Dantschenko und Iwan Moskwin im Zusammenhang mit dem fingierten Fall des Zentralkomitees der Kadettenpartei ein. Die Scheinprozesse stützten sich auf eine angebliche »Verschwörung« von Professoren der Universität Petrograd. Daraufhin organisierte man Säuberungen an vielen anderen Forschungsinstituten und Hochschulen.

Ende 1921 fand die berühmte Verhandlung gegen die Petrograder Militärorganisation statt, die auch als Taganzew-Fall bekannt ist. 1992 wurden die »Mitglieder« dieses Verbands nach einer Überprüfung durch die Staatsanwaltschaft der Russischen Föderation rehabilitiert. Doch das geschah sieben Jahrzehnte später, wohingegen die Tschekisten zu Beginn der Sowjetmacht noch dabei waren, ihre Methoden zu perfektionieren. Sie trieben die Verhandlung mit aller Macht voran und erhoben Anklage gegen 833 Personen.

Wladimir Taganzew hatte politischen Flüchtlingen geholfen, die Grenze – hauptsächlich nach Finnland – zu überqueren. Es war ein teures Unterfangen. 1919 belief sich der Preis dafür, jemanden mit einem Führer über die Grenze zu schaffen, auf rund tausend Finnmark, und bis 1921 war er auf 15 000 Finnmark gestiegen. Taganzew leistete finanzielle Hilfe, indem er Familienwertsachen und seinen persönlichen Besitz verkaufte. Viele andere standen ihm zur Seite, doch eines Tages hatten sie Pech. Einer von Taganzews Mitarbeitern wurde an der Grenze getötet. Bei ihm fand man mehrere Flugblätter, auf denen geschildert wurde, wie das Regime Arbeiter erschießen ließ und wie die Kommissare und die Bolschewiki Russland zu Grunde richteten.

Taganzew wurde verhaftet. Die Tschekisten machten seine Wohnung zu einer Falle und ergriffen jeden, der sie betrat. Sogar ein unschuldiger Bote wurde verhaftet und später erschossen. Das Akademiemitglied S. Oldenburg hatte ihn mit einem Manuskript geschickt, in dem Bloks Gedicht »Die Zwölf« von Taganzews Vater, einem prominenten russischen Anwalt und Ehrenmitglied der Akademie, analysiert wurde. Taganzew schenkte den Versprechungen Dserschinskis, Unschlichts und Jagodas Glauben, dass es nicht zu Hinrichtungen kommen werde, und gab preis, wie das Geld erworben wurde. Er nannte etliche Namen, und die Ermittler erledigten den Rest.

Der Fall Taganzew endete mit der Erschießung von 97 Personen, darunter der große Dichter Nikolai Gumiljow. Weitere Angeklagte waren der Gründer der russischen Urologieschule, Fjodorow, der ehemalige Justizminister Manuchin, der bekannte Agronom Wyrwo, der Architekt Benois (der Bruder des berühmten russischen Malers Alexander Benois) sowie die Krankenschwester Golenischtschewa-Kutusowa. Das FSB-Archiv enthält Briefe zur Verteidigung der Angeklagten. Unter anderem machte man den Versuch, die Freilassung Gumiljows gegen Kaution zu erwirken. Das Gesuch wurde leider ignoriert, doch früher oder später verhaftete man dann auch die Verfasser. Unter ihnen war der bekannte Schriftsteller und Ökonom A. Tschajanow. Wie diejenigen, die er hatte verteidigen wollen, wurde er erschossen.

Während Russland am Blut des Terrors erstickte, erlitt es in den zwanziger Jahren den vielleicht größten Verlust an geistigem Kapital. Mehrere hundert hervorragende Intelligenzler verließen das Land. Lenin bestand darauf, sie ins Exil zu schicken. Bei Stalin fragte er an:

> Hat man beschlossen, sämtliche Volkstümler-Sozialisten »auszumerzen«? Peschechonow, Mjakotin, Gornfeld? Petrischtschew et al.? Meiner Meinung nach sollten sie alle deportiert werden. Sie sind schädlicher als alle Sozialrevolutionäre, denn sie sind geschickter.

> Dazu A. N. Potressow, Isgojew und alle beim *Ekonomist* (Oserow und viele, viele andere). Die Me[nschewi]ki Rosanow (ein gerissener Feind) … und N. A. Roschkow (muss deportiert werden; ein hoffnungsloser Fall); S. N. Frank (Autor der *Methodologie*). Die Kommission unter Aufsicht von Manzew, Messing und anderen muss Verzeichnisse aufstellen, und mehrere hundert dieser Herren sollten gnadenlos ins Ausland geschickt werden. Wir werden Russland auf lange Zeit hinaus säubern … Sie alle – raus aus Russland mit ihnen. Das muss sofort erledigt werden. Bis zum Ende des SR-Prozesses, nicht später. Mehrere hundert verhaften und ohne Angabe von Gründen – hinaus mit euch, meine Herren![6]

Lenin übernahm also die schändliche Aufgabe zu entscheiden, wer in Russland bleiben durfte und wer nicht. Diese Menschen sollten aus ihrer eigenen Heimat vertrieben werden, und das »ohne Angabe von Gründen«. Man schob also Philosophen, Schriftsteller, Anwälte und Künstler über die Grenzen ab. Bedeutende Vertreter der russischen Kultur verließen das Land: Fjodor Schaljapin, Iwan Bunin, Ilja Repin, Leonid Andrejew, Konstantin Balmont, Dmitri Mereschkowski, Korowin, Marc Chagall … Wer kann all die Namen derjenigen zählen, die den Ruhm Russlands verkörperten?

Die Zwerge vertrieben die Riesen, schickten sie zu hunderten auf Dampfern davon. Wann und wo hatte es je etwas Ähnliches gegeben?

Wissenschaftlern warf man vor, sie seien nicht bereit, sich mit der Sowjetmacht abzufinden, und würden deshalb deren Initiativen untergraben. Nach Meinung der ungebildeten, doch hochrangigen Ankläger verbreiteten die Philosophen Mystizismus und stärkten die Autorität der Geistlichkeit, während die Ärzte und Agronomen in ihrem jeweiligen Milieu antisowjetische Haltungen förderten.

Lenin wies Stalin, Dserschinski und Semaschko an, »einen Aktionsplan« gegen den Antisowjetismus innerhalb der Intelligenzija zu entwerfen.[7] Die Waffengefährten des Führers diskutierten das Problem im Politbüro. Lenins Vorschlag wurde am 24. Mai 1922 akzeptiert, und im Juni verabschiedete man die entsprechenden Maßnahmen:

Protokoll (Nr. 10) der Sitzung des Politbüros vom 8. Juni 1922.
Anwesend: Mitglieder des Politbüros Genossen Kamenew, Stalin, Trotzki, Rykow, Sinowjew; Kandidat des Politbüros Genosse Kalinin; Mitglieder des ZK Genossen Madek, Sokolnikow; als Beobachter Genosse Zjurupa …
VIII. Über antisowjetische Gruppierungen innerhalb der Intelligenzija (Unschlicht).
Folgender Vorschlag des Genossen Unschlicht ist mit Zusätzen zu akzeptieren:
1. Mit dem Ziel, die Ordnung an den Universitäten sicherzustellen, wird eine Kommission aus Vertretern der Hauptverwaltung für Berufsausbildung des Volkskommissariats für Aufklärung der RSFSR (Glawprofobr) und der [O]GPU (Jakowlew und Unschlicht) sowie einem Vertreter des Organisationsbüros des ZK berufen, um Maßnahmen für folgende Themen auszuarbeiten:
a) die Überprüfung von Studenten für das nächste Semester;
b) die Verhängung strenger Beschränkungen für die Annahme von Studenten nichtproletarischer Herkunft;
c) die Notwendigkeit von Bescheinigungen über die politische Zuverlässigkeit von Studenten, die nicht von Berufs- oder Parteiorganisationen abgeordnet worden und nicht von der Zahlung von Studiengebühren freigestellt sind.
Die vom Genossen Unschlicht geleitete Kommission hat einmal wöchentlich zu tagen.
2. Dieselbe Kommission (siehe Abschnitt 1) soll Vorschriften für die

Zusammenkünfte und Verbände der Studenten und des Lehrpersonals ausarbeiten.

a) Die politische Abteilung des Gosisdat ist anzuweisen, zusammen mit der GPU sämtliche Veröffentlichungen durch Privatorganisationen, die spezialisierten Sektionen der Gewerkschaft und der verschiedenen Volkskommissariate (Volkskommissariat für Ackerbau, Volkskommissariat für Aufklärung u. a.) gründlich zu prüfen …

b) Als Grundlage haben die Abschnitte 3 und 4 des Befehlsentwurfs (siehe Anhang) mit folgenden Zusätzen zu dienen: in Abschnitt 3 Ersetzung von »NKWD« durch »GPU«; am Ende des Abschnitts Ersetzung des Satzes »Örtliche Kongresse und Konferenzen von Spezialisten bedürfen der Genehmigung durch die Exekutivkomitees der Gouvernements nach vorheriger Nachfrage hinsichtlich der Beschlüsse bei den lokalen GPU-Organen (Gouvernementsabteilungen).«

Zur endgültigen Formulierung der Abschnitte 3 und 4 sowie zu ihrer Anwendung durch die entsprechende Gesetzgebung ist eine Kommission, bestehend aus Genossen Kurski, Dserschinski und Jenukidse, zu berufen. Die Sitzungen der Kommission sind durch Genossen Jenukidse anzuberaumen. Tagung: einmal pro Woche.

c) Abschnitt 5 ist derselben Kommission unter obligatorischer Teilnahme von Tomski oder Rudsutak vorzulegen.

d) Das WZIK hat einen Erlass über die Einberufung einer Sonderkonferenz von Vertretern des Volkskommissariats für Äußeres und des Volkskommissariats für Justiz zu verabschieden, die bevollmächtigt ist, in Fällen, in denen strengere Bestrafungen vermieden werden können, die Verbannung ins Ausland oder in bestimmte Gebiete der RSFSR anzuordnen.

e) Eine Kommission, bestehend aus Genossen Unschlicht, Kurski und Kamenew, nimmt eine endgültige Prüfung des Verzeichnisses der Führer von feindlichen Fraktionen der Intelligenzija vor, für die die Verbannung vorgesehen ist.

f) Die Frage der Schließung von Verlagen und Presseorganen, die nicht die Richtung der Sowjetpolitik widerspiegeln (die Zeitschrift der Pirogow-Gesellschaft usw.), ist derselben Kommission vorzulegen (siehe Abschnitt e).

g) Abschnitt 8 des Beschlussentwurfs ist zu streichen.

IX. Über die Direktive zum Allrussischen Ärztekongress (Unschlicht).

A) Allgemeine Maßnahmen, die durch den Ärztekongress erforderlich werden, sind bis zum Ende der SR-Verhandlung zu verschieben.

B) Die Frage der Verhaftung einer gewissen Zahl von Ärzten, die unverzüglich erfolgen muss, ist der Kommission, bestehend aus Genossen Unschlicht, Kurski und Kamenew, vorzulegen (siehe Abschnitt VIIIe [VIII2e]).

C) Die GPU wird angewiesen, das Verhalten der Ärzte und anderer Gruppierungen von Intelligenzlern während des SR-Prozesses aufmerksam zu beobachten und keine Demonstrationen, Reden etc. zuzulassen.

Anhang zu Abschnitt VIIIb [VIII2b] des Protokolls der Politbürositzung, Nr. 10 vom 8. Juni 1922.

Vorschläge des Genossen Unschlicht an die Kommission …

3. Es ist sicherzustellen, dass kein Kongress und keine Allrussische Konferenz von Spezialisten (Ärzte, Agronomen, Ingenieure, Anwälte und andere) ohne entsprechende Genehmigung des NKWD einberufen werden können. Lokale Kongresse und Konferenzen von Spezialisten bedürfen der Genehmigung des NKWD. Lokale Kongresse und Konferenzen von Spezialisten sind außerdem von den Exekutivkomitees der Gouvernements nach vorheriger Anfrage hinsichtlich der Entscheidung der GPU-Organe (Gouvernementsabteilungen) zu genehmigen.

4. Die GPU wird beauftragt, vom 10. Juni an durch den Apparat des Volkskommissariats für Innere Angelegenheiten eine erneute Re-

gistrierung sämtlicher Gesellschaften und Verbände (wissenschaftlicher, religiöser, akademischer und anderer Art) durchzuführen und keine Gründung neuer Gesellschaften oder Verbände ohne entsprechende Registrierung bei der GPU zuzulassen. Alle nicht registrierten Gesellschaften und Verbände sind für illegal zu erklären und unverzüglich aufzulösen.

5. Der Allunions-Zentralrat der Gewerkschaften (WZSPS) wird angewiesen, die Gründung und Tätigkeit von Spezialistenverbänden nur in Form von allgemeinen Berufsvereinigungen zuzulassen und dafür zu sorgen, dass die bestehenden Spezialistengruppen innerhalb der Gewerkschaften registriert und unter intensive Überwachung gestellt werden. Die Satzungen der Spezialistengruppen sind mit Hilfe der GPU zu überprüfen. Die Erlaubnis zur Schaffung von Spezialistengruppen innerhalb der Berufsverbände darf vom WZSPS nur mit Einverständnis der GPU gewährt werden.[8]

Am 18. August 1922 schickte die OGPU-Führung, unter deren wachsamen Augen die drakonische Entscheidung des Politbüros umgesetzt wurde, Lenin eine Liste der aus Moskau, St. Petersburg und der Ukraine ausgesiedelten Personen. Die Moskauer seien über den Beschluss, sie ins Ausland zu deportieren, informiert und zudem gewarnt worden, dass man sie erschießen werde, falls sie ohne Genehmigung zurückkehrten.

Das Moskauer Verzeichnis enthielt 67 Namen, die nach Hochschulen gruppiert waren. Die Abschnittstitel lauteten »Professoren der Moskauer Universität«, »Professoren der Moskauer Technischen Hochschule«, »Professoren des Instituts für Verkehrswesen« und so weiter. Außerdem standen die Namen »antisowjetischer« Schriftsteller, Ingenieure und Agronomen auf der Liste.

Das Petrograder Verzeichnis enthielt 51 Namen.

Die ersten Ausweisungen betrafen Moskau, dann waren

Odessa und die Krim an der Reihe. Manchmal bezeichnete man die benutzten Dampfer als »philosophische Schiffe«, da sie zahlreiche Philosophen wie Nikolai Berdjajew, Semjon Frank, Fjodor Stepun, Nikolai Losski oder Iwan Iljin als »Passagiere« an Bord hatten. Die drei Erstgenannten wurden deportiert, weil sie in Moskau eine Essaysammlung mit dem Titel *Oswald Spengler und der Untergang Europas* veröffentlicht hatten, in dem sie die Idee der Unvermeidlichkeit des Sozialismus angriffen. Lenin betrachtete die Arbeit als »literarischen Nebelschleier für eine weißgardistische Organisation«.

Unter denen, die über die Grenze abgeschoben wurden, war auch der Rektor der Moskauer Universität, der Biologe M. Nowikow. Schwere Verluste musste die Geschichtswissenschaft hinnehmen, denn die Bolschewiki vertrieben A. Kisewetter, A. Florowski, Ju. Melgunow und andere. Eines der Schiffe hatte den berühmten Soziologen Pitirim Sorokin an Bord.

Lenin entledigte sich derjenigen, die intelligenter, begabter und gebildeter als er selbst waren.

Die Aussiedlung als Methode, unliebsame Personen loszuwerden, schien ihrem Urheber zu gefallen. Das lässt sich aus einer Notiz schließen, die Dserschinski unmittelbar nach einem Treffen mit Lenin für seinen Stellvertreter Unschlicht hinterließ. Dieser erhielt den Befehl, die Deportation des aktiven Teils der Intelligenzija, in erster Linie der Menschewiki, unbedingt fortzusetzen. Berichte über die Vertreibungen sollten in einer »Intelligenzija-Abteilung« gesammelt werden. Für jeden Intelligenzler war eine eigene Akte zu anzulegen. Den Exilanten wurde das Versprechen abgenommen, nie wieder in die Heimat zurückzukehren. Der Philosoph Iwan Iljin, dem man vorwarf, sich nicht mit der Herrschaft der Arbeiter und Bauern in Russland abgefunden zu haben, schrieb folgendes Statement: »Wie ich, der Bürger Iwan Alexandrowitsch Iljin, der Staatlichen Politischen

Verwaltung hiermit versichere, werde ich ohne Erlaubnis der Sowjetorgane nicht auf das Territorium der RSFSR zurückkehren (ich bin über Artikel 71 des Strafgesetzbuchs der RSFSR in Kenntnis gesetzt worden, der die Todesstrafe für eine unerlaubte Rückkehr auf das Gebiet der RSFSR vorsieht).«[9]

In der zweiten Hälfte der zwanziger Jahre wurde der alten Intelligenzija-Elite der Ingenieure und Techniker ein schwerer Schlag zugefügt. 1928 verhaftete man eine große Gruppe von ihnen im Zusammenhang mit dem berüchtigten »Schachty-Fall«.

Erstklassige Gelehrte wurden während der so genannten Akademie-Affäre verfolgt, in die 115 Personen verwickelt waren, darunter S. Platonow, J. Tarle, N. Lichatschow, A. Presnjakow, S. Rotschdestwenski, M. Ljubarski, Ju. Gotje und andere. Man erhob gegen sie die Standardanklage, verdächtige Beziehungen zu Emigrantenvertretern und ausländischen Persönlichkeiten des öffentlichen Lebens zu unterhalten. Viele von ihnen starben in Lagern und im Exil.

Die zahlreichen unschätzbaren Manuskripte bekannter russischer Intelligenzler, die sich in den Archiven des KGB angesammelt haben, würden den Neid jedes Museumsvertreters und jedes Sammlers der Welt erwecken. Sie jedoch zugänglich zu machen ist keineswegs einfach. Das weiß ich aus Erfahrung, denn vor ein paar Jahren wurde ich von der Kommission für das literarische Erbe des Schriftstellerverbandes der UdSSR gebeten, bei der Suche und Veröffentlichung von Manuskripten verhafteter Autoren wie Babel, Artjom Wesjoly, Pilnjak, Kolzow und Tschajanow zu helfen. Ich wandte mich an die Generalstaatsanwaltschaft. Der Generalstaatsanwalt der UdSSR teilte mir mit, aus den verfügbaren Unterlagen gehe hervor, dass Michail Kolzows Korrespondenz mit Ilja Ehrenburg sowie andere zur Zeit von Kolzows Verhaftung beschlagnahmte Materialien im Januar

1965 zur permanenten Verwahrung an das Gorki-Institut für Weltliteratur gesandt worden seien. Was die von Babel, Pilnjak, Wesjoly, Tschajanow und anderen Schriftstellern und Gelehrten hinterlassenen persönlichen Notizen, Manuskripte und Briefe betraf, so schien sich nicht feststellen zu lassen, was mit ihnen geschehen war. Wie sich zeigte, hatte der Generalstaatsanwalt alles andere als vollständige Informationen über den KGB-Bestand. Oder vielleicht log auch er, denn später wurden viele der Manuskripte gefunden.

Am Ende des Bürgerkriegs stellten die führenden Wissenschaftler und Kulturschaffenden des Landes fest, dass ihre Freiheit, mit Kollegen zu korrespondieren und auf Reisen zu gehen, eingeschränkt war. Regeln für Auslandsreisen wurden eingeführt, und Genehmigungen waren vom Einverständnis der WTscheka-OGPU und des Politbüros des ZK der RKP(b) abhängig. Zum Beispiel wissen wir, dass das Politbüro am 12. Juli 1921 ein Gesuch Lunatscharskis und Gorkis zurückwies, den Dichter Alexander Blok zur ärztlichen Behandlung nach Finnland reisen zu lassen. Zweimal lehnte das Politbüro ein Ersuchen des Ersten Studios des Moskauer Künstlertheaters ab, das auf eine Auslandstournee gehen wollte. Lunatscharski, der Volkskommissar für Aufklärung, der die Tournee befürwortete, hatte eine Antwort auf Dserschinskis Einwand, er begünstige die Flucht der künstlerischen Talente Sowjetrusslands: Alle Künstler, die Auslandsreisen planten, sollten sich in die Warteschlange einreihen und nur in Kontingenten hinausgelassen werden, die der Zahl der Rückkehrer von früheren Tourneen entsprach. »Auf diese Weise werden wir ein System der Kollektivhaftung herstellen.«[10] Doch sogar dieser reichlich schamlose Vorschlag wurde abgelehnt.

Ende der zwanziger Jahre unterstand das gesamte geistige Leben einem System der totalen Kontrolle durch die WTscheka-

OGPU. Deren Zentralapparat gliederte sich in Abteilungen, die für die verschiedenen Arbeitsphasen verantwortlich waren: die Politische Kontrollabteilung für die Zensur von Briefen und Telegrammen durch Funktionäre von Glawlit und Glawrepertkom; die Vierte und Fünfte Sektion der Politischen Geheimabteilung für Agentenüberwachung und Sammlung von Informationen sowie für das Knüpfen eines Spitzelnetzes in Künstler- und Wissenschaftlerkreisen. Sonderbüros wurden für die administrative Aussiedlung der »antisowjetischen Intelligenzija« eingerichtet.

Die Tätigkeit dieser Unterabteilungen der politischen Polizei war erstaunlich umfassend. Am 4. September 1922 meldete der Chef der Politischen Kontrollabteilung, W. Schtingof, dem stellvertretenden Leiter der Verwaltung für Geheimoperationen der OGPU, G. Jagoda, das Personal der Abteilung habe im Monat August 135 000 von 300 000 in die RSFSR geschickten Briefen geöffnet und untersucht. Sämtliche 285 000 ins Ausland gesandten Briefe seien ebenfalls zensiert worden.[11]

Die Mitarbeiter dieser Abteilung schrieben sogar Rezensionen literarischer Werke und waren bevollmächtigt, Entscheidungen von Glawlit und Glawrepertkom aufzuheben. Zum Beispiel befahl die OGPU auf ihre Initiative hin die Beschlagnahme eines Kurzgeschichtenbands von Pilnjak, dessen Veröffentlichung Glawlit genehmigt hatte. Es war üblich, dass die Tschekisten Theateraufführungen, Varietévorstellungen und andere öffentliche Schauspiele besuchten, um Berichte über ihnen verdächtig erscheinende Aspekte anzufertigen. Die »Schuldigen« wurden dann auf dem Verwaltungsweg bestraft oder vor Gericht gestellt. Ein solcher Detektiv, ein gewisser S. Bliz, beobachtete am 10. April 1924 einen Zirkusauftritt von W. Jurow und entdeckte in der »Tiernummer, bei der Meerschweinchen die Rolle von Agitatoren spielten«, ein Übermaß an konterrevolutionären

Witzen. Dieser »Kulturexperte« verfasste eine Meldung über die Notwendigkeit, Jurows Auftritt zu verbieten.

Die Vierte Sektion der Politischen Geheimabteilung der OGPU baute im künstlerischen Milieu ein breites Informantennetz auf, das über buchstäblich jeden auch nur annähernd bekannten Schriftsteller, Darsteller, Musiker, Maler und Filmregisseur Bericht erstattete. Wsewolod Iwanows Sohn Wjatscheslaw schrieb über das Verfahren: »In jenen Jahren, als die Regierungsmitglieder den einen oder anderen jungen Schriftsteller besser kennen lernen wollten, vertraute Dserschinski meinem Vater auf einer Versammlung an, wie sehr ihm dessen Arbeit gefalle. Er versprach, dies meinem Vater sehr bald zu beweisen. Ein paar Tage später überbrachte ein Bote ein Päckchen mit einer Notiz. Darin erklärte Dserschinski, er wolle sein Versprechen einlösen und habe deshalb alle Anzeigen beigelegt, die im Vorjahr gegen meinen Vater eingegangen seien. Eines Tages sagte [der Stellvertretende Volkskommissar für Innere Angelegenheiten] Agranow in Gorkis Haus zu meinem Vater: ›Wenn Sie nur wüssten, was für Leute für uns arbeiten!‹«

Viele der Spitzel waren enge Freunde ihrer Berufskollegen. Sie schrieben ebenfalls Romane, inszenierten Dramen, drehten Filme und malten Bilder, doch gleichzeitig meldeten sie regelmäßig und effizient »nach oben«, was ihre Freunde taten und sagten. Obwohl die Dichter ihre Werke nur einem kleinen Kreis von Freunden vortrugen, erfuhren die Tschekisten unverzüglich von Ossip Mandelstams Epigramm gegen Stalin und von N. Kljujews unveröffentlichtem Gedicht »Das Lied des Gamajun«.

Auf dem Ersten Allunionskongress sowjetischer Schriftsteller im August 1934 wurde ein an die ausländischen Gäste adressiertes Blatt unter den Anwesenden verteilt. Darin hieß es:

Alles, was Sie hier auf dem Allunionskongress sowjetischer Schriftsteller hören und sehen werden, ist die Reflexion einer gigantischen Lüge, die Ihnen als Wahrheit präsentiert wird. Es ist durchaus möglich, dass sich viele von uns, die wir an diesem Brief mitgeschrieben oder ihn vollauf gebilligt haben, auf dem Kongress oder sogar im Privatgespräch mit Ihnen ganz anders äußern werden. Um den Grund zu verstehen, müssen Sie … sich bewusst machen, dass sich das Land seit nunmehr siebzehn Jahren in einem Zustand befindet, der jede Möglichkeit der freien Rede völlig ausschaltet.

Man kann uns russische Schriftsteller mit Prostituierten in einem Bordell vergleichen. Der einzige Unterschied ist der, dass sie ihren Körper und wir unsere Seele verkaufen; genau wie sie das Bordell nur nach dem Hungertod verlassen können, sind auch wir in diesem Land eingesperrt. Außerdem werden unsere Familien und alle anderen, die uns nahe stehen, für unser Verhalten zur Rechenschaft gezogen.

Sogar zu Hause verzichten wir wegen des in der UdSSR waltenden kollektiven Denunziationssystems häufig darauf, unsere Meinung zu äußern. Wir müssen versprechen, einander zu denunzieren, und wir denunzieren unsere Freunde, unsere Verwandten und Bekannten … Natürlich glauben die Machthaber nicht mehr an die Aufrichtigkeit unserer Anzeigen, genauso wenig wie sie uns glauben, wenn wir in der Öffentlichkeit die »glänzenden Errungenschaften des Regimes« preisen. Gleichwohl verlangen sie diese Lügen von uns, denn sie benötigen solche Aussagen als eine Art »Export« für Sie im Westen. Haben Sie zumindest den Charakter der so genannten Saboteurprozesse durchschaut – in denen die Angeklagten voll und ganz ihre Verbrechen gestehen? Denn auch das war ein Teil unserer »Exportindustrie« für Ihren Konsum.[12]

Im Lauf des Kongresses informierten die Organe der OGPU und des NKWD mit Hilfe ihres Agentennetzes die Parteiführung regelmäßig (jeden zweiten Tag) über die Pläne und Ansichten der Schriftsteller. Sie achteten darauf, dass jede Delegation auf dem Kongress eine gewisse Quote von »schöpferischen Mitarbeitern« hatte, die insgeheim mit den Organen kooperierten.

Besondere Aufmerksamkeit schenkte die OGPU den Dichtern. Vor dem Kongress waren die Dichter Ja. Owtscharenko, I. Pribludny, Zweljow und Asanow wegen »konterrevolutionärer Ansichten« aus der Hauptstadt verbannt worden. Zu Beginn des Jahres verhaftete man N. Kljujew und L. Pulin, weil sie angeblich antisowjetische Verse verfasst hatten. (Das OGPU-Kollegium schickte beide nach Sibirien, von wo sie nie mehr zurückkehrten; N. Kljujew wurde am 13. Oktober 1938 beim Prozess gegen den erfundenen Bund zur Rettung Russlands durch eine Troika des Tomsker NKWD-Büros zum Tode verurteilt.)

Ossip Mandelstam inhaftierte man wegen seiner gnadenlos präzisen Verse über Stalin. Danach erlitt der Dichter ein unendlich tragisches Schicksal. Laut einem Brief des Generalsekretärs des Sowjetischen Schriftstellerverbands, W. Stawski, wurde er ein zweites Mal verhaftet und am 2. August 1938 in ein Konzentrationslager gebracht, wo er den Tod fand. Hier ist ein Teil des Gedichts:

Wir leben, unter uns das Land nicht kennend,
unhörbar unsre Worte auf zehn Schritt,
und wo es reicht für ein kleines Gespräch –
wird der Kremlbergbewohner erwähnt.
…
Um ihn herum das Pack der dickhäutigen Führer,
er spielt mit den Diensten von Halbmenschen.
Wie Hufeisen schmiedet Befehl um Befehl er –
dem in die Stirn, dem in die Braue, dem in die Leiste,
dem ins Auge.

Welche Todesstrafe immer – es ist eine Himbeere,
und breit ist die Brust des Osseten.[13]

Die Geheimpolizei hielt sich genau wie auf dem Schriftstellerkongress über sämtliche Aktivitäten der Künstler- und Wissenschaftlerelite auf dem Laufenden. Damit nicht genug, traten OGPU-Agenten manchmal sogar als Urheber antisowjetischer Werke auf. Durch solche Agents provocateurs wollte man »politisch unzuverlässige« Autoren dazu verleiten, »etwas Aufregendes« zu schreiben, um sie dann verhaften zu lassen. So bestellte ein Geheimagent der OGPU im berüchtigten Fall der »antisemitischen Bemerkungen«, die eine Gruppe von Dichtern über Trotzki und Kamenew gemacht haben sollten, ein antibolschewistisches Werk bei dem Dichter A. Ganin, einem Freund S. Jessenins und dessen »Komplize« in der Affäre. Nach dem Erhalt des Gedichts fingierte die OGPU die Anklage, der Autor habe sich mit einigen Vertretern der Intelligenzija zu einer konterrevolutionären Terroristenorganisation, dem »Orden russischer Faschisten«, zusammengetan. Im März 1925 wurden A. Ganin, G. Nikitin, die Brüder P. und N. Tschekrygin sowie W. Galanow verhaftet und erschossen.

Traurigerweise entwickelten sich die Verbände, die nach dem bekannten Erlass des ZK der WKP(b) vom 23. April 1932 »Über die Umgestaltung literarisch-künstlerischer Organisationen« innerhalb der schöpferischen Intelligenzija gegründet wurden, im Wesentlichen zu Filialen der Geheimpolizei. Das galt besonders für den Schriftstellerverband, dessen führende Funktionäre häufig für die Kollaboration mit der OGPU bezahlt wurden. Etliche von ihnen gehörten sogar dem Personal der Geheimdienste an.

An der Spitze der Machtpyramide, wo die Informationen der Geheimpolizei und der Verbandsvorsitzenden zusammenströmten, befanden sich das Politbüro und das Parteisekretariat. Diese geschlossenen Organisationen mit ihrer streng begrenzten Mitgliederzahl standen schon damals über dem Gesetz. Dies wird belegt durch eine Bemerkung Lunatscharskis – »die Gesetze der Verfassung gelten nicht für das Zentralkomitee« – in einem unveröffentlichten Brief, den der Volkskommissar später im Zusammenhang mit einer Politbüroentscheidung, das Bolschoi-Theater im Januar 1932 zu schließen, an Lenin richtete.[14]

Gestützt auf die Geheimdienste, gab sich die oberste Parteiführung allmählich nicht mehr damit zufrieden, einfach nur die Rolle des Schiedsrichters zwischen der schöpferischen Intelligenzija und den Straforganen zu spielen. Ihre Mitglieder erklärten sich zu den größten Kennern künstlerischen Schaffens und zu den Mentoren von Schriftstellern, Theaterleuten, Komponisten und Malern. All das diente dem Ziel, Künstler zu unterwürfigen Sklaven des Regimes zu machen.

Im Verein mit den Geheimdiensten fassten Politbüro, Organisationsbüro und ZK-Sekretariat rund hundert »verbietend-richtungweisende« Beschlüsse über Literatur und Kunst. Das beschämende Verzeichnis enthält Dekrete über die Inszenierung von Dramen Michail Bulgakows (*Die Tage der Turbins*, *Soikas Wohnung*, *Die flammendrote Insel*, *Die Flucht*), M. Lewidows (*Verschwörung der Gleichen*), L. Slawins (*Die Intervention*), Demjan Bednys (*Bogatyri*), I. Selwinskis (*Umka – der Eisbär*), Leonid Leonows (*Schneesturm*), A. Glebows (*Offen gesagt*), M. Kosakows (*Wenn ich allein bin*) und Valentin Katajews (*Das Häuschen*); über die Beseitigung des Zweiten Studios des Moskauer Künstlertheaters und des Meyerhold-Theaters; über das Verbot und die Beschlagnahme von Werken Boris Pilnjaks, I. Selwinskis, Anna Achmatowas, Michail Soschtschenkos und Vera Koschewnikowas; über die Filme *Die Beschin-Wiese* (Regisseur Sergej Eisenstein), *Admiral Nachimow* (Regisseur W. Pudowkin) und *Das große Leben* (Regisseur L. Lukow); über die Zeitschriften *Oktjabr*, *Teatr*, *Swesda* (Der Stern), *Leningrad* und *Snamja* (Die Fahne); über W. Muradelis Oper *Die große Freundschaft* und über das Verbot von Anthologien in hebräischer Sprache.

Viele Jahre lang entschieden die Parteiführung und die Chefs der Straforgane, nachdem sie richterliche Funktionen übernommen hatten, über Fragen von Leben und Tod für Literaten und Künstler. Wie die Dokumente in den Archiven belegen, schlagen die Organe von OGPU, NKWD und KGB in ihren Ermittlungsberichten an Stalin nicht nur die Szenarien der Schauprozesse, sondern auch die am Ende zu verhängenden Urteile vor. In der Regel gaben Stalin und seine Handlanger ihr Einverständnis. Manchmal, wenn auch sehr selten, griff der Herrscher persönlich unter nur ihm allein bekannten Gesichtspunkten in das Schicksal eines Wissenschaftlers oder Kulturschaffenden ein. Als das NKWD-KGB ihm zum Beispiel kompromittierendes Material über die Dichterin L. Seifulina, die Ehefrau des Schriftstellers und »Volksfeindes« W. Prawduchin, sowie über die noch in Freiheit befindlichen Mitglieder der trotzkistischen literarischen Gruppe Perewal (Der Grat) – M. Golodny, M. Swetlow, I. Utkin, D. Bedny, I. Ehrenburg und A. Platonow – schickte, wies er die Empfehlung zurück, sie einsperren zu lassen. Andererseits gab er den Anstoß dazu, hunderte sonstiger prominenter Schriftsteller, Schauspieler, Maler, Filmemacher und Musiker eliminieren zu lassen.

1927 wurde der Dichter Ja. Owtscharenko unter dem Vorwurf der Förderung antisowjetischer Propaganda deportiert – er hatte die Zeile »Kommunist, spann den Hahn« geschrieben. Im Dezember 1928 wurden der bekannte Philologe A. Boldyrjow und der künftige hervorragende Literaturwissenschaftler M. Bachtin in Leningrad verhaftet, weil sie einer Studiengruppe der Professoren A. Meier und K. Polowzew angehörten, in der religiöse Fragen diskutiert wurden (nach Fürsprache von N. Semaschko und Gorkis erster Frau J. Peschkowa wurde Bachtins Strafe im Jahr 1930 von Konzentrationslagerhaft in Verbannung nach Kasachstan umgewandelt).

Zu Beginn des Jahres 1929 verurteilte das OGPU-Kollegium zwei weitere Mitglieder der Gruppe Perewal, M. Mirow und I. Malejew, zur Aussiedlung in die Region Nord-Dwinsk und in den Ural. Beide sollten später erneut verhaftet werden und umkommen. Der Gründer der Gruppe, A. Woronski, der frühere Chefredakteur der Zeitschrift *Krasnaja now* (Rotes Neuland) – er hatte B. Pilnjak zu dessen *Geschichte vom nicht ausgelöschten Mond* inspiriert –, wurde aus der Partei ausgeschlossen, verhaftet und als besonders gefährlicher politischer Gefangener zu fünf Jahren Einzelhaft verurteilt. Gleichzeitig wurde der künftige Schriftsteller W. Schalamow, damals Student an der Moskauer Universität, unter der Anklage, der trotzkistischen Opposition anzugehören, in ein Konzentrationslager im nördlichen Ural geschickt. Er sollte mehr als siebzehn Jahre in Gefängnissen, Lagern und in der Verbannung zubringen.

Seit Beginn der dreißiger Jahre nahm das Ausmaß der Verhaftungen stetig zu. In Leningrad fingierte die OGPU einen Prozess gegen die Oberjuten, eine weithin bekannte Gruppe von Kinderbuchschriftstellern, die sich als Anhänger von W. Chlebnikow verstanden. Unter ihnen waren der Dichter und Prosaschriftsteller D. Charms (Juwatschow), der Dichter A. Wwedenski, der Dichter und Linguist A. Tufanow, die Bühnenbildnerin J. Safonowa und der junge Autor I. Andronikow. Die meisten wurden wegen Verbreitung antisowjetischer Propaganda verhaftet und im März 1932 zu Gefängnisstrafen verurteilt.

Kaum hatte die OGPU ihr Projekt in Leningrad abgeschlossen, als eine neue Anzeige auf dem Schreibtisch ihres Vorsitzenden landete. Diesmal ging es um eine Gruppe von Moskauer Schriftstellern, die so genannten Sibirier. Den Mitgliedern dieser Gruppe – N. Anow (Iwanow), J. Sabelin (L. Sawkin), L. Martynow, S. Markow, L. Tschernomorzew und P. Wassiljew – wurde vorgeworfen, die bolschewistische Kollektivierungspolitik kritisiert, sich für das Werk weißgardistischer Dichter begeistert und ihre Strophen Admiral Koltschak gewidmet zu haben. Im Juli 1932 schickte man diese jungen Dichter und Prosaautoren in die Verbannung.

Im Sommer 1933 legte G. Jagoda, der neue OGPU-Vorsitzende, Stalin mehrere unveröffentlichte politische Fabeln der Dramatiker N. Erdman und W. Mass vor, in denen die Zensur und die Kulturpolitik der Machthaber verspottet wurden. Auf persönlichen Befehl des »Führers« wurden die Satiriker, die gerade das Drehbuch für den Film *Lustige Burschen* beendet hatten, verhaftet und in die Verbannung nach Jenisseisk und Tobolsk geschickt. Fast gleichzeitig bedachte das OGPU-Kollegium die Satiriker M. Wolpin und E. German (Emil Krotki) mit einer ähnlichen Strafe. Das einzige Verbrechen dieser Redaktionsmitglieder der Zeitschrift *Krokodil* bestand darin, dass sie einigen Bekannten und Verwandten die gefährlichen Fabeln ihrer Kollegen vorgelesen hatten.

Der Große Terror wurde auch vielen in der UdSSR lebenden Polen zum Verhängnis, darunter den Schriftstellern B. Jasienski und G. Domski (beide erschossen), dem Dichter S. Stande (erschossen), dem Dirigenten und Komponisten B. Przybyszewski (erschossen), der Schauspielerin E. Szymkiewicz (erschossen) sowie der Schriftstellerin J. Bobinska (acht Jahre in einem Konzentrationslager mit strengem Regime).

Zu Beginn des Jahres 1935 machten sich Mitglieder des Moskauer Künstlerverbandes (MOSCh) daran, eine Diskussion über

N. Michailows »konterrevolutionäres« Gemälde von Sergej Kirows Ermordung zu organisieren. Wie A. Stetski, der Chef der Kultur- und Propagandaabteilung des ZK, dem Politbüro meldete, verlangte die MOSCh-Leitung daraufhin einmütig, dass die erforderlichen Maßnahmen ergriffen würden. »Angesichts der Tatsachen, die im Fall Michailow ans Licht gekommen sind«, schrieb Stetski in einer Notiz, »halte ich es für unbedingt notwendig, ihn verhaften und seine Wohnung gründlich durchsuchen zu lassen. Ich bitte, dem NKWD die entsprechenden Anweisungen zu erteilen.« Dieser Notiz fügten Stalin, Molotow und Woroschilow die Worte »Verhaftung genehmigt« hinzu.[15]

Eine weitere Anzeige folgte drei Monate später. Dreizehn berühmte Dichter forderten das Präsidium des Sowjetischen Schriftstellerverbands auf, »effektivere Schritte zu unternehmen, um den ›Wassiljewismus‹ in unserem literarischen Leben auszumerzen«. Ihr Brief hat es verdient, vollständig zitiert zu werden, denn er liefert ein anschauliches Beispiel dafür, wie Schriftsteller einander gegenseitig verschlangen:

> In den vergangenen drei Jahren hat es im literarischen Leben Moskaus so gut wie keine Episode unmoralisch bohemehafter Verfehlungen oder politisch reaktionärer Erklärungen gegeben, die nicht mit dem Namen des Dichters Pawel Wassiljew verknüpft gewesen wäre.
>
> Ungehindert und ungestraft, auf irgendeine seltsame Unterstützung unbekannter Herkunft vertrauend, tat diese Person alles in ihren Kräften Stehende, um die Berufung des sowjetischen Schriftstellers durch ihr Verhalten zu diskreditieren.
>
> Versuche von Seiten der sowjetischen Schriftstellergemeinschaft, ihn sowohl umzuerziehen als auch zu bestrafen, sind wirkungslos geblieben. Wie sein Benehmen eindeutig offenbart, ignoriert Pawel Wassiljew A. M. Gorkis strenge Warnung in dem Artikel »Litera-

rische Torheiten« sowie viele andere Warnungen in der Sowjetpresse und sogar seinen eigenen Ausschluss aus dem Verband wegen Rowdytums.

Diese Tatsachen, insbesondere der Tumult, den er im Schriftstellerhaus in der Moskauer Künstlertheaterstraße auslöste, und seine unverblümt reaktionären und konterrevolutionären Bemerkungen machen deutlich, dass er die Grenze zwischen Rowdytum und Faschismus überschritten hat. Davon legt das ganze Muster seines Verhaltens beredt Zeugnis ab.

All dem ist hinzuzufügen, dass Wassiljew durch sein zynisches und ungestraft rowdyhaftes Benehmen die Zunahme reaktionärer und ungehöriger bohemehafter Einstellungen bei einer gewissen Schicht junger Schriftsteller fördert. Mehr noch, Wassiljew hat sich mit bestimmten Vertretern der »literarischen Jugend« umgeben, die die schlimmste Art der Boheme verkörpern. Zudem trägt er in Gesprächen mit jungen Leuten seine Straflosigkeit und sein ungebührliches Benehmen zur Schau, womit er versucht, die Charakterentwicklung dieser jungen Schriftsteller zu beeinflussen.

Die Vorfälle, in die Jaroslaw, Smeljakow, Lawrow, Sucharew und andere verwickelt waren, zeigen eindeutig, dass Wassiljews Versuche in dieser Hinsicht nicht erfolglos sind.

Unsere Ausführungen bestätigen erstens, dass Wassiljews reaktionäre Schriften organisch mit seinem öffentlichen Verhalten verbunden sind, und zweitens, dass Pawel Wassiljews Problem nicht »persönlicher Art«, sondern symptomatisch für etwas Größeres und deshalb Schädlicheres und Gefährlicheres ist.

Auch steht Pawel Wassiljews Name mittlerweile für das Aufkommen und Gedeihen verschiedener »Salons« und »modischer Gruppierungen« in unserem literarischen Leben, die nicht anerkannte Genies hervorbringen und sie mit einer künstlichen »Reputation« ausstatten.

Die genannten Fakten zwingen uns, dem Präsidium äußerst nachdrücklich die Frage zu stellen, ob es nicht an der Zeit ist, effektivere Maßnahmen zur Ausmerzung dieses »Wassiljewismus« aus unserem literarischen Leben zu ergreifen. Wir meinen, dass dies nur möglich ist, wenn man energische und strenge Schritte gegen Wassiljew selbst einleitet und dadurch demonstriert, dass die Zurschaustellung schamlosen Rowdytums mit einer unverkennbar antisowjetischen Nuance im Rahmen der Sowjetrealität nicht ungestraft bleiben kann.

[Unterzeichnet von] Alexej Surkow, Michail Golodny, Dschek Altausen, Michail Swetlow, Vera Inber, Bela Illesch, Nikolai Assejew, Semjon Kirsanow, Boris Aganow, Alexander Scharow, Jossif Utkin, Wladimir Lugowskol, Alexander Besymenski.[16]

Die Anregung zu diesem Brief kam, wie wir heute wissen, von A. Schtscherbakow, dem Sekretär des Schriftstellerverbands, der zum Sekretär des Zentralkomitees der KPdSU aufrücken sollte. Was mich daran überrascht, ist nicht die Tatsache, dass jemand, der seinen Ehrgeiz kaum zügeln konnte, unentwegt Unterschriften sammelte. Viel wichtiger ist, dass die Schriftsteller, Künstler und Komponisten ihrerseits dazu beitrugen, eine Atmosphäre der Denunziation und Verfolgung zu schaffen. Zu unserer großen Schande schlug diese Tradition bei unserer schöpferischen Intelligenzija Wurzeln und gedieh über viele Jahre hinweg. Obiger Brief wurde an die ZK-Sekretäre Stalin, Andrejew und Jeschow weitergeleitet. Schtscherbakow legte ein Begleitschreiben mit seinen politischen Schlussfolgerungen bei:

Ich halte es für nötig, Ihnen ein Exemplar der Erklärung von dreizehn Dichtern zu schicken, die dem Präsidium des Schriftstellerverbandes der UdSSR vorgelegt wurde, und dazu folgende Kommentare abzugeben.

Im Sommer 1934 fällte A. M. Gorki in seinem Artikel »Literarische

Torheiten« ein strenges Urteil über das rowdyhafte Benehmen des Dichters Pawel Wassiljew. Als Antwort auf den Artikel veröffentlichte P. Wassiljew ein Reueschreiben, in dem er Besserung gelobte. Ein paar Monate später löste P. Wassiljew im Haus des sowjetischen Schriftstellers einen Tumult mit antisowjetischen und antisemitischen Untertönen aus. Wegen dieses Vergehens wurde P. Wassiljew aus dem Sowjetischen Schriftstellerverband ausgeschlossen.

Als der Schriftstellerverband ihm vor kurzem anbot, ihm bei der Wiederherstellung seines dichterischen Rufes zu helfen, erging P. Wassiljew sich erneut in ungebührlichem, unsozialem Verhalten. Er brach in die Wohnung des Dichters Altausen ein, zettelte eine Prügelei an, brüllte antisowjetische Beschimpfungen und so weiter. Die Hauptsache ist jedoch, dass er vor anderen Schriftstellern, besonders den jungen, prahlt: »Ihr habt doch gesehen, dass mir nichts passiert. Ihr Trottel, wenn ihr Aufmerksamkeit auf euch lenken wollt, benehmt euch wie ich.«

NKWD-Mitarbeiter, mit denen ich gesprochen habe, erklären: »Es wird Zeit, gegen P. Wassiljew vorzugehen, aber das ist nur auf Anweisung des ZK möglich.«

Ich für meinen Teil bin der Ansicht, dass P. Wassiljew entweder vor Gericht gestellt oder aus Moskau ausgewiesen werden sollte. Dies wird dadurch noch dringlicher, dass die Dichter Asanow, Zweljow und Pribludny sowie der Prosaautor Pestuchin in den letzten Monaten aus der Verbannung heimgekehrt sind, und sie gehören zu P. Wassiljews Kreis.

Übrigens möchte ich der Meinung Ausdruck geben, dass es unzweckmäßig ist, wenn das NKWD solchen Leuten Aufenthaltsgenehmigungen in Moskau erteilt. Es wäre ratsamer, sie mehr Zeit in der Provinz verbringen zu lassen.[17]

Wassiljews Kollegen verlangten schlicht, wie wir gehört haben, ihn aus dem öffentlichen literarischen Leben auszuschließen.

Am 24. Mai 1935 wurde ihr Brief auf Stalins Befehl hin in der *Prawda* veröffentlicht. Wie immer reagierten die Handlanger des NKWD effizient: Im Juli wurden Wassiljew und der mit ihm befreundete Dichter Jaroslaw Smeljakow verhaftet und zu drei Jahren in einem Konzentrationslager verurteilt (im Februar 1937, kurz nach seiner Entlassung, verhaftete man Wassiljew erneut, und im Juli desselben Jahres wurde er mit einer Gruppe von Schriftstellern der so genannten Bauernschule erschossen).

1936 nahm die Zahl der Repressionen gegen die schöpferische Intelligenzija rapide zu. In jenem Jahr »entlarvte« das KGB »eine antisowjetische Gruppe« von Schriftstellern und verhaftete die Dichter N. Postupalski, P. Karaban (Schleiman) und W. Narbut sowie die Prosaschriftsteller I. Filiptschenko (erschossen), N. Gagen-Torn (zu einer Verbannungsstrafe verurteilt), N. Mamin (zu sieben Jahren in einem Zwangsarbeitslager verurteilt; kam im Nordosten um) und M. Karpow (erschossen), dazu den Drehbuchautor M. Maisel (erschossen), den Literaturwissenschaftler Ju. Osman (zu fünf Jahren in einem Zwangsarbeitslager verurteilt), die Orchestermitglieder des Bolschoi-Theaters A. Gerassimow und G. Adamow (beide erschossen) und viele, viele andere.

A. M. Gorki verbrachte die letzten Monate seines Lebens unter persönlicher Überwachung durch den damaligen OGPU-NKWD-Chef Jagoda. Man überprüfte sogar Gorkis Zeitungen, bevor sie ihm ausgehändigt wurden. Manchmal druckte man ein einziges Exemplar der *Prawda* mit den angemessenen Ergänzungen, Kürzungen und Fälschungen speziell für den Doyen der sowjetischen Schriftsteller. Die Atmosphäre der Geheimhaltung um den sterbenden Gorki lässt ernste Fragen nach den mysteriösen Umständen aufkommen, die seinen Tod begleiteten. War seine Krankheit die einzige Todesursache, oder hatten die Machthaber die Hand im Spiel?

1937 und 1938, in den Jahren des Großen Terrors, nahmen die Verhaftungen beispiellose Dimensionen an. Auf Befehl von oben gelang es dem NKWD, »dutzende sorgfältig verborgener antisowjetischer Organisationen aufzudecken«, die, wie es offiziell hieß, hauptsächlich aus Personen von »unzuverlässigem« Verhalten oder mit einer »zweifelhaften« Vergangenheit bestanden. Hunderte weiterer Schriftsteller, Dramatiker, Filmemacher und Schauspieler bezahlten mit ihrem Leben oder mit einer ruinierten Zukunft für ihre angebliche Mitgliedschaft in fiktiven Organisationen.

Zum Beispiel wurden die früheren Angehörigen der literarischen Gruppe Perewal, I. Katajew, B. Guber, N. Sarudin, Artjom Wesjoly (N. Kotschkurow) und A. Leschnew-Gorelik, unter dem Vorwand verhaftet, der so genannten trotzkistischen, terroristischen Literaturorganisation unter A. K. Woronski anzugehören. Sie alle wurden erschossen; Woronski teilte ihr Schicksal 1937.

Eine Reihe von Schriftstellern der »Bauernschule«, darunter I. Makarow, I. Wassiljew, A. Oreschin, W. Kirillow, M. Gerassimow und S. Kljutschkow (Leschenkow), allesamt Freunde und Kollegen des verstorbenen Dichters Sergej Jessenin, verurteilte man zum Tode, weil sie angeblich Mitglieder einer antisowjetischen literarischen Gruppe waren, die mit den Gegnern der Kollektivierung sympathisierte. Es handelte sich um die »Arbeits-Bauernpartei«, die Ende der zwanziger Jahre »entlarvt« worden war. Man klagte die Schriftsteller W. Sasubrin (Subzow), W. Prawduchin, W. Nassedkin und J. Permitin – alles gebürtige Sibirier – an, trotzkistische Standpunkte zu vertreten und Autonomie für Sibirien anzustreben; die ersten drei wurden zum Tode und der vierte zu einer Verbannungsstrafe verurteilt.

Die früheren Direktoren der Russischen Assoziation Proletarischer Schriftsteller (RAPP) und der literarischen Abteilung der Kommunistischen Akademie, L. Awerbach, W. Kirschon,

I. Makarjew, S. Dinanow, W. Kirpotin, M. Tschumandrin, A. Seliwanowski, D. Masnin, R. Pikel und andere – alle einst »treue Parteisoldaten« –, wurden bezichtigt, Terrorakte gegen Partei- und Regierungsführer organisiert zu haben.

Eine weitere »trotzkistische Terrororganisation« wurde unter den Schriftstellern in Leningrad »aufgedeckt«. Zu den »Mitgliedern«, die man verhaftete und zum Tode oder zu Gefängnisstrafen verurteilte, gehörten die Dichter W. Kornilow, P. Kalikin, B. Lifschiz, S. Dagajew, N. Sabolozki und O. Bergolz, die Prosaautoren und Übersetzer W. Stenitsch (Smetanitsch), I. Lichatschow, Ju. Jurkin, G. Kuklin, Ju. Bersin, J. Tager, P. Guber und S. Spasski; die Literaturkritiker D. Wygodski und P. Medwedew sowie viele andere.

In Irkutsk erlebte die Filiale des Schriftstellerverbands nach den berücksichtigten Beschlüssen, die das Plenum des ZK der WKP(b) im Februar und März 1937 zum Kampf gegen Trotzkisten und andere Betrüger und Saboteure getroffen hatte, einen Anfall von »Selbstkritik«, in dessen Verlauf die Schriftsteller A. Balin, I. Goldberg, P. Petrow und M. Bassow neben anderen aus dem Verband ausgeschlossen und dann verhaftet wurden. Damit hatte die Gebietsfiliale der Organisation nur noch zwei Mitglieder, die beide als Spitzel für die lokalen NKWD-Organe arbeiteten.

Das gleiche tragische Bild bot sich in anderen Teilen des Landes. So verhaftete man in Burjatien die Schriftsteller P. Dambinow und Z. Don; in Tatarien den Schriftsteller G. Ibragimow und den Dramatiker K. Tintschurin; in Baschkirien die Schriftsteller A. Amantai, D. Julty (Jultyjew), S. Galimow, G. Dawleteschin und A. Tagirow; in Udmurtien die Schriftsteller D. Korepanow-Kedra (Mitrei Kedra) und M. Konowalow; in der Republik der Mari die Schriftsteller I. Olyk, I. Tschaiwan und M. Schketan (M. Majorow), dazu den Dichter und Schauspieler

Krylja; in Karelien den Schriftsteller J. Wirtanen; in der Republik der Komi den Begründer des dortigen Theaterlebens, den Dichter und Prosaisten W. Sawin; in Jakutien die Begründer der heimischen Literatur P. A. Ojunski (P. Slepzow) und A. Safronow sowie den Schriftsteller G. Baischew (Altan Szaryn).

Im Herbst 1937 wurden die Intendanten der beiden führenden Filmstudios, J. Sokolowskaja (Mosfilm) und A. Pjotrowski (Lenfilm), verhaftet und zum Tod durch Erschießen verurteilt. Man zerschlug die Redaktion der Zeitung *Kino*, wobei ihr Chefredakteur, der Filmexperte G. Wowsi, umkam. Der Sekretär des Organisationsbüros des ZK des Verbands der Filmschaffenden, K. Bluhm (Osolin), wurde erschossen. Im Januar 1938 inhaftierte man den Leiter der Hauptverwaltung für Kinematografie beim SNK der UdSSR, B. Schumjazki, der einst zusammen mit Stalin nach Narym verbannt worden war, sowie seinen Stellvertreter W. Ussijewitsch und andere führende Mitarbeiter, weil sie angeblich versucht hatten, im Vorführsaal des Kreml einen Terrorakt gegen Mitglieder des Politbüros zu organisieren. All diese Anklagen entbehrten jeder Grundlage.

Wahrscheinlich gab es im ganzen Land kein einziges Theaterensemble, das keine tragischen Verluste zu beklagen hatte. Die Verhaftungen fegten die Intendantin des Zentralen Kindertheaters, N. Saz (verurteilt zu fünf Jahren), ebenso weg wie die Regisseure und Ensemblemitglieder A. Diki, K. Eggert, I. Prawow, A. Nesterow, S. Smirnowa, M. Rafalski und I. Baranow. Auch am Jermolowa-Theater in Moskau wurde eine konterrevolutionäre Gruppe »entlarvt«. Die »Komplizen«, nämlich die Schauspieler G. Baumschtein (Bachtarowa), J. Bonfeld (Krawinski), N. Lossew, M. Unkowski, B. Ewert, N. Tschernyschewa, W. Radunskaja und andere, wurden zu Haftstrafen verurteilt. Im Fall der Künstler des Moskauer Varietés und Zirkus wurden 57 Personen verhaftet, von denen man acht erschoss.

Die Massenverhaftungen setzten dem polnischen und dem lettischen Staatstheater, die sich nach der Revolution in Moskau etabliert hatten, praktisch ein Ende. Das lettische Ensemble wurde fast ganz vernichtet: Im Februar 1938 erschoss man seine beiden Regisseure A. Krumin und W. Forteman sowie seine führenden Schauspieler W. Baltgalow, S. Boxberg, N. Subow, A. Krumin, M. Leiko, M. Kalinina, A. Osche und E. Feldman.

Im Bolschoi-Theater, dem stets die besondere Aufmerksamkeit der höchsten Partei- und Regierungsführer galt – einmal setzte das Politbüro sogar eine Kommission zur Kontrolle und Beobachtung der Theaterarbeit ein –, wurden der Opernstar M. Michailowa, die Pianistin L. Aptekarewa, der Bühnendirektor M. Dirski, der Bühnenbildner K. Maikul und andere verhaftet und zum Tode verurteilt.

Mittlerweile wurden der Politbürobeschluss vom 2. Juli 1937 zur Verhaftung »sozial gefährlicher« Elemente sowie N. Jeschows Befehle zur Vernichtung ehemaliger deutscher Bürger, früherer Angestellter der Ostchinesischen Eisenbahn und der Wiedereinwanderer aus Mandschukuo – sie alle hatte man zu Spionen und Saboteuren erklärt – und zur Beseitigung von ehemaligen Kulaken, Mitgliedern antisowjetischer Parteien und bereits in der Vergangenheit verhafteten Personen in die Praxis umgesetzt. Die Kugel des Henkers tötete die Schriftsteller P. Dorochow und K. Schmjukle, den technischen Leiter des Nemirowitsch-Dantschenko-Musiktheaters I. Aranowitsch-Arditi, die Pianistin der Moskauer Philharmonie A. Milikowskaja, die Mitglieder des Moskauer Künstlerverbandes Z. Gustaw und F. Konnow, die »freischaffenden« Maler A. Drewin, A. Bersin und W. Lipgart, den Künstler des Verlages Akademija N. Dmitrikowski, den Maler und Schriftsteller S. Broide, den Filmschauspieler T. Kan, den Architekten O. Wutke, den Leiter der Architekturabteilung des Moskauer Sowjets, A. Pogosjan und den Professor für Kirchengesang M. Chitrowo-Kramskoi, einen Enkel von Feldmarschall Kutusow und Verwandten Tuchatschewskis.

Vertreter der kulturellen Elite wurden nicht nur wegen der Mitgliedschaft in fiktiven Verschwörergruppen verhaftet, sondern für eine Verurteilung genügte es schon, der Familie eines »Vaterlandverräters« anzugehören. Aus diesem Grund verhängte man lange Haft- oder Verbannungsstrafen gegen die Schriftstellerinnen G. Serebrjakowa und S. Winogradskaja, die Frau des Parteifunktionärs S. Schor, der im Fall des »trotzkistischen, terroristischen Jugendzentrums« verurteilt worden war; gegen die Schauspielerinnen O. Schtscherbinskaja und K. Andronikaschwili, die erste bzw. zweite Frau von B. Pilnjak; und gegen die Solistin des Nemirowitsch-Dantschenko-Musiktheaters S. Golemba.

Nach 1938 und besonders in der Nachkriegszeit wurden »Ungehorsame« immer häufiger durch moralischen Druck und administrative Launen bestraft, etwa durch das Verbot der Veröffentlichung neuer oder der Wiederauflage alter Werke, durch die Beschränkung von Auslandsreisen oder -tourneen und durch verschiedene Methoden öffentlicher Maßregelung: Denunziationskampagnen in der Presse, geballte Kritik an dem Missetäter durch seine Verbandskollegen und so weiter. Voller Trauer denken wir heute zurück an die ideologischen Kampagnen von 1940 (die heftige Kritik an den Schriftstellern, Dramatikern und Dichtern A. Awdejenko, Leonid Leonow, A. Glebow, Valentin Katajew, M. Kosakow, Anna Achmatowa und anderen), von 1943 (A. Dowschenko, N. Assejew, Michail Soschtschenko, I. Selwinski) und von 1946 (wiederum Soschtschenko und Achmatowa). In den Jahren 1948 und 1949 bekämpfte das Regime den »Kosmopolitismus« und schloss das Moskauer Kammertheater.

Doch solche Aktionen läuteten keine neue Politik ein. Die Verhaftungen und Hinrichtungen gingen weiter. Dadurch erinnerte man diejenigen, die sich noch in Freiheit befanden, an die stets gegenwärtige Möglichkeit, das Schicksal der Opfer zu teilen. Im Januar 1940 wurde der Schriftsteller Isaak Babel unter der Anklage der Spionage und der Mitgliedschaft in einer Terrororganisation erschossen. Eine Kugel traf auch den bekannten Literaturkritiker D. Mirski (Swjetagolk-Mirski), einen früheren Emigranten, der 1932 in die UdSSR zurückgekehrt war. Im Juli 1939 verhaftete man den neu ernannten Direktor des Moskauer Künstlertheaters, J. A. Bojarski (Schimschelewitsch).

1940 und in der ersten Hälfte des Jahres 1941 führten Verleumdungen durch Spitzel dazu, dass der Schriftsteller A. Nowikow, ein enger Freund von A. Platonow, zum Tode verurteilt wurde. Auch die Leningrader Schriftsteller S. Gechta und Ja. Larri sowie I. Luppula, Direktor des A.-N.-Gorki-Instituts für Weltliteratur und Mitglied der Akademie der Wissenschaften der UdSSR, gerieten ins Netz. Im August 1941 verurteilte man Luppula zu zwanzig Jahren Lagerhaft; er starb in staatlichem Gewahrsam. 1943 kam der hervorragende Genetiker Nikolai Iwanowitsch Wawilow im Gefängnis ums Leben.

Die staatliche Kontrolle über die geistige Kreativität war total. So hielt man die Dokumentarfilme *Pobeda* (Der Sieg) und *Ukraina w ogne* (Die Ukraine in Flammen) 1943 für »schädlich«, da ihr Regisseur A. Dowschenko gewagt hatte, gewisse Aspekte der Kollektivierung und der Nationalitätenpolitik zu kritisieren.[18] Auf Stalins Befehl hin unterzog man ihn am 26. Februar 1944 auf dem Plenum des Moskauer Stadtkomitees und am 21. März auf der ZK-Konferenz einer erniedrigenden Kritik. Danach wurde Dowschenko auf Grund einer Entscheidung des damaligen ZK-Sekretärs Chruschtschow als Intendant des Kiewer Filmstudios entlassen.

Während der Kriegsjahre waren der Schriftsteller L. Owarow, der Kunsthistoriker W. Sachnowski, der Opernsolist des

Bolschoi-Theaters, D. Golowin, und der Leiter des Staatlichen Jazzorchesters der UdSSR, A. Warlamow, von den Repressionsmaßnahmen betroffen. Auf Stalins Anweisung hin wurde der Drehbuchautor A. Kapler im März 1943 zu fünf Jahren Lagerhaft verurteilt, weil sich Swetlana, die Tochter des Herrschers, in ihn verliebt hatte. Im Literaturinstitut kam es zu einer Ermittlung, bei der man eine »antisowjetische« Gruppe von Studenten, noch dazu Anhänger des »Neobarock«, »entlarvte«. Unter den zu Lagerhaft Verurteilten war der künftige Schriftsteller und Literaturwissenschaftler A. Belinkow, der eine nach Meinung der Schnüffler verdächtige Diplomarbeit geschrieben hatte. Am Allunions-Institut für Kinematografie verhaftete man die künftigen Drehbuchautoren Ju. Dunski und W. Frid.

In der Nachkriegszeit erhielt die Schauspielerin des Moskauer Satirischen Theaters, W. Tokarskaja, vier Jahre Lagerhaft, weil sie bei Kriegsbeginn als Angehörige einer Fronttheatertruppe in deutsche Gefangenschaft geraten war. Gegen Ende 1946 verhaftete man den Bühnenbildner M. Fatejew, den Bolschoi-Solisten N. Sinizyn und den Schauspieler L. Bordukow wegen der Gründung einer Gruppe mit »angloamerikanischer Orientierung«. Die Bolschoi-Schauspielerin S. Fjodorowa wurde zu 25 Jahren Gefängnishaft verurteilt, und auch der Leiter des Staatlichen Jazzorchesters der Belorussischen SSR, Eddi Rosner, erhielt eine langjährige Haftstrafe. Ebenfalls in Konzentrationslagern landeten der bekannte Architekt M. Merschanow und die Balletttänzerin J. Dobrschanskaja vom Moskauer Varieté.

Stalin sanktionierte das Vorgehen gegen die beliebte Theater- und Filmschauspielerin T. Okunewskaja, die ausgezeichnete russische Sängerin L. Ruslanowa – der eigentliche Grund war ihre Freundschaft mit der Familie des in Ungnade gefallenen Marschalls Schukow – und gegen seine eigene Nichte, die Schauspielerin K. Allilujewa am Maly-Theater. Alle wurden verhaftet.

Am 14. August 1946 gab das ZK der WKP(b) eine Direktive über die Zeitschriften *Swesda* und *Leningrad* heraus. Man machte ihnen die Tatsache zum Vorwurf, dass sie Werke von Anna Achmatowa und Michail Soschtschenko veröffentlicht hatten. Die Direktive und vor allem die Rede, die Schdanow auf einer Parteikonferenz in Leningrad hielt, sind berüchtigt für ihre Derbheit. »Literarischer Abschaum … kleinbürgerlicher Einfaltspinsel und Dummkopf« – so äußerte er sich über Soschtschenko. Achmatowa bezeichnete er als »halbe Nonne, halbe Hure«. Sein Urteil über beide lautete: »Der Sowjetliteratur fremde Personen.« Achmatowa und Soschtschenko wurden aus dem Schriftstellerverband ausgeschlossen.

Drei Wochen später zerstückelte die Mühle der Zensur die Filme Pudowkins und Eisensteins sowie den Streifen *Das große Leben*. Im selben Jahr begann auch die Kampagne gegen so genannte dekadente Tendenzen am Theater. Im Mai 1948 widmete Schdanow sich den Komponisten Muradeli, Prokofjew, Schostakowitsch, Chatschaturjan, Schebalin, Mjaskowski und anderen. Er nannte sie Vertreter einer volksfernen, formalistischen Schule.

Auch die Wissenschaftler blieben von »Cäsars« Launen nicht verschont. Die Verfolgung der Genetiker und Biologen, die kurz vor dem Krieg begonnen hatte, wurde in den Jahren 1944 bis 1948 mit doppelter Energie fortgesetzt. Man jagte die Akademiemitglieder A. Schebrak, P. Schukowski, L. Orbeli, A. Speranski, I. Schmalgausen und ihre Studenten – buchstäblich hunderte von Forschungsmitarbeitern – aus der Akademie, fort von ihren Lehrstühlen und Fakultäten. Die Genetik und andere Disziplinen – Quantenmechanik, Wahrscheinlichkeitstheorie, statistische Analyse in der Soziologie – wurden verboten.

In der Zeit der Großen Schande – der Kampagne gegen den so genannten Kosmopolitismus – kam es zu Massenverhaftungen jüdischer Intelligenzler in Moskau, Leningrad, Kiew und anderen Großstädten. Davon betroffen waren unter anderem die Dichter und Prosaautoren P. Markisch, I. Fefer, S. Galkin, L. Kwitko, D. Bergelson, A. Kuschnirow, S. Persow, D. Gofschtein, I. Platner, M. Tatalajewski, S. Gordon, R. Gontar, M. Teif, M. Broderson sowie der Schauspieler W. Suskin und die Literaturkritiker I. Nussinow und I. Dobruschkin.

Wieder und wieder wurde den Arbeitern im Weinberg der Kultur eingetrichtert, niemals von den »leninschen Prinzipien der Parteilichkeit« abzuweichen und in Zeitschriften und Theaterrepertoires keine Werke zuzulassen, »die den für das Sowjetvolk untypischen Brauch pflegen, sich vor der zeitgenössischen bourgeoisen Kultur des Westens zu verneigen«. Das ZK tadelte das Komitee für künstlerische Angelegenheiten und den Verlag »Kunst«, weil sie die Veröffentlichung eines Sammelbandes mit Einaktern moderner britischer und amerikanischer Dramatiker genehmigt hatten. Die Stücke waren nach Meinung des ZK beispielhaft für das minderwertige, banale ausländische Schrifttum, das unverhohlen eine bourgeoise Einstellung und Moral predige.

Dann, am 16. Juli 1947, wurde ein »vertrauliches Schreiben des ZK« über den Fall der Professoren Kljujewa und Roskin verschickt. Man klagte sie an, den Amerikanern eine »bedeutende Entdeckung« der Sowjetwissenschaft ausgehändigt zu haben, nämlich ein Medikament für die Krebsbehandlung – das, wie wir wissen, bis zum heutigen Tag nicht existiert.

Während meiner Arbeit für die Rehabilitierung von Verurteilten wurde ich häufig gefragt: Wusste Stalin von der systematischen Vernichtung der Intelligenzija? Begriff er, dass er damit die Wurzeln der geistigen Kraft Russlands abhackte? Meine Antwort lautete: Natürlich wusste er Bescheid. Damit nicht genug, er war der Urheber dieser Verbrechen. Wie Lenin hasste er die Intelligenzija.

Fjodor Raskolnikows »Offener Brief an Stalin« trifft den Kern des Problems ganz genau. Er beginnt mit einem Zitat aus Gribojedows Drama *Gore ot uma* (*Verstand schafft Leiden*): »Ich werde dir eine Wahrheit über dich selbst verraten, die schlimmer ist als jede Lüge.« Der Autor fährt fort:

> Während Sie scheinheilig verkünden, die Intelligenzija sei »das Salz der Erde«, entziehen Sie dem Beruf der Schriftsteller, Wissenschaftler und Maler auch noch die geringste persönliche Freiheit. Sie haben die Kunst in einen Schraubstock gezwängt, in dem sie erstickt, welkt und stirbt ... Der Schriftsteller kann nichts veröffentlichen, der Dramatiker kann seine Stücke nicht auf die Bühne bringen, der Kritiker kann keine unabhängige Meinung äußern, die nicht durch einen offiziellen Stempel sanktioniert wird.
>
> Sie erwürgen die sowjetische Kunst, indem Sie von ihr die Unterwürfigkeit eines Höflings verlangen, doch sie schweigt lieber, als Hosiannas auf Ihren Namen auszubringen.
>
> ... Gnadenlos vernichten Sie begabte russische Schriftsteller, die Ihnen nicht zusagen. Wo ist Boris Pilnjak? Wo ist Sergej Tretjakow? Wo ist A. Arossejew? Wo ist Michail Kolzow? Wo ist Tarassow-Radionow? Wo ist Galina Serebrjakowa, deren Schuld es war, Sokolnikows Ehefrau zu sein?
>
> Sie haben diese Menschen verhaftet, Stalin!
>
> In Hitlers Fußstapfen tretend, haben Sie die mittelalterliche Praxis der Bücherverbrennung wieder aufleben lassen.
>
> Als ich 1937 Generalbevollmächtigter in Bulgarien war, erhielt ich ein Verzeichnis mit verbotenen Schriften, die den Flammen überantwortet worden waren, und fand dort mein Buch historischer Erinnerungen, *Kronstadt und St. Petersburg im Jahre 1917*. Vielen Autorennamen war die Anmerkung »Sämtliche Bücher, Schriften und Bilder zu zerstören« hinzugefügt worden.
>
> Sie haben den sowjetischen Gelehrten, besonders auf dem Gebiet

> der Geisteswissenschaften, das Minimum an Forscherfreiheit entzogen, ohne das jede schöpferische Arbeit unmöglich ist.
> Selbstgefällige Ignoranten verhindern durch ihre Intrigen, Streitereien und Schikanen, dass Wissenschaftler ihre Arbeit an Universitäten, in Instituten und Laboratorien fortsetzen können.
> … Sie zerstören begabte russische Wissenschaftler.
> Wo ist der beste sowjetische Flugzeugkonstrukteur Tupolew? Sie haben nicht einmal ihn verschont. Sie haben Tupolew verhaftet, Stalin!
> Es gibt keinen Bereich, keinen Winkel, wo man der Arbeit seiner Wahl in Ruhe und Frieden nachgehen kann. Jener wunderbare Theaterregisseur und hervorragende Künstler W. Meyerhold beschäftigte sich nie mit Politik. Doch Sie haben Meyerhold verhaftet, Stalin!
> Obwohl Sie wussten, dass jeder kultivierte und erfahrene Diplomat beim jetzigen Personalmangel besonders wertvoll ist, lockten Sie alle sowjetischen Gesandten zurück nach Moskau und brachten einen nach dem anderen um. Sie haben die gesamte Struktur des Volkskommissariats für Äußere Angelegenheiten niedergerissen.

Raskolnikows Brief an Stalin, datiert auf den 17. August 1939, endet mit folgenden Worten: »Früher oder später wird das Sowjetvolk Sie als … Hauptsaboteur, als den wahren Volksfeind, als Urheber von Hungersnot und Justizbetrug auf die Anklagebank setzen.«

Es dauerte ein halbes Jahrhundert, bis dieser Brief in unserer Presse erscheinen konnte. Raskolnikows wütende Zeilen sind deshalb bemerkenswert, weil es ein ehemaliger Gesinnungsgenosse und Mitkämpfer Stalins ist, der ihm diese Liste politischer Verbrechen vorhält. Raskolnikow war fähig gewesen, die Politik des Bolschewismus mit den Augen eines ernüchterten und reuigen Mannes zu betrachten.

Ich möchte aus einem weiteren Brief zitieren, den der brillante Wissenschaftler und Nobelpreisträger Iwan Pawlow am 21. Dezember 1934 schrieb. Das an das SNK der UdSSR adressierte Schreiben war von Gerüchten ausgelöst worden, wonach er plane, das Land zu verlassen.

> Was Sie in der zivilisierten Welt mit großem Erfolg säen, ist keine Revolution, sondern reiner Faschismus. Vor Ihrer Revolution existierte der Faschismus nicht. Nur die politischen Grünschnäbel der Provisorischen Regierung begriffen nicht, was die beiden Proben des Umsturzes vor Ihrem Triumph im Oktober zu bedeuten hatten. Alle anderen Regierungen, die das, was bei uns geschah und geschieht, unbedingt vermeiden wollen, haben natürlich rechtzeitig vorbeugende Maßnahmen getroffen. Dazu bedienten sie sich der gleichen Methoden wie Sie: des Terrors und der Gewalt.
> Aber was mich am meisten bedrückt, ist nicht die Tatsache, dass der Weltfaschismus den natürlichen menschlichen Fortschritt für eine gewisse Zeit bremsen wird, sondern es ist das, was sich bei uns abspielt und meiner Meinung nach eine ernste Gefahr für mein Vaterland bildet.

Bei der Durchsicht der Dokumente stößt man auf unglaubliche Enthüllungen über die Qualen, denen weltberühmte Persönlichkeiten in der Folterkammer der Lubjanka ausgesetzt wurden. Meyerhold war naiv genug, sich bei Molotow zu beschweren. Das Schreiben, das man nicht ohne Schaudern lesen kann, hat sich in der Lubjanka erhalten. Die Ermittler warfen Meyerhold mit dem Gesicht nach unten auf den Boden, prügelten mit einem Gummiknüppel auf seinen Rücken und seine Fußsohlen ein, setzten ihn dann auf einen Stuhl und bearbeiteten seine Beine. Im Lauf der folgenden Tage schlugen sie ihn immer wieder auf dieselben Stellen, die laut Meyerhold rote, blaue und gelbe Prellungen aufwiesen. Der Schmerz war so durchdringend, dass er das Gefühl hatte, die Wunden würden mit kochendem Wasser übergossen. »Mit dem Gesicht nach unten auf dem Fußboden liegend, entdeckte ich in mir die Fähigkeit, mich wie ein Hund, der von seinem Herrn ausgepeitscht wird, zu krümmen, zu zappeln und zu winseln.«

Offenbar wusste Meyerhold nicht – oder konnte es nicht glauben –, dass dieses Geschehen für die stalinschen Untersuchungsbeamten nur eine Alltäglichkeit und reine Routine war.

Das Tauwetter des Jahres 1956 schien die Befreiung von der geistigen Tyrannei anzukündigen. Die Gesellschaft erhielt ein verändertes Antlitz, und viele hofften, dass das Regime auf die Massenrepressionen für abweichendes Denken verzichten würde. Davon konnte jedoch keine Rede sein. Der XX. Parteitag hatte durchaus nicht zur Folge, dass die höchste Nomenklatura der Partei ihren Anspruch auf moralische Überlegenheit über all ihre Untertanen und auf das Recht aufgab, die kompliziertesten Fragen des Lebens der Bürger und ihrer schöpferischen Arbeit zu beantworten.

Nikita Chruschtschow war entsetzt über die sich herausbildenden Ausdrucksformen künstlerischer Freiheit. Viele seiner unmittelbaren Mitarbeiter gerieten sogar in Panik. Nachdem diese Clique ihren Schock überwunden hatte, machte sie sich daran, die alte Ordnung systematisch wiederherzustellen. Die Hetzjagd auf die Intelligenzija wurde fortgesetzt. Die traurigen Konfrontationen mit Schriftstellern, die öffentliche Beschimpfung von Malern nach Chruschtschows Besuch ihrer Ausstellung in der Manege und vieles andere mehr machten deutlich, dass die Führer des Landes eine wirkliche Hinwendung zur Demokratie ablehnten.

Der Intelligenzija gegenüber behielt der Staat seine aggressive, anklagende Haltung bei. In dieser Hinsicht blieb das leninsche und stalinsche Vermächtnis so gut wie unangetastet. Chruschtschow selbst rief einmal: »Wir geben Stalin für niemanden auf!« Erneut kam es zu Schauprozessen; Andersdenkende wurden entlassen und in den Massenmedien angeprangert. Dabei tat sich besonders die *Prawda* hervor, die wie immer als Sprachrohr der bolschewistischen Reaktion fungierte.

Ich möchte ein paar bekannte Vorfälle in Erinnerung rufen. Anfang 1957 wurde der Schriftsteller Wladimir Dudinzew wegen seines Romans *Der Mensch lebt nicht vom Brot allein* kritisiert, den die Zeitschrift *Nowy mir* (Neue Welt) im Jahr zuvor veröffentlicht hatte. Man hielt dem Autor vor, er versuche unter dem Vorwand, den Personenkult zu bekämpfen, die Errungenschaften der Sowjetära auszulöschen, womit er das Volk beleidige. Hier zeigt sich, wie groß die Furcht der herrschenden Clique vor dem beginnenden, wiewohl kurzen Tauwetter war, zumal der Roman eine einleuchtende Kritik des Systems und seines bürokratischen Wesens lieferte.

Zu einem der anschaulichsten Beispiele des politischen Terrors – und der vulgären Ignoranz – wurde die empörende Affäre um Boris Pasternak, dessen Roman *Doktor Schiwago* im Westen erschienen war. Im Oktober 1958 schloss man ihn aus dem Schriftstellerverband aus und zwang ihn sogar, den Nobelpreis abzulehnen. Seine Schriftstellerkollegen veröffentlichten in der *Prawda* einen schändlichen Brief, in dem sie ihn bezichtigten, alle möglichen Todsünden am Sowjetregime begangen zu haben.

Viele der Dokumente über die Hetzjagd auf Pasternak sind bereits erschienen. Trotzdem halte ich es für nützlich, einige davon hier im Kontext ähnlicher Tatsachen, Ereignisse und Unterlagen anzuführen. Auf diese Weise treten der Hass des Regimes auf die Intelligenzija, die Grobheit der Potentaten und ihre Furcht vor der geistigen Elite des Landes noch klarer hervor.

Die ganze Sache begann wie so oft mit einem Memorandum

des KGB ans Zentralkomitee der KPdSU. Die Botschaft lautete, Pasternak habe einen ideologisch schädlichen Roman geschrieben, den er im Westen veröffentlichen wolle. Wie wir wissen, galt damals jede Veröffentlichung im Ausland, abgesehen von Artikeln des KGB oder seiner Unterorganisationen, als feindlicher Akt. Die Sowjetverlage hatten sich geweigert, den Roman herauszubringen. Nach dem KGB-Memorandum wies das ZK all seine Unterabteilungen an, Pasternak und sein Buch zu bekämpfen.

Am 7. Dezember 1957 richtete Konstantin Simonow, Chefredakteur der Zeitschrift *Nowy mir*, einen Brief an das Zentralkomitee.[19] *Doktor Schiwago* war gerade in einer Übersetzung von P. Zweteremitsch von dem Mailänder Verlag G. Feltrinelli herausgebracht worden, und Simonow machte einen Vorschlag:

> Anfang September 1956 schrieben fünf Redaktionsmitglieder von *Nowy mir* (Fedin, Lawrenjow, Agapow, Kriwizki, Simonow) nach der Lektüre des Manuskripts von Pasternaks Roman, das der Zeitschrift vorgelegt worden war, an den Autor, um die Gründe für die kategorische Ablehnung des Manuskripts detailliert zu erläutern. Dieser 35 Seiten lange Brief verzeichnete und analysierte sämtliche politischen Mängel des Romans, damit diese Zeilen, falls der Roman im Ausland erschien, ebenfalls veröffentlicht werden und die Ergreifung einer Reihe von möglichen Gegenmaßnahmen unterstützen könnten. Der Gedanke, den Brief zu schreiben, wurde in einem Gespräch mit den Genossen Polikarpow und Surkow in der Kulturabteilung des ZK der KPdSU gefasst.[20]
>
> Der Roman ist gerade in Italien veröffentlicht worden, und fast gleichzeitig, nämlich im Dezember, wird die Europäische Kulturgesellschaft eines ihrer regelmäßigen Treffen in Wien abhalten, zu dem man einige unserer Schriftsteller eingeladen hat und an dem sie zweifellos teilnehmen werden.

Wir vermuten, dass unsere Gegner auf diesem Treffen alles in ihren Kräften Stehende tun werden, um das Erscheinen der italienischen Ausgabe von Pasternaks Roman zu unserem Schaden zu nutzen.
Mir scheint, dass es unter den gegebenen Umständen ratsam wäre, wenn einer unserer parteilosen Schriftsteller der älteren Generation, der den Brief an Pasternak unterzeichnet hat – zum Beispiel K. A. Fedin oder B. A. Lawrenjow –, dieses Schreiben aus eigener Initiative in der kommunistischen oder sozialistischen Presse Italiens veröffentlichen könnte, da es die Meinung mehrerer bekannter sowjetischer Autoren über Pasternaks Roman bereits anderthalb Jahre zuvor zum Ausdruck bringt.
Dies wäre, wie ich glaube, besonders vorteilhaft, wenn es von K. A. Fedin übernommen werden könnte, der sich nicht nur an der kollektiven Bearbeitung des Briefes beteiligte, sondern auch eigenhändig mehrere der schärfer formulierten Seiten beisteuerte. Eine solche Maßnahme, zusammen mit der Verwendung von Pasternaks eigenem Brief, in dem er den Verlag bittet, den Druck des Romans zu verschieben, könnte unseren Genossen auf dem Treffen in Wien helfen und überhaupt eine positive Resonanz für unsere Seite hervorrufen.[21]
Zufällig werde ich Ende Dezember, wenn Pasternaks Roman in Frankreich veröffentlicht wird, eine Reise dorthin unternehmen. Vielleicht wäre es zweckmäßig, unseren Brief auch der französischen Presse zur Verfügung zu stellen.
Das besagte Schreiben wurde dem ZK der KPdSU im Jahr 1956 übersandt. Die Mitarbeiter der Kulturabteilung des ZK der KPdSU lasen es ebenso wie die ZK-Sekretäre, Genosse Suslow und Genosse Pospelow, und alle hielten die Kritik an Pasternaks Roman für gerechtfertigt.
Eine Kopie des Briefes an Pasternak befindet sich in den Akten der Kulturabteilung des ZK der KPdSU.[22]

Hier ist ein Schreiben, das B. Polewoi, Präsidiumsmitglied des Schriftstellerverbands, dem ZK der KPdSU am 17. September 1958 schickte:

> Durch befreundete westliche Autoren erfuhr der Schriftstellerverband der UdSSR bereits vor langer Zeit, dass reaktionäre, mit den Vereinigten Staaten verbündete Kräfte innerhalb des Nobelpreiskomitees planten, die Sowjetunion dadurch zu brüskieren, dass es Boris Leonidowitsch Pasternak den Literaturpreis für sein schöpferisches Werk und auch für seinen Roman *Doktor Schiwago* verlieh, der in der Sowjetunion nicht veröffentlicht wurde, im Westen aber unter großem Aufsehen erschienen ist. Unsere Freunde warnen uns, dies könnte im Westen zu neuen antisowjetischen Provokationen führen, die sich auf Behauptungen stützen, dass es in der Sowjetunion an schöpferischer Freiheit fehle, dass politischer Druck auf eine Reihe von Schriftstellern ausgeübt werde etc.
> Im Zusammenhang mit unserer Mitteilung an das Zentralkomitee erbitten wir Anweisungen dazu, welche Position wir in dieser Frage beziehen und welche Schritte wir ergreifen sollen.[23]

Dazu auch ein Protokollauszug aus einer Rede Polewois auf einer Sitzung von Moskauer Schriftstellern am 31. Oktober 1958:

> Der heiße Krieg, der vorbeigebraust ist, hat seine Verräter hinterlassen. Da war General Wlassow, der mit seinen Anhängern ins feindliche Lager überlief, Krieg gegen uns führte und am Ende seines ekelhaften Lebens das Schicksal eines Verräters erlitt. Auch der »kalte Krieg« hat seine Verräter, und meiner Ansicht nach ist Pasternak im Grunde ein literarischer Wlassow – diese Person, die unter uns lebt, unser sowjetisches Brot isst, sich von unseren sowjetischen Verlagen bezahlen lässt, alle Segnungen eines Sowjetbürgers genießt, nur um uns dann zu verraten, ins andere Lager überzulau-

fen und von dort aus Krieg gegen uns zu führen. General Wlassow wurde auf Befehl eines sowjetischen Gerichts erschossen [er wurde gehenkt – A. J.], und die gesamte Nation war zufrieden damit, denn Unkraut muss, wie es zu Recht heißt, vom Acker gerissen werden. Ich glaube, dass ein Verräter im »kalten Krieg« von den gebührenden Maßnahmen, und zwar den strengstmöglichen, getroffen werden sollte. Wir haben ihm im Namen der öffentlichen sowjetischen Meinung mitzuteilen: »Verschwinden Sie aus unserem Land, Herr Pasternak. Wir wollen nicht dieselbe Luft wie Sie atmen.«

Eine Notiz von Polikarpow an Suslow (die laut Datum vor dem 25. Oktober 1958 empfangen wurde):

Michail Andrejewitsch! K. A. Fedin hat ein Gespräch mit Pasternak geführt. Sie trafen sich für eine Stunde.
Zuerst schlug Pasternak einen kriegerischen Ton an und behauptete entschieden, er werde die Ablehnung des Preises nicht bekannt geben. Wir könnten mit ihm tun, was wir wollten.
Dann bat er um ein paar Stunden Bedenkzeit. Nach dem Gespräch mit K. A. Fedin beratschlagte Pasternak sich mit Wsewolod Iwanow.
K. A. Fedin selbst erkennt die Notwendigkeit an, unter den gegebenen Umständen streng gegen Pasternak vorzugehen, wenn er sein Verhalten nicht ändert.

Eine zweite Notiz von Polikarpow, die er am selben Tag abschickte:

Michail Andrejewitsch! K. A. Fedin hat mich gerade telefonisch darüber informiert, dass Pasternak nicht zum verabredeten Zeitpunkt erschienen ist, um ihr Gespräch fortzusetzen. Damit steht fest, dass Pasternak seine Ablehnung des Preises nicht bekannt geben wird.[24]

Ein Brief, datiert auf den 27. Oktober 1958, von Boris Pasternak an das Präsidium des Schriftstellerverbandes der UdSSR:

> 1. Ich wollte unbedingt zu der Sitzung erscheinen und fuhr zu diesem Zweck in die Stadt, doch plötzlich wurde mir schlecht. Ich möchte nicht, dass meine Genossen meine Abwesenheit mit einem Mangel an Respekt in Verbindung bringen. Diese Notiz wird in aller Eile geschrieben und fällt deshalb wahrscheinlich nicht so glatt und überzeugend aus, wie ich es mir wünsche.
> 2. Selbst jetzt noch, nach all der Unruhe und all den Artikeln, glaube ich, dass man ein Sowjetmensch sein und Bücher wie *Doktor Schiwago* schreiben kann. Ich habe einfach eine weiter gehende Vorstellung von den Rechten und Möglichkeiten eines sowjetischen Schriftstellers, wodurch ich seine Berufung nicht herabsetze.
> 3. Ich hege nicht die geringste Hoffnung, dass Wahrheit und Gerechtigkeit wiederhergestellt werden können, doch möchte ich Sie daran erinnern, dass die Abfolge der Ereignisse in der Darstellung der Übergabe des Manuskripts durcheinander gebracht wird. Der Roman wurde unseren Verlagen in einer Zeit vorgelegt, als Dudinzews Werke erschienen und als sich die literarischen Bedingungen im Allgemeinen lockerten. Es gab Grund zu der Hoffnung, dass man das Buch veröffentlichen werde. Erst ein halbes Jahr später geriet das Manuskript einem italienischen kommunistischen Verleger in die Hände. Und erst als diese Tatsache bekannt wurde, schrieben die Redaktionsmitarbeiter von *Nowy mir* den Brief, der in der *Literaturnaja gaseta* abgedruckt wurde. Sie verlieren kein Wort über die Vereinbarung mit Goslitisdat, die zu einer anderthalb Jahre dauernden Beziehung führte. Sie verlieren kein Wort über die Aufschübe, die ich vom italienischen Verleger erbat und die er gewährte, damit Goslitisdat die Wartezeit nutzen und eine zensierte Version als Grundlage für die italienische Übersetzung veröffentlichen konnte. Diese Zeit wurde jedoch nicht genutzt.

Nun drucken Zeitungen mit enormer Auflage nur die unannehmbaren Teile des Romans, die seiner Veröffentlichung im Weg standen und mit deren Streichung ich mich einverstanden erklärt hatte, doch nichts geschah, abgesehen davon, dass sich die Widrigkeiten zu einer persönlichen Bedrohung für mich entwickelten. Warum wurde das Buch nicht vor drei Jahren mit den entsprechenden Kürzungen gedruckt?
4. Ich betrachte mich nicht als Schmarotzer der Literatur. In aller Aufrichtigkeit kann ich sagen, dass ich einiges für sie getan habe.
5. Arroganz ist nie eine meiner Sünden gewesen. Wer mich kennt, wird das bestätigen. Im Gegenteil, ich bat Stalin in einem persönlichen Brief um das Recht, meiner Arbeit in aller Stille und Abgeschiedenheit nachzugehen.
6. Ich hatte geglaubt, meine Freude über die Verleihung des Nobelpreises werde sich nicht auf mich beschränken, sondern auch auf unsere Gesellschaft übergreifen, von der ich ein Teil bin. Meiner Meinung nach gebührt die Ehre, die mir als zeitgenössischem, in Russland lebendem Schriftsteller, das heißt als sowjetischem Schriftsteller zuteil wird, der sowjetischen Literatur als Ganzer. Ich bedauere, dass ich so blind und irregeleitet war.
7. Was den Preis selbst angeht, so kann mich nichts zwingen, diese Ehre als Schande zu betrachten oder mit Grobheit statt mit Dankbarkeit auf sie zu reagieren. Im Hinblick auf den finanziellen Aspekt könnte ich die Schwedische Akademie bitten, den Betrag dem Friedensrat zu überweisen und nicht nach Stockholm reisen zu müssen, um den Preis zu empfangen, oder ich könnte die Angelegenheit den schwedischen Behörden überlassen. Das ist etwas, worüber ich gern mit einem unserer Verantwortlichen sprechen würde, vielleicht mit D. A. Polikarpow in ein oder zwei Wochen, wenn ich mich von den schon erlittenen Schocks erholt und mich auf die kommenden vorbereitet habe.
8. Ich persönlich bin für alles gerüstet, Genossen, und mache Ihnen

keine Vorwürfe. Die Umstände mögen Sie zwingen, bei der Abrechnung mit mir sehr weit zu gehen, nur um mich dann unter dem Druck der gleichen Umstände zu rehabilitieren, wenn es zu spät ist. Doch das hat sich in der Vergangenheit so oft ereignet! Ich bitte Sie, sich nicht zu übereilen. Dadurch werden Sie keinen zusätzlichen Ruhm und kein zusätzliches Glück erringen.

Am folgenden Tag, dem 28. Oktober 1958, ergriff Polikarpow das Wort auf einer Sitzung des Zentralkomitees der KPdSU. Er berichtete über ein Treffen der Parteimitglieder des Präsidiums des Schriftstellerverbandes der UdSSR und über eine gemeinsame Sitzung desselben Präsidiums, des Büros des Organisationskomitees des Schriftstellerverbands der RSFSR und des Präsidiums der Moskauer Abteilung des Schriftstellerverbands, die sämtlich am 25. und 27. Oktober stattgefunden hatten:

Auf diesen Sitzungen wurde das Thema diskutiert: »Handlungen des Mitglieds des Schriftstellerverbands der UdSSR B. L. Pasternak, die mit dem Beruf eines sowjetischen Schriftstellers unvereinbar sind.«

Auf dem Treffen der Parteigruppe am 25. Oktober waren 42 Schriftsteller, Mitglieder der Kommunistischen Partei, zugegen.

Dreißig von ihnen beteiligten sich an der Diskussion. Sämtliche Genossen, die sich voller Zorn und Empörung äußerten, verurteilten das verräterische Benehmen von Pasternak, der so weit gegangen sei, sich zu einem Werkzeug der internationalen Reaktion und ihrer Bemühungen zur Anheizung des »kalten Kriegs« zu machen.

Die einmütige Meinung der Redner war, dass es für Pasternak keinen Platz unter sowjetischen Schriftstellern gebe. Im Laufe der Diskussion vertraten jedoch einige Genossen den Standpunkt, dass Pasternak nicht unverzüglich aus dem Schriftstellerverband ausgeschlossen werden solle, da internationale reaktionäre Kräfte diesen Umstand für ihre feindliche Kampagne gegen uns nutzen würden. Diese Ansicht wurde mit besonderem Nachdruck von dem Genossen Gribatschow vertreten. Er argumentierte, Pasternaks Ausschluss aus dem Schriftstellerverband solle eine umfassende Sondierung der öffentlichen Meinung durch die Presse vorausgehen. Die Entscheidung des Schriftstellerverbands, Pasternak auszuschließen, habe sich auf den Volkswillen zu stützen. Der Position des Genossen Gribatschow schlossen sich die Schriftsteller L. Aschanin, M. Schaginjan, S. Michalkow, F. Jaschin, S. Sartakow, N. Anissimow, S. Gerassimow und mehrere andere an. Gerassimow erklärte, dass »wir der öffentlichen Meinung einfach eine Ausdrucksmöglichkeit auf den Seiten der Massenpresse bieten müssen«. Die Genossen Gribatschow und Michalkow schlugen in ihren Beiträgen vor, Pasternak des Landes zu verweisen. Dieser Gedanke wurde von Schaginjan unterstützt.

Viele Redner äußerten heftige Kritik am Sekretariat der Verwaltung des Schriftstellerverbands und an dem Genossen Surkow persönlich, weil sie Pasternak nicht ausgeschlossen hätten, als sie erfuhren, dass er sein verleumderisches Machwerk einem bourgeoisen Verleger übergeben habe, und vor allem, weil sie versäumt hätten, den Brief der Redaktionsmitarbeiter von *Nowy mir* an Pasternak rechtzeitig in der Sowjetpresse abdrucken zu lassen.

Diese Redner unterstrichen, dass das Sekretariat des Schriftstellerverbands durch das Versäumnis, den Brief früher abdrucken zu lassen, den Verband in eine schwierige Situation gebracht habe. Hätte man den Brief vor anderthalb Jahren veröffentlicht, sagte Genosse Gribatschow, »wäre Pasternak nicht der Nobelpreis verliehen worden, denn die progressive Weltpresse hätte alles getan, um einen solchen Schritt zu verhindern«. Diese Meinung wurde von den Genossen Koschewnikow, Sofronow, Kotschetow, Karawalewa, Anissimow, Jermilow, Lesjutschewski und Tursunsade geteilt.

Die Schriftsteller A. Sofronow und W. Jermilow gaben einige schroffe Kommentare über die Vernachlässigung der ideologischen Arbeit innerhalb des Schriftstellerverbands ab. In den letzten Jahren, meinte Sowjonow, hätten Fragen, die sich mit der ideologischen Aufgabe des Schriftstellerverbands beschäftigten, innerhalb des Verbandes nicht mehr im Mittelpunkt gestanden.
Neben der gerechtfertigten und begründeten Kritik an der mangelhaften Arbeit des Sekretariats der Verwaltung des Schriftstellerverbands und seines Ersten Sekretärs, des Genossen Surkow, die sich in den Reden der Genossen Gribatschow und Sowjonow sowie zum Teil auch des Genossen Kotschekow widerspiegelte, kam es zu einem Versuch, praktisch die gesamte Arbeit des Sekretariats als Kompromiss mit der literarischen Doktrin und als Abweichung von einem prinzipienbewussten Kurs darzustellen. Sofronow brachte vor, das Sekretariat habe Pasternak gegenüber Liberalismus zur Schau gestellt, während Genosse Surkow mit allen Mitteln versuche, den führenden Schriftsteller der Welt, den Genossen Scholochow, herabzusetzen. Meine Erwiderung, dass die Literaturpolitik des Sekretariats nicht als Kompromiss bezeichnet werden könne, erhielt keine Unterstützung.
Nach einem ausgiebigen Meinungsaustausch beschloss die Parteigruppe einstimmig, dem Präsidium des Schriftstellerverbands eine Resolution zur Erörterung vorzulegen, die Pasternaks Ausschluss vorsieht.
… Am 27. Oktober fand eine gemeinsame Sitzung des Präsidiums des Schriftstellerverbands der UdSSR, des Büros des Organisationskomitees des Schriftstellerverbands der RSFSR, des Präsidiums der Moskauer Abteilung des Schriftstellerverbands, von 19 Mitgliedern der Verwaltung des Schriftstellerverbands der UdSSR sowie des Kontrollkomitees statt. 26 Schriftsteller blieben fern. Davon waren die Genossen Korneitschuk, Twardowski, Scholochow, Lawrenjow, Gladkow, Marschak und Tytschina aus Gesundheitsgründen nicht

anwesend, die Genossen Baschan, Ehrenburg und Tschakowski, weil sie sich im Ausland aufhielten, die Genossen Surkow und Issakowski, weil sie zur Behandlung in einem Sanatorium weilten, der Genosse Lazis, weil er Amtspflichten zu erfüllen hatte, und die Genossen Leonow und Pogodin ohne Angabe von Gründen. Ebenfalls aus Gesundheitsgründen abwesend war Pasternaks persönlicher Freund, der Schriftsteller Wsewolod Iwanow. Pasternak selbst entschuldigte sich mit einer Krankheit. Er sandte dem Präsidium des Sowjetischen Schriftstellerverbands ein durch seine Unverschämtheit und seinen Zynismus empörendes Schreiben. Darin äußert sich Pasternak entzückt über seine Auszeichnung und beschmutzt unsere Sowjetrealität durch gemeine Verleumdungen, darunter schändliche Vorwürfe an sowjetische Schriftsteller. Dieser Brief wurde auf der Sitzung verlesen und von allen Anwesenden mit Wut und Entrüstung aufgenommen.
Genosse N. S. Tichonow führte den Vorsitz, und Genosse G. M. Smarkow legte einen Bericht vor.
29 Schriftsteller ergriffen auf der Sitzung das Wort. Unter ihnen waren die prominenten parteilosen Genossen N. S. Tichonow, L. S. Sobolew, G. J. Nikolajewa, W. F. Panowa, W. N. Aschajew, N. K. Tschukowski und S. P. Antonow. Mit voller Unterstützung und Billigung aller Anwesenden entlarvten die Redner Pasternaks verräterisches Benehmen und verurteilten es zornig. Sie bezeichneten Pasternak als Überläufer ins feindliche Lager, der alle Beziehungen zu seinem Volk und seinem Land abgebrochen habe. In Bezug auf Pasternaks moralischen und politischen Verfall und sein verleumderisches Machwerk erklärte der parteilose Schriftsteller W. Aschajew: »Von Zorn und Verachtung erfüllt, verurteilen wir diese künstlerisch minderwertige, vulgäre Arbeit, die so abträglich für unsere sozialistische Sache ist. Als unvereinbar mit der Berufung eines sowjetischen Schriftstellers verurteilen wir die Schritte, die Pasternak unternahm, um sein boshaftes Werk fremden Hän-

den zu übergeben, und die er nun weiterhin in seiner Bereitschaft unternimmt, eilends seiner ›Belohnung‹ hinterherzulaufen. Das alles stellt ihn eindeutig als jemanden bloß, dem alles fremd ist, was jedem Sowjetmenschen unendlich kostbar erscheint.«

Im Zusammenhang mit Pasternaks verräterischen Aktionen erklärte die parteilose Schriftstellerin G. Nikolajewa: »Meiner Meinung nach haben wir es mit einem Mann zu tun, der in Wlassows Fußstapfen tritt.« Im Hinblick auf die Maßnahmen, die gegen Pasternak ergriffen werden sollten, sagte sie: »Mir genügt es nicht, ihn aus dem Verband auszuschließen – dieser Mann darf nicht auf sowjetischem Boden leben.«

Der parteilose Schriftsteller N. Tschukowski fand scharfe Worte über Pasternaks feindlichen Charakter und seine provozierenden Aktionen. Er fügte hinzu: »Trotzdem hat diese schändliche Geschichte eine gute Seite – er hat sich die Maske abgerissen und sich offen zu unserem Feind erklärt. Also sollten wir mit ihm umgehen wie mit unseren Feinden.«

Die Schriftstellerin Vera Panowa äußerte folgende Meinung über Pasternak: »In seiner niederträchtigen Seele gibt es, wie diese ganze Angelegenheit enthüllt, beginnend mit der Niederschrift des Romans und endend mit dem Brief, weder ein Gefühl für die Heimaterde noch eine Spur von Kameradschaft – nichts als einen grenzenlosen Egoismus und eine unerträgliche Arroganz, die in unserem Land und in einer kollektiven Gesellschaft nicht hinnehmbar sind. Es ist grässlich, eine solche Abkehr von der Heimat und eine solche Bosheit zu erleben.«

Pasternaks Brief wurde von dem armenischen Schriftsteller N. Sarjan mit folgenden Worten kommentiert: »Es ist ein antisowjetischer, feindlicher Brief. Allein auf der Grundlage dieses Schreibens müsste dieser Mann aus dem Schriftstellerverband ausgeschlossen werden. Mit dem Brief stellt Pasternak sich außerhalb der Sowjetliteratur und der Sowjetgesellschaft.«

Wie auf dem Treffen der Parteigruppe enthielten die Reden S. Michalkows und Ju. Smolitschs auch auf dieser Sitzung eine drastische Kritik am Sekretariat der Verwaltung des Schriftstellerverbands, weil es den Brief der Redaktionsmitglieder von *Nowy mir* an Pasternak immer noch nicht veröffentlicht habe und Letzteren weiterhin im Schriftstellerverband dulde.
Bezeichnenderweise wurde nur in einzelnen Beiträgen darauf hingewiesen, dass sich gewisse Schriftsteller alle Mühe gegeben hatten, Pasternaks Bedeutung für die sowjetische Dichtung aufzubauschen. Der Dichter S. M. Kirsanow, der Pasternak einst in den Himmel hob, war anwesend, brachte seine Meinung jedoch nicht zum Ausdruck, als das Thema angesprochen wurde.
Alle Anwesenden stimmten einmütig für die Entscheidung, Pasternak aus dem Schriftstellerverband auszuschließen.
In der Entscheidung heißt es: »Angesichts der politischen und moralischen Schande B. Pasternaks und seines Verrats am Sowjetvolk und an der Sache des Sozialismus, des Friedens und Fortschritts – ein Verrat, der im Interesse der Kriegstreiberei mit dem Nobelpreis bezahlt wurde – erkennen das Präsidium des Schriftstellerverbands der UdSSR, das Büro des Organisationskomitees des Schriftstellerverbands der RSFSR und das Präsidium der Moskauer Abteilung des Schriftstellerverbands der RSFSR B. Pasternak den Titel eines sowjetischen Schriftstellers ab und schließen ihn aus dem Schriftstellerverband der UdSSR aus.«[25]

Am selben Tag, dem 28. Oktober, schrieb Fedin einen Brief an Polikarpow:

Lieber Dmitri Alexejewitsch, heute um 16 Uhr stattete mir Olga Wsewolodowna (ich erinnere mich nicht an ihren Familiennamen – Pasternaks Freundin [O. W. Iwinskaja]) einen Besuch ab und vertraute mir unter Tränen an, Pasternak habe ihr heute Mor-

gen mitgeteilt, für ihn und sie gebe es »nur den Ausweg, den Lann gewählt hat«.[26] P. habe sie gefragt, ob sie einverstanden sei, »gemeinsam fortzugehen«, und sie habe zugestimmt.
Ihr Besuch bei mir diente dem Zweck, herauszufinden, ob Pasternak (meiner Meinung nach) noch gerettet werden könne oder ob es zu spät sei, und falls es nicht zu spät sei, mich um Rat zu bitten, was (meiner Ansicht nach) für seine Rettung getan werden könne.
Ich erwiderte, dass solche Worte eine Drohung seien – in diesem Fall an meine Adresse und im Allgemeinen an die Adresse eines jeden, dem gegenüber sie geäußert würden. Man könne keine derartige Drohung aussprechen und dann um Rat bitten. Der einzige Ratschlag, den ich für absolut notwendig erachtete, sei der, dass sie P. von seinem wahnsinnigen Plan abbringen müsse.
Außerdem wisse ich nicht, ob es nach all den Ereignissen nun noch möglich sei, P. zu »retten«, denn er habe sich kategorisch geweigert, sich »retten« zu lassen, als dies noch machbar gewesen sei.
O. W. sagte, sie sei bereit, »jede Art« Brief an wen auch immer zu schreiben und P. zur Unterzeichnung zu »überreden«.
Ich entgegnete, ich könne mir nicht vorstellen, was nun noch in dem Brief stehen und an wen er adressiert werden sollte.
Ich kann nicht mit Sicherheit sagen, ob O. W.s Besuch bei mir als Annäherung von Pasternak persönlich zu betrachten ist (sie beteuerte, sie habe ihn über ihr Vorhaben nicht in Kenntnis gesetzt, obwohl sie ein wenig später erwähnte, er habe sie von ihrem Besuch bei mir abbringen wollen).
Jedenfalls meine ich, dass Sie über diesen realen oder vorgetäuschten, ernsten oder theatralischen Plan Pasternaks, das heißt die Drohung, Bescheid wissen sollten – es sei denn, dies ist der Versuch eines taktischen Manövers.
Während meines langen Gesprächs mit O. W. fragte sie mich wiederholt, an wen P.s Brief »am besten« zu richten sei oder wen man »aufsuchen« solle. Ich konnte diese Frage nicht beantworten und

versprach ihr, Ihnen zu schreiben, dass sie bei mir war. Dann würden Sie selbstverständlich tun, was Sie für erforderlich hielten, und vielleicht O. W. oder Pasternak zu einem Gespräch einladen. Aus diesem Grund notierte ich mir ihre Telefonnummer zur Weiterleitung an Sie (B-7-33-70).

Der Brief blieb ohne Folgen. Niemand interessierte sich für Iwinskajas Besuch bei Fedin. Das tragische Muster der Verfolgung entwickelte sich nach den Regeln und Methoden des Regimes. Der beschämenden Sitzung der Schriftsteller schloss sich ein paar Tage später (am 30. Oktober 1958) eine Entscheidung an, die auf einem erweiterten Treffen des Parteibüros des A.-N.-Gorki-Literaturinstituts des Schriftstellerverbands getroffen wurde.[27] Die Entscheidung hat es verdient, im Wortlaut zitiert werden:

Angehört:
Bericht des Genossen I. N. Selenin über eine Sitzung des Präsidiums des Schriftstellerverbands der UdSSR und des Parteikomitees (zum Vorgehen des Schriftstellers B. Pasternak).
Verfügt:
Das Parteibüro diskutierte auf einem erweiterten Treffen mit den Partei- und Komsomolaktivisten die Entscheidung des Präsidiums des Schriftstellerverbands der UdSSR, B. Pasternak den Titel eines sowjetischen Schriftstellers zu entziehen und ihn aus dem Verband auszuschließen.
Das Parteibüro und die Aktivisten billigten einmütig die Entscheidung des Schriftstellerverbands der UdSSR sowie die Initiative einer Studentengruppe, die einen Brief an den Schriftstellerverband richtete. Darin drücken die Studenten ihre Entrüstung über Pasternaks treubrüchige Aktion aus und verlangen eine schwere Strafe für den Vaterlandsverräter.

Das Parteibüro und die Aktivisten sind empört über das Benehmen einiger Studenten unseres Instituts (Pankratow, Chabarow, Achmadulina), die den Kontakt zu Pasternak aufrechterhalten, seine Ansichten über unsere Gesellschaft und Literatur teilen und versuchen, diese unter ihren Kommilitonen zu verbreiten. Ungeachtet der Kritik, wiederholter Warnungen und der ihnen gebotenen Möglichkeit, sich im Laufe von zwei Jahren zu bessern, behalten sie ihre Positionen bis heute bei, was während der allgemeinen Wut über die Verleihung des Nobelpreises an den politischen Deserteur und Emigranten Pasternak nur allzu deutlich wurde.
Das Parteibüro und die Aktivisten sind der Meinung, dass die Verwaltung des Schriftstellerverbands der UdSSR das Institut bei der Lösung einer Reihe wichtiger Probleme nicht hinreichend unterstützt und manchmal den ideologischen Kampf behindert, den die Parteiorganisation, die Direktoren und Mitglieder des Instituts führen.
Zum Beispiel hat eine Entscheidung des Sekretariats des Schriftstellerverbands der UdSSR die Rechte der Studenten Moritz und Mil wiederhergestellt, die auf Verlangen der Institutsmitglieder wegen Verstoßes gegen die Disziplin und mangelhafter schöpferischer Arbeit ausgeschlossen worden waren. Das Sekretariat des Schriftstellerverbands der UdSSR missachtet die Meinung öffentlicher Organisationen bei der Verteilung von Wohnraum (die Frage der S. E. Babenyschewa zugewiesenen Wohnfläche).
Abweichend von einem den Studenten gegebenen Versprechen, wurde einer Studentendelegation die Gelegenheit verweigert, auf einer Sitzung des Präsidiums des Schriftstellerverbands der UdSSR das Wort zu ergreifen und den Text eines Briefes, der Pasternaks verräterische Aktionen anprangert, bekannt zu machen.
Das Parteibüro beschließt:
1. der Entscheidung des Präsidiums des Schriftstellerverbands der UdSSR zum Ausschluss Pasternaks aus dem Verband sowie der Ini-

tiative der Studentengruppe, die dem Schriftstellerverband einen Brief geschickt hat, zuzustimmen;

2. die Kommunisten und Komsomolmitglieder des Instituts sowie das Lehrpersonal zu verpflichten, ihre ideologisch-erzieherische Arbeit zu intensivieren und einen energischen Kampf gegen die Erscheinungen des Formalismus zu führen, der für eine verborgene Variante revisionistischer Haltungen steht; der Philosophischen Fakultät und dem Komsomolkomitee zu empfehlen, die ideologisch-künstlerische Position jener Studenten zu ermitteln, die keine hinreichende aktive Rolle im Kollektiv spielen (Woronel, Florow, Schaweren, Schdanow, Androtschnikow, Brzezowski und andere);

3. das ZK der KPdSU über die fälschlichen Aktionen der Verwaltung des Schriftstellerverbands der UdSSR hinsichtlich des A.-N.-Gorki-Literaturinstituts in Kenntnis zu setzen.

N. Sarbabow, Sekretär des Parteibüros des Literaturinstituts.

Man sollte meinen, dass nichts unversucht geblieben war, um Pasternaks guten Namen zu zerstören. Er war ein »Wlassow-Anhänger«, ein »Verräter«, ein »Feind«, ein »Kriegshetzer« und ein »Agent des Imperialismus«. Doch damit war das Regime noch nicht zufrieden. Am 23. April 1959 sandte Polikarpow dem Zentralkomitee ein weiteres Memorandum:

Laut Berichten der Nachrichtenagentur TASS hat die französische bourgeoise Zeitung *France soir* ein Interview ihres Korrespondenten mit M. Scholochow veröffentlicht, der sich in Paris aufhält. In dem Interview heißt es, auf die Frage des Korrespondenten nach der »Pasternak-Affäre« habe M. Scholochow erklärt: »Die kollektive Führung des Sowjetischen Schriftstellerverbands hat die Beherrschung verloren. Sie hätte Pasternaks Buch *Doktor Schiwago* in der Sowjetunion publizieren sollen, statt es zu verbieten. Sie hätte abwarten sollen, bis Pasternak die Quittung durch seine Leser erhält, statt seine Person zur Diskussion zu stellen. Wäre das geschehen, hätten unsere Leser, die sehr anspruchsvoll sind, ihn mittlerweile vergessen. Was mich betrifft, so meine ich, dass Pasternaks Schriften als Ganzes nicht den geringsten Wert haben, abgesehen von seinen Übersetzungen, die brillant sind.« (Pasternak hat Goethe, Shakespeare und die Werke führender englischer Dichter übersetzt.) »Das Buch *Doktor Schiwago*, das ich in Manuskriptform in Moskau gelesen habe, ist ein formloses Werk, eine amorphe Masse, die es nicht verdient hat, als Roman bezeichnet zu werden.«

In diesem Zusammenhang hielte ich es für nötig, dass wir uns an den sowjetischen Botschafter in Frankreich wenden, um die Zuverlässigkeit des Berichts von *France soir* zu prüfen, und dass wir, wenn ein solches Interview wirklich stattgefunden hat, M. Scholochow darauf hinweisen, dass Äußerungen dieser Art, die unseren Interessen widersprechen, unzulässig sind. Wenn der Zeitungsbericht eine Fälschung ist, sollte Genosse Scholochow aufgefordert werden, sich öffentlich davon zu distanzieren.

Ein Telegrammentwurf an den sowjetischen Botschafter liegt bei.[28]

Und hier ist Boris Polewoi, der wieder einmal aus der Haut fährt. Am 29. Mai 1959 schrieb er dem Zentralkomitee:

Ich füge ein Memorandum eines Beraters der Auslandskommission des Sowjetischen Schriftstellerverbands auf dem Gebiet der italienischen Literatur bei, in dem er eine sehr aufschlussreiche Darstellung einer neuen unpatriotischen Flegelhaftigkeit seitens B. Pasternaks liefert.

Außerdem lege ich drei Gedichte bei, die Pasternaks neuem, in Italien veröffentlichtem Buch entnommen sind. Die meisten in diesem Buch enthaltenen Gedichte sind nicht in der Sowjetunion erschienen.

Anscheinend nutzt Pasternak seine Kontakte zu Auslandskorrespondenten, um mit ihrer Hilfe seinen Plunder über die Grenze zu schicken.[29]

Man erinnert sich voller Scham und Schmerz an diese Episode. Schließlich haben wir es mit einem Nobelpreisträger zu tun, einem überragenden Dichter und Prosaautoren, unserem besten Shakespeare- und Goethe-Übersetzer, einem bedeutenden Bürger und Patrioten.

1961 reagierte das KGB auf eine Anzeige der »Schriftstellerkollegen« von Wassili Grossman und führte eine Haussuchung bei ihm durch. Man beschlagnahmte das Manuskript seines neuen Romans *Leben und Schicksal* bis hin zur letzten Seite. Trotzdem kam der Roman fast dreißig Jahre später ans Licht. Die Freunde des Schriftstellers hatten das Manuskript gerettet.

Im Sommer 1961 verhaftete das KGB W. Ossipow, E. Kusnezow und I. Bokschtein, die aktive Teilnehmer an den literarischen Zusammenkünften am Majakowski-Denkmal in Moskau gewesen waren. Die drei wurden nach Artikel 70 des Strafgesetzbuchs der RSFSR (»antisowjetische Agitation und Propaganda mit dem Ziel, die Sowjetmacht zu untergraben oder zu schwächen«) verurteilt. Ossipow und Kusnezow erhielten jeweils sieben und Bokschtein fünf Jahre Konzentrationslagerhaft.

1965 wurde der Dichter Joseph (Jossif) Brodsky, ein künftiger Nobelpreisträger, des Landes verwiesen. Auch der Filmregisseur Andrej Tarkowski, der Bühnenregisseur Juri Ljubimow, der Schriftsteller Viktor Nekrassow und der Cellist Mstislaw Rostropowitsch wurden vom Regime als ungeeignet erachtet und fanden sich im Ausland wieder.

Im September 1965 verhaftete die Geheimpolizei die Schriftsteller Andrej Sinjawski und Juli Daniel, deren Vergehen wie das

Pasternaks darin bestand, dass sie ihre Schriften im Westen veröffentlicht hatten. Eingedenk des Schicksals ihres Vorgängers, verwendeten sie die Pseudonyme Abram Terz und Nikolai Arschak. Das KGB stufte ihre Aktionen als »besonders gefährliche Staatsverbrechen« ein und empfahl, sie nach Artikel 70 anzuklagen. Im Februar 1966 verurteilte der Oberste Gerichtshof der UdSSR Sinjawski zu sieben und Daniel zu fünf Jahren in einem Straflager mit strengem Regime.

Das Verfahren gegen sie wurde von Suslow persönlich beaufsichtigt. Kurz vor Beginn des Prozesses rief er mich an und forderte mich auf, der Verhandlung von Anfang bis Ende beizuwohnen und die Informations- und Propagandaarbeit zu koordinieren. Ich versuchte mit allen Kräften, mich aus der Schlinge zu ziehen, und erwiderte, dass literarische Probleme in den Amtsbereich der ZK-Kulturabteilung fielen. Außerdem sei ich nicht mit dem Fall vertraut und hätte nie etwas von Sinjawski oder Daniel gelesen.

Vor diesem Gespräch hatte ich zusammen mit den Mitgliedern der Kulturabteilung eine für solche Fälle typische Routineerklärung unterzeichnet, in der die KGB-Empfehlungen zur Berichterstattung über den Prozess unterstützt wurden. Zum Glück erschien nichts davon im Druck. Dem Memo der Kulturabteilung hatte man einen Zusatz beigeheftet, in dem das KGB die »Verstöße« der Schriftsteller erörterte. Die Argumentation des KGB war wackelig, weit hergeholt und konnte selbstverständlich keinerlei Beweise vorlegen.

Darüber verlor ich Suslow gegenüber natürlich kein Wort, sondern versuchte, mich irgendwie aus der Sache herauszuwinden. Schließlich akzeptierte er meinen Vorschlag, einen Angehörigen der Kulturabteilung, Ju. Melentjew, in den Gerichtssaal zu entsenden.

Heute bedaure ich, dass ich nicht die Zeit fand, wenigstens

ein Mal in die Verhandlung hineinzuschauen. Igor Tschernouzan und Albert Begiajew von der Kulturabteilung berichteten mir später, es habe sich um ein abstoßendes, dummes und vulgäres Schauspiel gehandelt. Wie ich hörte, ließ Suslow keinen Zweifel an seiner Unzufriedenheit über die ineffektive Abwicklung des Falles.

Die Repressionsmaßnahmen trafen auch K. Babizki, L. Bogoras, P. Litwinow, V. Delone, W. Dremljuga und W. Fainberg, die dagegen protestiert hatten, dass Verbände des Warschauer Pakts im August 1968 in die Tschechoslowakei einmarschiert waren. Dremljuga wurde für die Inszenierung einer Demonstration auf dem Roten Platz zu drei Jahren, Delone zu zwei Jahren und zehn Monaten, Litwinow zu fünf und Bogoras zu vier Jahren Haft verurteilt; Babizki erhielt drei Jahre Verbannung, und Fainberg wurde in Leningrad in einer geschlossenen psychiatrischen Abteilung untergebracht.

Im Sommer 1969 veröffentlichten die Zeitungen *Sowetskaja Rossija* und *Sozialistitscheskaja industrija* nacheinander vernichtende Artikel über die Zeitschrift *Nowy mir*, die inzwischen zum praktisch einzigen Konzentrationspunkt für die geistige Elite des Landes geworden war. Die Artikel läuteten eine wohl überlegte Verfolgungskampagne gegen die Zeitschrift und ihren Chefredakteur Alexander Twardowski ein.

Kurz darauf erschien ein offenkundig denunziatorischer Brief mit dem Titel »Wogegen ist *Nowy mir*?« in der Zeitschrift *Ogonjok*.[30] Er war von elf Schriftstellern unterzeichnet: M. Alexejew, S. Wikulow, S. Woronin, W. Sakrutin, A. Iwanow, S. Malaschkin, P. Proskurin, A. Prokofjew, S. Smirnow, W. Tschiwilichin und N. Schundik. In den literarischen und politischen Kreisen der Intelligenzija begriff man nur zu gut, dass die Kampagne zur Unterdrückung der Überreste des Dissidententums in eine neue Phase eingetreten war. Als Ursache galt die Furcht des Regimes vor den möglichen Folgen der Ereignisse vom August 1968 in der Tschechoslowakei.

In der nächsten Ausgabe von *Nowy mir* erschien ein Leitartikel, in dem die Angriffe der elf »Maschinengewehrschützen«, wie man sie nun nannte, abgewehrt wurden. Beiläufig erwähnte der Autor, dass viele der Unterzeichner des Briefes in *Ogonjok* mehr als einmal »auf den Seiten von *Nowy mir* wegen künstlerischer Trägheit, kümmerlicher Lebenskenntnisse, schlechten Geschmacks und mangelnder Originalität heftig kritisiert« worden seien. Am 4. August forderten sechs Mitglieder der Verwaltung des Schriftstellerverbands der UdSSR – K. Simonow, A. Surkow, M. Issakowski, S. Smirnow, W. Tendrjakow und S. Antonow – die *Literaturnaja gaseta* auf, ihre Antwort auf den Brief »der Elf« in *Ogonjok* zu veröffentlichen. Die *Literaturnaja gaseta* kam dem Wunsch jedoch nicht nach.

Dann, am 12. August, schrieb Simonow an das Sekretariat des Schriftstellerverbandes der UdSSR, wobei er sich an den Vorsitzenden Markow persönlich wandte. Er machte seinen Groll darüber deutlich, dass die *Literaturnaja gaseta* den Brief nicht abgedruckt hatte, und fragte: »Wenn der Brief der elf Schriftsteller als Äußerung ihrer eigenen Meinung und dessen Veröffentlichung in *Ogonjok* als Wiedergabe des Standpunkts der Redaktion gilt, dann stellt sich die Frage, warum das Organ des Schriftstellerverbands der UdSSR den Brief der sechs Schriftsteller nicht abdrucken will oder kann, der ihre Meinung zu dieser Angelegenheit erläutert und den Standpunkt, den die elf Autoren in ihrem Brief an *Ogonjok* präsentieren, in Zweifel zieht.« Simonow verlangte, dass »die Frage der Veröffentlichung unseres Briefes rasch gelöst wird. Wenn das aus mir unverständlichen Gründen nicht möglich sein sollte, bitte ich, dass das Sekretariat zusammentritt, um in unserer Anwesenheit über die Veröffentlichung unseres Briefes zu diskutieren.«

Die Diskussion fand nicht statt, und der Brief »der Sechs« wurde nicht publiziert.

Die Atmosphäre um *Nowy mir* und dessen Chefredakteur Twardowski verdüsterte sich weiter. Gerade zu diesem Zeitpunkt erschien Twardowskis Gedicht »Po prawu pamjati« (Vom Recht auf Erinnerung) ohne sein Wissen in der Bundesrepublik Deutschland, in Frankreich und Italien. Das Gedicht hätte in der Juli-Nummer des Jahres 1969 in *Nowy mir* veröffentlicht werden sollen, war jedoch vom Zensor zurückgehalten worden. Twardowskis Bitten, das Werk vom Sekretariat des Schriftstellerverbands der UdSSR diskutieren zu lassen, blieben unbeantwortet. Vielmehr beschloss das Sekretariat (auf Anweisung des Zentralkomitees), das Redaktionspersonal von *Nowy mir* durch neue Leute zu »verstärken«, darunter einige, die, wie man wusste, für Twardowski nicht akzeptabel waren. Dem Chefredakteur nahe stehende Mitarbeiter – Lakschin, Dementjer, Winogradow und mehrere andere – wurden entlassen. Danach sah sich auch Twardowski aus dem Amt gedrängt.

Twardowski wandte sich dem Alkohol zu, und *Nowy mirs* kleine, belebende Flamme erlosch. In der Dunkelheit jener Jahre hatte sie wenigstens ein Flackern der Hoffnung auf die Freiheit des künstlerischen Schaffens in sich geborgen.

Mittlerweile bediente sich das Regime verstärkt der Psychiatrie, um mit den Dissidenten fertig zu werden. Diese Initiative ging in erster Linie auf Juri Andropow zurück. In den sechziger Jahren wurde auf Beharren des KGB ein neuer Krankheitstyp erfunden, mit dessen Hilfe man jede missliebige Person für behandlungsreif erklären konnte. Er hatte eine »wissenschaftliche Grundlage« und erhielt den Namen »schleichende Schizophrenie«. Die Zahl der Insassen in den psychiatrischen Sonderkrankenhäusern nahm sprunghaft zu. Laut Aussage derjenigen, die, obwohl völlig gesund, einer solchen Behandlung unterzogen wurden, waren die »Irrenhäuser« (*psichuschki*) noch Furcht erregender als Gefängnisse oder Konzentrationslager.

Folgende »Verfahren« wurden, wie Zeugen berichten, neben anderen angewandt: Einschnürung des Insassen in eine Zwangsjacke, bis die Gliedmaßen taub wurden; Injektionen von Sulfazin, einem Medikament, das in allen Ländern außer der UdSSR verboten war – manchmal zwei bis vier Spritzen zugleich in unterschiedliche Körperteile, was heftige Kopfschmerzen, einen zeitweiligen Verlust der motorischen Funktionen sowie hohes Fieber und Durst auslöste; subkutane Injektionen von Sauerstoffgas, die tagelange Schwellungen und Schmerzen hervorriefen, sowie besonders qualvolle Aminazinspritzen, die Zirrhose und Gedächtnisschwund zur Folge hatten.

In den seltenen Fällen, in denen die Ärzte eine Falschdiagnose verweigerten, wurden sie brutal verfolgt. Zum Beispiel war Dr. Fedotow, der als psychiatrischer Experte in der Verhandlung gegen Generalmajor Pawel Grigorenko auftrat, nicht bereit, ihn für geisteskrank zu erklären. Ebenso verhielt sich der junge Kiewer Psychiater Glusman. Fedotow wurde entlassen und starb kurz darauf. Glusman erhielt sieben Jahre Haft und drei Jahre Verbannung. Während seines Lageraufenthalts in Perm verfasste er das bekannte *Handbuch der Psychiatrie für Dissidenten*, in dem er zahlreiche Geheimnisse der sowjetischen Psychiatrie und ihrer »Hilfe« für Andersdenkende enthüllte.

Das KGB setzte seine im Journalismus tätigen Agenten ein, um die Dissidenten in einer massiven Kampagne als »psychisch gestört« abstempeln zu lassen. Der Kampf ging selbst dann noch weiter, wenn Dissidenten ins Ausland deportiert und ihrer Staatsangehörigkeit beraubt wurden, wie es Waleri Tarsis, Wladimir Bukowski und Alexander Jessenin-Wolpin widerfuhr. Im Februar 1966 beispielsweise, kurz nachdem Tarsis ausgewiesen worden war, meldeten der stellvertretende KGB-Vorsitzende N. Sacharow und der Generalstaatsanwalt der UdSSR, R. Rudenko: »Das KGB unternimmt weitere Schritte, um Tarsis im Ausland als psychisch kranken Mann zu diskreditieren.«[31]

Mit anderen Worten, das Regime kontrollierte die Intelligenzija immer noch mit Hilfe des KGB und teilte deren Vertreter in Verdächtige und vorübergehend Unverdächtige ein, in diejenigen, die Auslandsreisen machen oder nicht machen durften, in solche, die ihre Werke veröffentlichen oder nicht veröffentlichen durften, in Personen, die belohnt oder nicht belohnt werden sollten, und schließlich in solche, die zu Kreml-Banketten eingeladen oder nicht eingeladen wurden.

Ich möchte ein paar jüngere Beispiele für die Hetzjagd auf Intelligenzler anführen. Die Rede ist von Andrej Dmitrijewitsch Sacharow und Alexandr Issajewitsch Solschenizyn.

Der Mythos von Andropows Reformbereitschaft und seinen guten Absichten lebt immer noch fort. An dieser Stelle werde ich nicht die zahlreichen Fakten zitieren, die auf das Gegenteil hinweisen, sondern nur daran erinnern, welche Rolle er bei der Schikanierung der beiden großen Männer spielte, die den Stolz Russlands verkörperten. Im September 1973 schrieb er an das Zentralkomitee der KPdSU: »Das Komitee für Staatssicherheit teilt mir mit, dass Solschenizyns Frau das Akademiemitglied Sacharow und dessen Frau am 17. September 1973 in ihre Wohnung einlud und ein zweistündiges Gespräch mit ihnen führte. Solschenizyns Frau brachte die Meinung ihres Mannes zum Ausdruck und erklärte, es sei notwendig, dass Sacharow sich im Zusammenhang mit einer größeren Zahl von Problemen, die aus dem angeblichen Fehlen von Freiheiten in der Sowjetunion hervorgehen, an die Weltöffentlichkeit wende.«[32]

Im Jahr 1974 hielt das Politbüro eine spezielle Diskussion über Solschenizyn ab. Bei der Eröffnung der Sitzung äußerte

Breschnew über den *Archipel Gulag*: »Es ist eine grobe antisowjetische Schmähschrift. Wir müssen besprechen, was wir nun tun sollen. Nach unseren Gesetzen sind wir vollauf berechtigt, Solschenizyn ins Gefängnis zu werfen, denn er hat das verunglimpft, was am heiligsten ist: Lenin, unser Sowjetsystem, die Sowjetmacht, alles, was uns teuer ist. In der Vergangenheit haben wir Jakir, Litwinow und andere inhaftiert und abgeurteilt. Damit war die Sache erledigt. Kusnezow, Allilujewa und noch einige andere gingen ins Ausland. Zuerst gab es etwas Lärm, und dann war alles vergessen. Aber dieser Rowdy Solschenizyn ist außer Kontrolle geraten. Auf alles schlägt er ein, vor nichts macht er Halt. Was sollen wir gegen ihn unternehmen?« Auch Andropow ergriff das Wort: »Ich komme seit 1965 auf das Thema Solschenizyn zu sprechen, Genossen. Nun hat seine feindliche Tätigkeit ein neues Niveau erreicht: Er hat Lenin, die Oktoberrevolution und das sozialistische System beleidigt. Sein Buch *Der Archipel Gulag* ist keine künstlerische Arbeit, sondern ein politisches Dokument. Das ist gefährlich; wir haben zehntausende von Wlassow-Anhängern, ukrainischen Nationalisten und anderen feindlichen Elementen in unserem Land … Deshalb müssen wir all die Maßnahmen ergreifen, über die ich dem Zentralkomitee geschrieben habe – das heißt, er muss aus dem Land hinausgeworfen werden.«[33] Tatsächlich wurde Solschenizyn bald aus der UdSSR zwangsausgewiesen und seiner Staatsbürgerschaft beraubt.

Im Dezember 1979 erstattete Andropow Bericht über Sacharow. Seine Denunziation enthielt die Mitteilung, dass Sacharow »in den Jahren zwischen 1972 und 1979 kapitalistischen Botschaften in Moskau 80 Besuche abgestattet«, mehr als »600 Treffen mit anderen Ausländern« arrangiert und »über 150 so genannte Pressekonferenzen« gegeben habe; mit seinen Informationen ausgerüstet, hätten westliche Rundfunksender »fast 1200 antisowjetische Sendungen« ausgestrahlt. Wie wir diesen Zahlen entnehmen können, stand Sacharow unter strenger Bewachung (Beschattung, Abhörmethoden). Jeder seiner Schritte war bekannt, alles wurde vermerkt. Doch zu jenem Zeitpunkt wagte die Regierung wegen der »politischen Kosten« nicht, Sacharow vor Gericht zu stellen. Am 3. Januar 1980 beschloss das Politbüro, dem Akademiemitglied sämtliche Titel abzuerkennen und ihn »vorsichtshalber aus Moskau in eines der Landesgebiete zu entfernen, die Ausländern verschlossen sind«.[34]

Die Perestroika brachte einen radikalen Wandel in der staatlichen Kulturpolitik mit sich, doch der Repressionsapparat und der Geist der Intoleranz waren nicht bereit, sich verdrängen zu lassen.

Ich zum Beispiel hatte aufrichtig gehofft, dass sich die Denunziationen, die unmoralischen Streitereien, die Brandmarkungen der einen oder anderen Art, der persönliche Ehrgeiz und der Neid, die die Geheimpolizei zur Kontrolle der Intelligenzija benutzt hatte, im Zuge der schöpferischen Freiheit drastisch verringern würden. Aber alles blieb beim Alten. Spitzel im Schriftstellergewerbe verfassen weiterhin ihre kompromittierenden Texte, stellen »Personen von Einfluss« bloß und ergehen sich im Denunziantentum. Das kompromittierende Material, das heute in den Zeitungen und im Fernsehen erscheint, besitzt sehr große Ähnlichkeit mit dem, das die Geheimpolizei früherer Tage verwendete und das ich bis zum Überdruss lesen musste.

Alles ist nun durcheinander geraten: Einige frühere Sowjetgegner sind zu Minnesängern der Sowjetmacht geworden, einstige Antikommunisten sind nun wiedergetaufte Bolschewiki, und jene, die das Imperium in den schärfsten Tönen verdammten und zu seinem Zusammenbruch beitrugen, haben sich wie durch Zauberei in Anhänger des Großmachtstatus verwandelt.

Und dann gibt es »Dissidenten«, die sich aus dem einfachen Grund über die russische Reformation ärgern, dass diese sie um Einnahmen gebracht hat, die ihnen einstmals aus der Entlarvung des bolschewistischen Regimes zuflossen.

Nach 1985 setzte das KGB – trotz vieler verheißungsvoller Anzeichen für den Beginn einer schöpferischen Freiheit – seine Strafmission fort, wenn auch in verringertem Umfang. Wie zuvor produzierte es Memoranden über die feindlichen Aktionen der Intelligenzija und ließ Schriftsteller aus der literarischen Szene Bericht erstatten – mit den unvermeidlichen Ergebnissen. So richtete das KGB im Juli 1986 eine Mitteilung mit dem Titel »Über die subversiven Ziele des Gegners innerhalb der sowjetischen schöpferischen Intelligenzija« an das Zentralkomitee. Darin waren die Namen vieler bekannter Schriftsteller zu lesen, die angeblich unablässig von ausländischen Geheimdiensten »bearbeitet« wurden. So seien Anatoli Rybakow, Swetow, Wladimir Solouchin, Bulat Okudschawa, Fasil Iskander, Moschajew, Roschkin, Kornilow und andere »dem stetigen Blick der gegnerischen Spionagedienste« ausgesetzt. Wieder einmal wurden Alexander Solschenizyn, Lew Kopelew, Wladimir Maximow und Wassili Axelow als »feindliche Elemente« hingestellt.[35]

Die sowjetische Erfahrung zeigt, dass Dissidententum vielerlei Gestalt annehmen kann. Das eine Extrem bilden die Schöpfer, Denker, Künstler, die in der Gesellschaft einflussreichen Personen; das andere Extrem besteht aus den lokalen »Wahrheitssuchern« und »komischen Käuzen«. Auf beide Gruppen stößt man in jeder Stadt, in jedem Dorf und jeder Siedlung, und sie sind den Machthabern äußerst lästig. Als Dissidenten nahm das KGB auch Menschen ins Visier, die durch ihr Talent und ihr Wissen, ihre moralische Stärke und ihre staatsbürgerliche Tätigkeit hervorstachen. Somit richtete sich die Verfolgungspolitik nicht nur gegen den Sektor unabhängig denkender

Schriftsteller, Maler und Gelehrter, das heißt gegen die schöpferische Intelligenzija im Allgemeinen, sondern gegen alles, was selbstständig, unternehmungslustig, originell und wissbegierig war.

Die Verfolgung der Andersdenkenden, wie die Repressionspolitik als Ganze, hatte eine schwere Deformierung unseres Nationalcharakters und unseres gesellschaftlichen Bewusstseins zur Folge. Gleichgültigkeit, Passivität, Doppelmoral, Zusammenbruch der sozialen Beziehungen. So wurde im Menschen das Bedürfnis erstickt, Verantwortung für das eigene Leben und das seiner Kinder zu übernehmen.

Das bolschewistische Regime trägt nicht nur Verantwortung für den Tod von Millionen Menschen und für die tragischen Konsequenzen für ihre Familien, nicht nur für die Schaffung einer Atmosphäre der Angst und Lüge, sondern auch für Verbrechen gegen das Gewissen und dafür, seine berüchtigte »neuzeitlichen Menschengemeinschaft« geschaffen zu haben, die durch Bosheit, zwiespältiges Denken, Argwohn und Verstellung verzerrt wird. Lenin und Stalin samt ihren Handlangern zerstörten gefühllos und systematisch den Genbestand der Nation und untergruben das Potenzial für das Gedeihen von Wissenschaft und Kultur.

DIE GEISTLICHKEIT

Bereits im Frühjahr 1918 wurde eine offene Terrorkampagne gegen sämtliche Religionen, besonders gegen die russisch-orthodoxe Kirche, eingeleitet. Ihr Initiator war erneut Lenin. Seine Maßnahmen gegen die Religion und die Kirche verblüffen durch ihre teuflische Grausamkeit und Unmoral.

Die Verhaftungen von Geistlichen begannen als Racheaktion dafür, dass sie die Gläubigen aufgerufen hatten, nicht an den Demonstrationen vom 1. Mai 1918 teilzunehmen, der nach dem alten Kalender auf den Mittwoch der Karwoche fiel. In Wjatka etwa inhaftierte man zwanzig Teilnehmer an einem Treffen zwischen Priestern und Laien. Die gesamte Kirchenführung in der Diözese Perm wurde beseitigt. In der Diözese Orenburg verhaftete man sechzig Priester und erschoss fünfzehn von ihnen auf der Stelle. Im Sommer 1918 wurden 47 Geistliche in der Diözese Jekaterinburg erschossen, mit Äxten erschlagen oder ertränkt.

Zwischen 1918 und 1919 kamen einige der geistlichen Oberhäupter der russisch-orthodoxen Kirche ums Leben, darunter die Erzpriester Joann Kotschurow, Pjotr Skipetrow, Jossif Smirnow und Pawel Dernow, der Abt Gerwassi, der Priestermönch Gerassim, die Priester Michail Tschafranow, Pawel Kuschnikow und Pjotr Pokrywalo, der Diakon Ioann Kastorski, Bischof Feofan von Solikamsk sowie die Erzbischöfe Tichon von Woronesch, Mitrofan von Astrachan, Makari von Wjasemsk, Leonti von Jenotajew und Platon von Rewelsk.

Der offizielle Begriff »Hinrichtung« war häufig ein Euphemismus für bestialischen Mord. Beispielsweise wurde der Metropolit Wladimir von Kiew verstümmelt, kastriert und erschossen, woraufhin man seine Leiche nackt zur Schändung durch den Pöbel zurückließ. Metropolit Wenjamin von St. Petersburg, der als Nachfolger des Patriarchen vorgesehen war, wurde in der bitteren Kälte mit Wasser übergossen und in eine Eissäule verwandelt. Bischof Germogen von Tobolsk, der den Zaren freiwillig in die Verbannung begleitet hatte, wurde lebendig an das Schaufelrad eines Dampfers gebunden und von den rotierenden Blättern zermalmt. Erzbischof Andronnik von Perm, der sich einen Namen als Missionar gemacht und als solcher in Japan gewirkt hatte, begrub man bei lebendigem Leibe. Erzbischof Wassili wurde gekreuzigt und verbrannt.

Die Dokumente legen Zeugnis über unglaubliche Gräueltaten an Priestern, Mönchen und Nonnen ab: Sie wurden an der Mitteltür von Ikonostasen gekreuzigt, in Kessel mit kochendem Teer geworfen, skalpiert, mit Priesterstolen erwürgt, erhielten das Abendmahl mit geschmolzenem Blei verabreicht und wurden in Eislöchern ertränkt. Laut der »Statistik über die Verfolgung der russisch-orthodoxen Kirche im 20. Jahrhundert«, die das Orthodoxe Theologische Institut des heiligen Tichon zusammenstellte, wurden fast 3000 Angehörige der Geistlichkeit allein im Jahr 1918 erschossen.[1]

Die Gefühle der Gläubigen missachtend, befahl das Regime die Ausgrabung sämtlicher Heiligengebeine im ganzen Land. Zu diesem Zweck erging am 14. Februar 1919 ein Sondererlass des Volkskommissariats der Justiz. Wenn die exhumierten Reliquien nicht völlig unversehrt waren, wurden sie als Indizien eines Betrugsversuchs an den Gläubigen eingestuft, wodurch man die Verfolgung der Kirche rechtfertigen konnte.

Am 1. November 1920 stellte man Bischof Alexi von Chutinsk, die Archimandriten Nikodim und Anastassi, die Äbte

Gawriil und Mitrofan, den Erzpriester Stojanow und den Erzdiakon Ioanniki vor ein Revolutionstribunal in Nowgorod. Sie wurden angeklagt, die in der Sophienkathedrale in Schreinen verwahrten Reliquien vor ihrer offiziellen Exhumierung heimlich inspiziert zu haben. Im selben Jahr musste sich eine Reihe prominenter Priester und Kirchenfunktionäre vor einem Moskauer Gericht verantworten: Abt Ion, Erzpriester Nikolai Zwetkow, der Vorsitzende des Rates der Vereinigten Gemeinden, Samarin, sowie die Ratsmitglieder Rachinski und Kusnezow. Man warf ihnen vor, Gerüchte verbreitet zu haben, wonach sich die an der Exhumierung der Reliquien des ehrwürdigen Sawwa Storoschewski Beteiligten in einer für Gläubige beleidigenden Weise verhalten hätten; Kusnezow hatte angeblich auch eine »unbegründete Beschwerde« an den Rat der Volkskommissare gerichtet. In der Beschwerde stand unter anderem: »Die Rohheit und der Spott der Kommissionsmitglieder bei der Exhumierung der Reliquien gingen so weit, dass ein Mitarbeiter mehrere Male auf Sawwas Schädel spuckte, obwohl diese Gebeine dem russischen Volk heilig sind.« Samarin und Kusnezow wurden zum Tode durch Erschießen verurteilt, doch »angesichts der siegreichen Beendigung des Kampfes gegen die Interventionisten« wandelte das Gericht das Urteil um in »Unterbringung in einem Konzentrationslager bis zum Sieg des Weltproletariats über den Weltimperialismus« – mit anderen Worten, auf Lebenszeit. Die übrigen Angeklagten erhielten Gefängnisstrafen von unterschiedlicher Länge.

Lenins eigene Haltung gegenüber Religion und Geistlichkeit wird in einer seiner vielen Notizen verdeutlicht, die förmlich vor Hass auf den orthodoxen Glauben triefen. Am 25. Dezember 1919 schreibt er: »Sich mit ›Nikola‹ [ein religiöser Feiertag, an dem der Reliquien des heiligen Nikolai gedacht wurden] abzufinden wäre albern – die gesamte Tscheka muss in Alarmbereitschaft versetzt werden, um dafür zu sorgen, dass alle, die wegen ›Nikola‹ nicht zur Arbeit erscheinen, erschossen werden.«[2]

Parallel zur Ausrottung von ungehorsamen Angehörigen der Geistlichkeit ging die Bolschewiki daran, eine »rote« Kirche aufzubauen. Ende 1919 versuchten örtliche WTscheka-Organe überall im Land festzustellen, ob es möglich war, eine sowjetische Kirche mit »roten« Priestern zu gründen. Dieses Unternehmen wurde jedoch durch einige Führer der RKP(b) blockiert, hauptsächlich durch J. Jaroslawski und F. Dserschinski. Im Dezember 1920 schrieb der Vorsitzende der WTscheka an M. Lazis: »Meiner Meinung nach löst sich die Kirche auf, was wir fördern müssen, doch keineswegs so, dass sie in neuer Form wiederersteht. Aus diesem Grund ist die Politik der Auflösung der Kirche von der WTscheka und niemand anderem durchzuführen. Offizielle oder halb offizielle Beziehungen zwischen der Partei und den Priestern sind unzulässig. Für uns geht es um den Kommunismus und nicht um die Religion.«

Das habgierige bolschewistische Regime warf neidische Blicke auf die Reichtümer, die die orthodoxe Kirche in den Jahrhunderten ihres Bestehens angesammelt hatte. Zaren und Kaiser, Aristokraten und vermögende Kaufleute hatten enorme Geldbeträge und Wertsachen sowie in Gold und Silber eingefasste Ikonen gespendet, die mit funkelnden Edelsteinen geschmückt waren. Die heiligen Bücher hatten massiv goldene Einbände. Die kostbaren heiligen Gefäße, von Generationen der kunstfertigsten Juweliere hergestellt, waren der Stolz von Tempeln, Abteien, Klöstern und ihren Gemeindemitgliedern.

Die Kirche betrieb umfassende Sozialarbeit, baute kostenfreie Kranken-, Waisen- und Armenhäuser, Obdachlosenheime, Schulen, Fachschulen und vieles andere mehr.

Zumeist unterwarf sich die Kirche widerstandslos den Untaten der brutalen leninschen Administratoren, doch 1921 konnte sie sich nicht damit abfinden, dass die Arbeiter- und Bauernregierung das verhungernde Land mit der Herzlosigkeit eines Nero betrachtete. Patriarch Tichon bot Lenin in einem Brief an, einen Teil der Kirchenschätze für den Kauf von Getreide für die Hungernden zu spenden.

Lenins Perversität hatte zur Folge, dass ihm das Angebot als Herausforderung an das neue Regime erschien. In seiner Psyche gab es keinen Platz für die Anerkennung eines selbstlosen Aktes. Jede Handlung war für ihn Teil eines gnadenlosen politischen Duells bis zum Tode. Die Kirche, dachte er, will uns tadeln und erniedrigen, sie will uns kontrollieren. Kommt nicht in Frage, ihr listigen Popen! Nie und nimmer! Hastig berief Lenin das Politbüro ein, las ihm den Brief des Patriarchen vor und erklärte, es sei an der Zeit, den Priestern den Garaus zu machen. Man müsse die Kirche bezichtigen, sich nicht von ihren Schätzen trennen zu wollen, um den Hungernden zu helfen. Deshalb sei die Regierung gezwungen, den Kirchenbesitz zu beschlagnahmen.

Während der Patriarch auf eine Antwort wartete, unterzeichnete Lenin den Erlass vom 23. Februar 1922 »Über die Entfernung von Wertsachen der Kirche zum Nutzen der Hungernden«. Dieser Schritt entzückte all die Lumpenrevolutionäre, die bereits eine gewisse Enttäuschung über Lenin verspürt hatten. Der Partei stand eine »höllische Arbeit« bevor, denn im Land gab es fast 80 000 christliche – überwiegend russisch-orthodoxe – Kirchen.

OGPU-Abteilungen brachen in die Kirchen und Klöster ein. Ikonen wurden ihrer kostbaren Einfassungen beraubt, und die Plünderer ließen goldene und silberne Gerätschaften mitgehen, darunter mit Juwelen besetzte Hostiengefäße und Kronleuchter aus der Zeit vom 15. bis zum 17. Jahrhundert. Massiv goldene Kreuze aus den Tagen Iwan des Schrecklichen und der ersten

Romanows wurden in Kisten und Säcke gepackt. Man löste Edelsteine mit Meißeln aus ihrer Fassung, riss Bibeleinbände ab und beschlagnahmte alle auffindbaren Gold- und Silbermünzen. Uralte Ikonen dienten als Feuerholz, handgeschriebene altkirchenslawische Bücher fielen den Flammen zum Opfer. Altäre krachten zu Boden.

Entsetzt wandte sich der Patriarch am 28. Februar 1922 an alle »treuen Kinder der russisch-orthodoxen Kirche« mit den Worten: »In den Augen der Kirche sind Handlungen dieser Art ein Frevel. Wir können nicht billigen, dass aus Kirchen – nicht einmal in Form freiwilliger Spenden – heilige Gegenstände entfernt werden, deren Gebrauch für andere als gottesdienstliche Zwecke durch die Regeln der Universalen Kirche verboten und als Sakrileg zu bestrafen ist.«

Der Aufruf Seiner Heiligkeit zum Widerstand wurde von Kanzeln verlesen, mündlich verbreitet und auf Plakaten an Häuserwände angeschlagen. Im ganzen Land erwiesen sich Kirchen als Schauplatz von Blutbädern. Die unbewaffneten Gläubigen konnten den bewaffneten Sonderbrigaden jedoch keinerlei organisierten Widerstand entgegensetzen. Vielerorts wurden die Mengen einfach durch Maschinengewehrfeuer auseinander getrieben, während die Militärs alle Verhafteten noch am selben Tag erschossen.

Da das Regime aber wusste, wie tief die Autorität der Kirche im Volk verwurzelt war, und einen besser organisierten Widerstand befürchtete, heuchelte, manövrierte und log es wie üblich. Am 28. März 1922 hieß es in einer offiziellen Erklärung:

> Der Regierung ist der Gedanke fremd, Gläubige oder die Kirche in irgendeiner Weise zu verfolgen … Kostbare Gegenstände werden durch die Arbeit des Volkes geschaffen und gehören dem Volk. Die Abhaltung von Gottesdiensten wird keinen Verlust dadurch er-

> leiden, dass man kostbare Gegenstände durch andere, schlichtere ersetzt. Die Wertsachen ermöglichen jedoch, genug Getreide, Samen, Vieh und Ausrüstung zu kaufen, um nicht nur das Leben, sondern auch die Haushalte der Bauern des Wolgagebiets und aller anderen von Hunger heimgesuchten Gegenden der Sowjetföderation zu retten …
> Nur eine Clique von Kirchenfürsten, die an Luxus, Gold, Seide und Edelsteine gewöhnt ist, will sich nicht von diesen Schätzen trennen, um Millionen dem Tod Geweihter zu retten. In dem habgierigen Streben, ihre Wertsachen um jeden Preis zu behalten, schreckt die privilegierte Clique der Kirche nicht davor zurück, kriminelle Verschwörungen zu schmieden und zu offener Rebellion aufzufordern. Während die Sowjetregierung sich wie immer zu vollem Verständnis und zu Toleranz Gläubigen gegenüber verpflichtet, wird sie nicht einen Moment lang zulassen, dass die privilegierten Rädelsführer der Kirche, in Seide und Diamanten gekleidet, eine eigene Regierung der Kirchenfürsten innerhalb der Regierung der Arbeiter und Bauern aufbauen.

Lenin war in überragender Form. Seine Energie und sein Kampfgeist kehrten zurück. Besonders anschaulich zeigt sich seine Scheinheiligkeit an der Tatsache, dass er bereits am 19. März 1922 – noch vor dem Aufruf der Regierung – folgende Geheimanweisung an die Mitglieder des Politbüros, die Leiter der OGPU, des Volkskommissariats für Justiz und des Revolutionstribunals geschickt hatte, die sich alle darauf vorbereiteten, ihre Aktionen zur Umsetzung des Erlasses über die Beschlagnahme der Kirchenschätze zu koordinieren: »Die Konferenz hat einen Geheimbeschluss darüber zu fassen, dass Wertgegenstände, besonders in den reichsten Abteien, Klöstern und Kirchen, mit unbarmherziger Entschiedenheit entfernt werden, und zwar ohne vor irgendetwas Halt zu machen und in der kürzest möglichen Frist. Dabei gilt: Je mehr Vertreter der reaktionären Geistlichkeit wir erschießen können, desto besser. Wir müssen diesen Leuten unverzüglich eine solche Lektion erteilen, dass sie in den kommenden Jahrzehnten nicht einmal daran denken werden, Widerstand zu leisten.«[3]

»Je mehr … wir erschießen können, desto besser.« Dieses Vermächtnis Lenins wurde später von Stalin in größtem Umfang und mit unverwüstlicher Begeisterung verwirklicht.

Selbst nach vorsichtigsten Schätzungen belief sich der Nettogewinn aus der Beschlagnahme der Kirchenschätze auf 2,5 Milliarden Goldrubel. Westlichen Experten zufolge könnte man diese Zahl ohne weiteres verdreifachen. Demgegenüber rettete die American Russian Relief Administration mit einem Lebensmittelbudget von 137 Millionen Dollar mehr als 20 Millionen Menschen im Wolgagebiet, die dem Hungertod nah gewesen waren. Sowjetische Statistiken zeigen, dass die Regierung in den Jahren 1922 und 1923 nur eine Million Rubel für Getreidekäufe im Ausland aufwandte, und das auch nur für Saatgetreide. Auf den Erwerb von Vieh oder Agrargerät wurde ganz verzichtet. Wofür also verwendeten die bolschewistischen Plünderer die zahllosen Schätze, die sie gestohlen hatten? Denn schließlich hätte sogar das mittellose Russland gedeihen können, wenn die Bolschewiki die 2,5 Milliarden Rubel, wie versprochen, gleichmäßig aufgeteilt hätten.

Der *Manchester Guardian* meldete im März 1923, dass Experten den jähen Absturz des Goldpreises auf das Auftauchen großer russischer Goldmengen auf dem Weltmarkt zurückführten. Die bolschewistische Partei ließe sich, wie die Zeitung kommentierte, durchaus als Partei des gelben Teufels bezeichnen. In der Londoner *Times* hieß es, linke Sozialisten hätten zwei sechsstöckige Gebäude im Geschäftsviertel der britischen Hauptstadt für jeweils sechs Millionen Pfund erworben, außerdem seien vier

Millionen Pfund für die Errichtung eines grandiosen Denkmals auf Karl Marx' Grab ausgegeben worden. Anscheinend stand den Bolschewiki in Moskau genug Geld zur Verfügung – Geld, das sie bei der Kirche beschlagnahmt hatten und das angeblich für Hilfsleistungen an die Hungernden gedacht gewesen war.

Nach dem leninschen Erlass vom 23. Februar, der die Konfiszierung der Kirchenschätze genehmigte, schrieb Patriarch Tichon einen empörten Protest.[4] Er wurde ignoriert. Man plünderte nicht nur die Kirchen, wie Lenin befohlen hatte, »mit unbarmherziger Entschiedenheit« und »in der kürzest möglichen Frist«, sondern man erschoss auch zehntausende von Priestern, Diakonen und Mönchen und mehr als hunderttausend Gläubige. Patriarch Tichon selbst wurde im Mai 1922 zusammen mit Mitgliedern des Heiligen Synod verhaftet. Das Regime ließ 32 Metropoliten und Erzbischöfe hinrichten. Schon vorher, am 13. April, hatte man in Moskau 54 Personen, darunter zwanzig Priester, wegen Widerstands gegen die Konfiszierung von Kirchenbesitz vor Gericht gestellt. Das Tribunal sprach elf Todesurteile aus, von denen fünf vollstreckt wurden.[5]

Das Petrograder Revolutionstribunal tagte vom 10. Juni bis zum 5. Juli 1922. Auf der Anklagebank saßen 86 Personen, darunter Metropolit Wenjamin, Bischof Wenedikt, der Oberpriester der Kathedrale von Kasan, Tschukow, der Oberpriester der Isaakskathedrale, Bogojawdenski, Archimandrit Sergi, der Verwaltungsvorsitzende des Rates Petrograder Gemeinden, Professor Nowizki, sowie die Ratsmitglieder Kaschwarow und Beneschewitsch. Man verurteilte zehn der Angeklagten zum Tode. Vier wurden erschossen, während man die Todesurteile der anderen in Haftstrafen umwandelte.

Das FSB-Archiv enthält die Akte über den Metropoliten Agafangel von Jaroslawl. Auf dem Deckel hat jemand angemerkt: »Dieser Fall ist von historischem Interesse.« Am 5. Mai

1922 erschien der »rote« Erzpriester Krasnizki im Kloster Tolsgk, wo der Metropolit wohnte, und forderte diesen auf, die Erklärung einer so genannten Initiativgruppe von Geistlichen zu unterzeichnen, die den Patriarchen Tichon und dessen Kreis konterrevolutionärer Aktionen bezichtigte. Der Metropolit weigerte sich. Zwei Tage später zwangen die Behörden ihn, ein Gelöbnis zu unterzeichnen, dass er an Ort und Stelle bleiben werde, und postierten einen Wächter vor seiner Zelle.

Wenig mehr als einen Monat später warf die OGPU Agafangel vor, er habe zwischen 1917 und 1922 »die Kirche gegen die Regierung in Position gebracht, Gerüchte kursieren lassen, dass die Staatsgewalt die Kirche verfolge; dadurch Gläubige gegen die Sowjetregierung aufgebracht und außerdem die Entfernung von Wertgegenständen behindert; Tichons Aufruf verbreitet und Protestversammlungen von Gläubigen gegen Maßnahmen der Behörden organisiert«. Am 22. August wurde er in der Stadt Jaroslawl unter Bewachung gestellt und dann ins Lubjanka-Gefängnis in Moskau verlegt. Am 30. Oktober beschloss das OGPU-Kollegium, den Fall Agafangel »der NKWD-Kommission für administrative Verbannung zu unterbreiten«. Am 25. November wurde der 72-jährige Metropolit, der an einer Herzkrankheit litt, in die Region Narym ausgesiedelt.

Im Zusammenhang mit dem Kloster Tolgsk kann ich nicht umhin, von seiner Wiedergeburt zu sprechen. Zur Zeit der Perestroika vollzogen wir im Politbüro, wie man weiß, eine komplette Wende der Religionspolitik, indem wir der Verfolgung der Kirche und der Geistlichkeit ein Ende setzten. Die Verantwortung für diesen Schritt wurde mir übertragen. Tausende von Kirchen und dutzende von Klöstern und Moscheen unterstanden nun wieder der Befugnis der verschiedenen Religionen.

Ich werde nie vergessen, wie ich mit meiner Frau zu dem

Kloster Optina Pustyn im Gebiet Kaluga und zum Kloster Tolgsk reiste. Optina Pustyn, eine heilige Stätte, erhob sich vor unseren Augen wie ein ungeordneter Steinhaufen – im buchstäblichen Sinne. Überall sahen wir zerschmetterte Ziegel, zerfallene Mauern, eingeschlagene Fenster, totale Verwüstung. Und in den Ecken standen Toiletten. Nur ein völlig nichtswürdiges Regime hätte gefühllose Gauner und Trunkenbolde beauftragen können, unsere russischen Gedenkstätten zu zerstören! Ich schlug dem Zentralkomitee vor, das Kloster der Kirchenleitung zurückzugeben, was auch geschah.

Das Kloster Tolgsk beherbergte eine Kolonie von straffällig gewordenen Kindern. Nur abgebrühte Schurken wie Stalin hätten die Zerstörung dieses so kostbaren historischen Monuments, das seit den Tagen Iwan des Schrecklichen berühmt war, gutheißen können. Um ehrlich zu sein, ich stieß eher zufällig darauf. Ich hatte nach einem geeigneten Gelände gesucht, auf dem eine Schule für die Restaurierung architektonischer Denkmäler eingerichtet werden konnte, und erhielt den Rat, mir mehrere Gebäude anzuschauen, darunter auch das Kloster. Bei seinem Anblick wurde mir klar, dass es ein Frevel gewesen wäre, das Kloster nicht in Gänze zu restaurieren und es der Kirche nicht zurückzugeben. Innenminister Alexander Wlassow widmete dem Projekt seine volle Aufmerksamkeit und ließ innerhalb eines halben Jahres alle Bewohner aus dem Kloster ausziehen. Heute steht es in seiner ganzen Schönheit oberhalb der Wolga und erstaunt die Besucher durch seinen Glanz.

Um zur Verfolgung der Geistlichkeit zurückzukehren: Das Schicksal des Priesters Tichon (Scharapow), der während des Ersten Weltkriegs als Regimentskaplan in der russischen Armee gedient hatte, war typisch. Sein Leben wurde durch ein Urteil verkürzt, das eine NKWD-Troika im Gebiet Alma-Atinsk am 17. Oktober 1937 aussprach:

Gehört: Fall unter der Gerichtsbarkeit der Vierten Abteilung des Staatssicherheitsdienstes (UGB) des NKWD der Kasachischen Sozialistischen Sowjetrepublik. Scharapow, Konstantin Iwanowitsch, geboren 1886 in Tula, Moskauer Gebiet, Russe, Geistlicher, Erzbischof von Alma-Atinsk. Früherer Emigrant. Anfang 1925 von der OGPU wegen umfassender konterrevolutionärer Tätigkeit verhaftet und auf administrativem Weg nach Gomel verbannt; am Ende jenes Jahres erneut verhaftet und nach Artikel 58-10 des Strafgesetzbuchs zu drei Jahren Lagerhaft verurteilt. 1927 verhaftet und nach Artikel 58-10 zu drei Jahren Haft im Solowezki-Lager verurteilt. 1930 nach Artikel 58-10 des Strafgesetzbuchs für drei Jahre in die nördliche Region verbannt. 1931 verhaftet und nach Artikel 58-10 des Strafgesetzbuchs zu drei Jahren Lagerhaft verurteilt. Organisierte verschiedene antisowjetische Gruppen in mehreren Städten der Sowjetunion.

Anklage: 1925 wurde er vom Geheimdienst eines der kapitalistischen Länder angeworben und zu Spionagemissionen auf das Territorium der UdSSR gebracht. Sammelte bis 1937 nachrichtendienstliche Informationen über die Entwicklung der Textilindustrie in Zentralasien und über den Zustand der Kolchosen.

1937 in Alma-Ata eingetroffen, organisierte und leitete er eine antisowjetische monarchistische Terrororganisation von Geistlichen und Kirchgängern. Er bildete ein Mitglied der Organisation, einen gewissen Perepetschko, dazu aus, einen Terrorakt auszuführen. Daneben bildete er einen gewissen Nischgorodow, der in jenem Jahr zum Wehrdienst einberufen werden sollte, dazu aus, Spionagearbeit in den Reihen der Roten Armee zu leisten.

Bekannte sich schuldig.

Verhaftet am 21. August 1937; befindet sich unter Bewachung in einem NKWD-Gefängnis für Untersuchungshäftlinge.

Verfügt: Scharapow, Konstantin Iwanowitsch, ist zu erschießen.

Heute gibt es dokumentarische Belege dafür, dass all diese Anklagen gefälscht waren. Erzbischof Tichon wurde posthum rehabilitiert.

Angehörige aller Religionen hatten unter der Politik des Terrors zu leiden.

Die regelmäßig an den Feiertagen Uras-Bairam und Kurban-Bairam organisierten antimuslimischen Kampagnen sowie der Kampf gegen heidnische Glaubensformen unter den Mari, den Schuwaschen und Udmurten waren schonungslos. Die verzweigten Organisationen des Bundes Militanter Atheisten und der Gesellschaft Deglirjal stellten im Grunde eine spezifische Parteistruktur für den Krieg gegen die Religion dar. Sie überwachten die »atheistischen Fünfjahrespläne«, die sozialistischen Wettbewerbe zur Verbreitung des Atheismus sowie die Schließung von Kirchen, Moscheen, Synagogen und anderen Gebetsstätten. Eines der ersten Opfer in Tatarien war der prominente Religions- und Gesellschaftsführer Mullah Gabdulla Apanajew. 1918 erschoss man ihn unter der Anklage, die so genannte Sabulatschnaja-Republik in Kasan organisiert zu haben.[6]

Im Mai 1930 beschwerte sich der Mufti R. Fachretdinow bei der Ständigen Kommission für Kultfragen beim WZIK-Präsidium über die Schließung von Moscheen, die drückenden Steuern, die religiöse Institutionen aufzubringen hatten, die Geldstrafen und Verhaftungen bei Nichtzahlung, die Ausplünderung der Geistlichen und ihre Verbannung in Zwangsarbeitslager, die Beschlagnahme von Privateigentum sowie des Korans und anderer religiöser Bücher bei Gläubigen. Nach einem Gespräch mit Fachretdinow schrieb M. Smidowitsch, ein Mitglied des WZIK-Präsidiums, an M. Kalinin: »Die muslimischen religiösen Organisationen stehen kurz davor, sich völlig aufzulösen und vom Erdboden zu verschwinden. Zum gegebenen Zeitpunkt sind 87 Prozent der muslimischen Religionszentren, ebenso wie mehr als 10 000 von 12 000 Moscheen, geschlossen worden, und 90 bis 97 Prozent der Mullahs und Muezzins haben keine Möglichkeit mehr, Gottesdienste abzuhalten.«[7]

In der Atmosphäre der offiziellen Psychose, die aus der Kollektivierungskampagne hervorging, fanden die Verfolger der Geistlichkeit im Schreckgespenst der »Kulaken eine geeignete Waffe«. In einem Dokument vom 4. April 1933 mit dem Titel »Schlussfolgerungen hinsichtlich der Anklagen gegen Mullahs und Kulaken der Karaguschewer Region der Baschkirischen Sozialistischen Sowjetrepublik« ist von vierzehn Männern die Rede, darunter vier Mullahs, die allesamt den Kulaken zugerechnet werden. In der Anklageschrift heißt es: »Seit einer Reihe von Jahren führen die Kulaken der Dörfer Teter-Arslanowo, Jaschirganowo, Busatowo und Utschagan-Assanowo in der Karaguschewer Region antisowjetische Aktionen durch, um Maßnahmen der Sowjetbehörden auf dem Lande zu vereiteln – Aktionen, die darauf abzielen, die Arbeit der Kolchosen zu stören und die agrarpolitischen Kampagnen zu untergraben sowie gleichzeitig die Armen und die Landarbeiter zu terrorisieren und Kommunisten zu ermorden.«[8]

Innerhalb der russisch-orthodoxen Geistlichkeit war 1937 die größte Zahl an Opfern zu beklagen: In jenem Jahr verhaftete man fast 140 000 Personen und erschoss 85 300 von ihnen. 1938 beliefen sich die Zahlen auf 28 300 Verhaftungen und 21 000 Erschießungen; 1939 auf 1500 und 900; 1940 auf 5100 und 1100. Im Jahr 1941 schließlich verhaftete man 4000 Personen und richtete 1900 von ihnen hin.

Im Jahr 1918 hatte die russisch-orthodoxe Kirche 48 000 Gemeinden, 1928 jedoch kaum mehr als 30 000. Von den 500 Moskauer Kirchen waren am 1. Januar 1930 noch 224 und zwei Jahre später nur noch 87 übrig. Sogar die Erlöserkathedrale wurde gesprengt. Vor der Revolution gab es 28 Klöster im Gouvernement Jaroslawl. Bis 1938 hatte man alle geschlossen und mehr als 900 Kirchen zerstört.[9]

Das Gleiche widerfuhr den Muslimen. 1937 bestanden in Tatarien 1375 amtlich eingetragene religiöse Organisationen gegenüber 2550 vor der Revolution. In der Dagestanischen Autonomen Sozialistischen Sowjetrepublik (ASSR) war die Hälfte der Religionszentren bis 1936 geschlossen worden; in der Kabardino-Balkarischen ASSR lag die entsprechende Zahl bei 59 und in Baschkirien bei 69 Prozent.[10]

Während des Zweiten Weltkriegs sah sich das Regime genötigt, der Geistlichkeit Zugeständnisse zu machen, was jedoch keineswegs bedeutete, dass man die Repressionen eingestellt hätte. Die Zahl der russisch-orthodoxen Priester, die 1943 verhaftet wurden, belief sich auf mehr als tausend, und man erschoss die Hälfte von ihnen. Zwischen 1944 und 1946 kam es jedes Jahr zu über hundert Hinrichtungen.

Nach dem Krieg ging die Schließung der Kirchen unvermindert fort. Zwischen 1953 und 1963 verringerte sich die Zahl der russisch-orthodoxen Gemeinden um mehr als die Hälfte. Im Sommer 1946 wurde die Kirche der Verklärung in Moskau abgerissen. In den Diözesen Dnepropetrowsk und Saporoschje gab es 1959 noch 285 Gemeinden, von denen 1961 nur noch 49 übrig geblieben waren. Fünf Priesterseminare wurden geschlossen, und 1963 musste sogar das Kloster Kiew-Petschersk seine Tore schließen.

In den frühen sechziger Jahren begann die Verfolgung der Gläubigen und der Geistlichen erneut. Zwischen 1961 und der ersten Hälfte 1964 verurteilte man 806 Personen nach den Artikeln 142, 143 und 227 des Strafgesetzbuchs der RSFSR sowie nach den einschlägigen Artikeln der Strafgesetzgebung anderer Unionsrepubliken.[11] Nach der Verabschiedung eines Erlasses über Schmarotzertum wurden 351 Priester in entlegene Gebiete verbannt.

Folgende Zahlen belegen die Dezimierung religiöser Organisationen in den sechziger Jahren.[12]

	1960	1969
Gesamtzahl der Gotteshäuser aller Religionen	20 914	16 321
Russisch-orthodox	13 008	7352
Muslimisch	2038	962
Katholisch	1179	1096
Jüdisch	259	224

Während der Breschnew-Zeit sank die Schließungsrate ein wenig. Durchschnittlich löste man rund fünfzig Gemeinden pro Jahr auf. Generalsekretär Ju. Andropow zog die Schraube jedoch erneut an und verlangte, die Bekämpfung der Religion und die Verfolgung prominenter Kirchenvertreter zu intensivieren. Das Debakel in Afghanistan veranlasste die herrschende Clique, nach Feinden zu suchen, die sie für ihre eigenen Verbrechen verantwortlich machen konnte. Am 5. April 1983 verabschiedete das ZK der KPdSU den Erlass »Über Maßnahmen zur Isolierung des reaktionären Teils der muslimischen Geistlichkeit«. Danach kam es zu einer neuen, gegen den Islam gerichteten Verfolgungswelle.

Die Perestroika brachte eine neue politische Einstellung gegenüber der Religion und der Kirche mit sich. Klöster, Kirchen, Moscheen, Synagogen und andere Gotteshäuser sowie religiöse Lehranstalten wurden – ohne den geringsten Widerstand seitens des Politbüros – wieder eröffnet. Die alten Vorschriften und Gewohnheiten, die seit vielen Jahren wirksam gewesen waren, machten sich freilich vor allem in den Provinzen weiterhin bemerkbar, doch das religiöse Leben begann sich schon sehr bald zu erholen.

Ich bin stolz auf die Tatsache, dass ich durch meine Zuständigkeit für Kultur, Informationswesen und Wissenschaft persönlich an diesem Erholungsprozess beteiligt war. Durch meine direkte Mitwirkung wurden der russisch-orthodoxen Kirche neben Optina Pustyn und Tolgsk sechzehn Klöster zurückgegeben. Mehr als 4000 Gotteshäuser gingen wieder in den Besitz der rechtmäßigen Eigentümer über. Der Patriarch von Moskau und Allrussland verlieh mir den Orden des heiligen Sergi von Radonesch.

Unlängst schenkte mir der Prior der Kirche in Kresty (Jaroslawl) zum Dank dafür, dass ich das Kirchengebäude gerettet hatte, eine alte Ikone. Ich hatte die Angelegenheit in der Hast des Alltagslebens vergessen, doch der Pater erinnerte mich an die Zeiten, als die Kirche von Zerstörung bedroht war. Das Gebietskomitee der Partei hatte argumentiert, das Gebäude verderbe bei der Anfahrt in Richtung Jaroslawl die Aussicht, weil es die »Schönheit« der neuen Hochhäuser verdecke. Ich genehmigte den Abriss der Kirche nicht. Sie steht weiterhin in all ihrem Glanz da und schmückt die Straße, die in diese alte russische Stadt hineinführt.

Auch so etwas kommt vor. Nicht jeder hat ein kurzes Gedächtnis.

Was mich selbst betrifft, so halte ich mich nicht für einen besonders pflichtgetreuen Gläubigen, doch ich wurde – genau wie meine Kinder und Enkel – getauft, und nicht erst vor kurzem, sondern bei meiner Geburt. Meine Mutter ging bis ans Ende ihrer Tage in die Kirche. Noch heute hängen Ikonen im Haus meiner Eltern; sie wurden nie heruntergenommen. Wie es der Zufall wollte, hielt ich mein ganzes Leben lang keinen einzigen atheistischen Vortrag, erstattete keinen atheistischen

Bericht und leitete keine einzige Versammlung über atheistische Propaganda.

Häufig war ich bekümmert beim Anblick zerstörter Kirchen, die man in vielen Fällen zu Lagerhäusern oder Schafställen gemacht hatte. An der Straße von Moskau nach Jaroslawl, über die ich hunderte von Malen fuhr, standen dutzende zertrümmerter Denkmäler der Vergangenheit wie stumme Zeugen, die an die Verbrechen des Regimes gemahnten. Einmal, im Jahr 1975, als ich auf Heimaturlaub war – damals arbeitete ich in Kanada –, sprach ich das Thema bei einem Treffen mit Andropow an, der zu jener Zeit als KGB-Vorsitzender fungierte. Er hörte mir aufmerksam zu und bestätigte, dass solche Stätten einen schlechten Eindruck auf Ausländer machten. Ähnliches sei ihm bereits früher gemeldet worden. In meiner Gegenwart rief Andropow irgendeinen Amtsträger an und befahl ihm, das Problem gründlich zu untersuchen, doch damit war die Sache für ihn abgeschlossen.

Ich schildere diese Tatsachen, um meine Gedanken zu verdeutlichen. Für mich war die Rückgabe des religiösen Besitzes an die Kirchenbehörden ein Akt elementarer Gerechtigkeit, doch darüber hinaus hoffte ich, dass die Wiederbelebung der religiösen Tätigkeit positive Auswirkungen auf die Moral und die geistige Existenz der Bürger haben würde. Nicht all meine Hoffnungen wurden enttäuscht, doch viele von ihnen sind leider verblichen. Nicht wenige Geistliche in den Provinzen haben sich als gemeine Diebe erwiesen, deren Hauptziel es ist, die Kirche auszurauben. Die theologische Theorie und Praxis scheint in der Vergangenheit erstarrt zu sein, und man ist nicht einmal bereit, sich von Dogmen zu trennen, die dem heutigen Alltagsleben unzweifelhaft widersprechen. Für viele Priester steht die moralische Unterweisung nicht mehr im Mittelpunkt ihres Auftrags. Überraschend arbeiten manche Kirchenführer in intellektueller Hinsicht mit den Fürsprechern der bolschewistischen Ideologie zusammen, wodurch sie mithelfen, das ohnehin kurze Gedächtnis ihrer Gemeinde noch weiter zu beeinträchtigen.

Besonders abstoßend sind für mich die Erklärungen jener aktiven Mitglieder der orthodoxen Kirche, die zu beweisen versuchen, dass Stalin die Gebote Christi auf Erden realisieren wollte. Eine schlimmere Blasphemie ist kaum vorstellbar. Diese Leute, die sich in die Kirche eingeschlichen haben, verraten sowohl den Glauben als auch Christus. Besonders widerlich und zynisch sind die Treueschwüre, die die gegenwärtigen kommunistischen Parteiführer auf die christlichen Gebote ablegen. Nachdem tausende von Kirchen zerstört und hunderttausende von Geistlichen auf Befehl ihrer Vorgänger ermordet wurden, versuchen die Neobolschewiki nun, sich als Verteidiger der Moral und der religiösen Werte aufzuspielen.

Ich finde keine Worte, um die Unmoral der Menschen zu beschreiben, die ihre Stimme für die Erben der Bolschewiki abgeben. Es kann einfach nicht möglich sein, dass alle, die sie wählen, mit der marxistisch-leninistischen Ideologie aufgewachsene Atheisten sind. Welche Ignoranz zerrt uns wieder in die Tiefe?

Wegen seiner Kritik an der Kirche exkommunizierte der orthodoxe Synod den genialen Schriftsteller Leo Tolstoi, den geistigen Vater des russischen Volkes. Warum also verhängen die würdigen und so hoch geachteten Hierarchen unserer Kirche keinen Bannfluch über die antipatriotische und antichristliche Partei, die während ihrer Herrschaft die Orthodoxie zerstörte und die christliche Religion als feindlich einstufte? Wir sollten die Worte des Patriarchen Tichon nicht vergessen, für den damals der »Antichrist an der Macht« war.

Ich kann gut verstehen, dass viele Geistliche noch die Bürde der Vergangenheit spürten, in der das KGB jegliche religiöse

Tätigkeit kontrollierte. Es wählte Kandidaten für das Studium an religiösen Lehranstalten aus und rekrutierte sie für den Geheimdienst und die Spionageabwehr. Ich kenne viele dieser Doppelgänger anhand ihrer KGB-Tarnnamen sowie etliche der janusköpfigen Herren unter Schriftstellern und Journalisten. Manchmal begegne ich ihnen auf demokratischen Versammlungen und offiziellen Empfängen, und dann irritiert mich die Frage: Was denken sie über ihre Vergangenheit, wie können sie mit ihrem Gewissen leben? Doch zum Teufel mit ihnen. Was mich betrifft, so habe ich nicht vor, die Einzelheiten an die Öffentlichkeit zu bringen.

ZWEIMAL VERRATEN

Die Verbrechen, die das Regime während des Zweiten Weltkriegs an sowjetischen Kriegsgefangenen und an nach Deutschland und in die von ihm besetzten Länder deportierten Zivilisten beging, waren unbeschreiblich. Bis zum heutigen Tag besitzen wir keine präzisen Informationen über die Zahl der sowjetischen Kriegsgefangenen. Das deutsche Oberkommando sprach von 5 270 000, der Generalstab der Streitkräfte der Russischen Föderation von 4 590 000 Menschen. Die statistischen Unterlagen der Verwaltung zu Repatriierungsfragen innerhalb des SNK der UdSSR deuten darauf hin, dass die meisten betroffenen Sowjetbürger in den beiden ersten Kriegsjahren in Gefangenschaft gerieten: fast zwei Millionen oder 49 Prozent im Jahr 1941 und 1 339 000 (33 Prozent) im Jahr 1942. Dagegen waren es 1943 487 000 (12 Prozent), 1944 203 000 (5 Prozent) und 1945 lediglich 40 600 (1 Prozent).[1]

Die überwältigende Mehrheit der Soldaten und Offiziere wurde gegen ihren Willen, infolge von Verwundung oder Krankheit, gefangen genommen. Es gab keine Waffen und Lebensmittel, und die Befehlshierarchie hatte sich aufgelöst. Doch sogar im härtesten Jahr – 1941 – machte die Zahl der Deserteure etwa an der Westfront nie mehr als 3 oder 4 Prozent der in Gefangenschaft geratenen Soldaten aus.

Im Herbst 1941 begannen Massendeportationen der Zivilbevölkerung nach Deutschland und in die von Hitler besetzten Länder. Die Zahl der während des Krieges verschleppten

Männer, Frauen und Kinder belief sich auf 4 829 000.[2] Die Ausnahme von dieser unfreiwilligen Umsiedlung bildeten rund 250 000 Menschen: hauptsächlich Sowjetbürger deutscher Nationalität und die Familien derjenigen, die für die deutschen Streitkräfte und die Straforgane der Besatzungsmacht arbeiteten.

Über zwei Millionen Kriegsgefangene und mehr als 1 230 000 verschleppte Zivilisten starben in Lagern und in der Knechtschaft. Mehr als 1 866 000 frühere Kriegsgefangene und mehr als 3,5 Millionen Zivilisten wurden in die UdSSR repatriiert. Über 450 000, darunter 160 000 ehemalige Kriegsgefangene, weigerten sich zurückzukehren.

Die Haltung des bolschewistischen Regimes gegenüber Angehörigen der Roten Armee, die in Gefangenschaft gerieten, war bereits während des brudermordenden Bürgerkriegs, der sich dem konterrevolutionären Staatsstreich vom Oktober 1917 anschloss, ganz eindeutig. Häufig exekutierte man Soldaten ohne Verhandlung oder Ermittlung. 1940, am Ende des sowjetisch-finnischen Krieges, übergab Finnland den Sowjetbehörden 5500 Kriegsgefangene. Alle landeten in einem Sonderlager in dem Dorf Juscha im Gebiet Iwanowsk. Das mit Stacheldraht umzäunte Lager wurde von NKWD-Geleittruppen bewacht. Man verwehrte den Insassen das Recht, Post zu verschicken und zu erhalten, und auch Besuche durch Verwandte. Der Ort der Inhaftierung blieb streng geheim, und die Vernehmung der Insassen dauerte fast ein Jahr. Ein erheblicher Prozentsatz von ihnen wurde zu Gefängnisstrafen verurteilt.

In den ersten Tagen des deutschen Einmarschs verlor das sowjetische Oberkommando jegliche Kontrolle über seine Streitkräfte, abgesehen vielleicht von der Marine. Das Politbüro geriet in vollkommenes Chaos. Allein die Straforgane zeigten sich auf diese Wende der Ereignisse vorbereitet. Bereits am 28. Juni 1941, nur wenige Tage nach Kriegsbeginn, verkündeten das Volkskommissariat für Staatssicherheit, das NKWD sowie die Staatsanwaltschaften der UdSSR Befehl Nr. 00246/00833/pr/59ss mit dem Titel »Über Verfahren, Vaterlandsverräter und Mitglieder ihrer Familien zur Rechenschaft zu ziehen«.[3] Es gab immer noch keine Nachrichten über den Verlauf der Kämpfe, doch der Repressionsapparat demonstrierte bereits seine Bereitschaft, alle, die für Verräter gehalten wurden, zu inhaftieren, in die Verbannung zu schicken oder zu erschießen. Die Straforgane machten sich auch über die Familienangehörigen derjenigen her, die als Kriegsgefangene verschwunden waren. Die Regierung des Landes wälzte ihre eigenen Verbrechen auf die Schultern der Soldaten und Offiziere ab.

Jeder Sowjetbürger, der in Gefangenschaft geriet, hatte der offiziellen Version zufolge ein vorsätzliches Verbrechen begangen. Mildernde Umstände wurden nicht akzeptiert. Selbst Soldaten, die nach nur ein paar Tagen auf der anderen Seite der Front zurückkehrten, mussten Ermittlungen über sich ergehen lassen. Soldaten und Befehlshaber, die aus einem Kessel ausgebrochen waren, galten als potenzielle Verräter und Spione.

Als eine Gruppe von uns jungen Offizieren Anfang 1942 an der Wolchow-Front eintraf, um zur Sechsten Sonderbrigade der Marineinfanterie zu stoßen, wurden wir Zeugen davon, wie dieses Verfahren unter Frontbedingungen gehandhabt wurde. Zufällig kamen gerade zum Zeitpunkt unserer Ankunft separate Gruppen von bis zu vierzig Soldaten und Offizieren der eingekreisten Zweiten Stoßarmee, die von General Wlassow befehligt wurde, in unseren Frontabschnitt herüber. Zu unserem Erstaunen wurden praktisch alle sofort entwaffnet, unter Bewachung gestellt, einer nach dem anderen verhört, dann mit Hilfe irgendeiner Methode kategorisiert und in die Etappe geschickt.

Gelegentlich wurden die Regeln jedoch gebrochen. Wenn die

Rückkehrer zu zweit oder dritt eintrafen, teilte man sie den ständig schrumpfenden Kompanien und Bataillonen als einfache Soldaten zu. Dies geschah gewöhnlich mit dem Einverständnis der politischen Offiziere: Sie bestellten bei uns gefangene deutsche Informanten (die sie mit reinem Alkohol bezahlten), und wir kauften dadurch sozusagen unsere aus der Einkesselung entkommenen Kameraden frei. Manchmal wurden sogar in dem an der Front herrschenden totalen Chaos vernünftige Entscheidungen getroffen.

Doch insgesamt gesehen war die Situation viel tragischer, als es sich die lebhafteste Phantasie ausmalen könnte. Ein anschauliches Beispiel ist das Schicksal des Divisionskommandeurs I. Laskin. Bei dem Versuch, im August 1941 aus einer Einkesselung unweit von Uman auszubrechen, wurde er gefangen genommen und von einem deutschen Unteroffizier verhört. Ein paar Stunden später gelang es ihm und seinen Kameraden, zu entkommen und zu unserer Seite vorzudringen. Sie hatten vereinbart, ihre kurze Festnahme durch die Deutschen nicht zu erwähnen, und wurden ohne weitere Umstände zu ihren Einheiten zurückgeschickt. Anderthalb Jahre später, im Februar 1943, erfuhr der militärische Abwehrdienst SMERSCH jedoch von der Episode. Laskin war mittlerweile zum Generalleutnant befördert worden, und er war es, der als Befehlshaber der operativen Generalstabsabteilung an der Don-Front die Kapitulation von Feldmarschall Paulus entgegennahm. Zu seinen Auszeichnungen gehörten der Kutusow-Orden, der Orden der Roten Fahne sowie das amerikanische Distinguished Service Cross. Gleichwohl wurde er verhaftet und des Verrats, der Spionage und der vorsätzlichen Kapitulation angeklagt. Der Fall zog sich bis 1952 hin. General Laskin durchlitt die Schrecken des Lubjanka-, des Lefortowo- und des Suchanowo-Gefängnisses und erhielt schließlich eine Haftstrafe von fünfzehn Jahren. Später wurde er rehabilitiert.

Mehr als 994 000 sowjetische Soldaten wurden während des Krieges allein von Militärgerichten verurteilt, davon über 157 000 zum Tod durch Erschießen. Mit anderen Worten, unsere eigene Seite elimierte fünfzehn sowjetische Divisionen. Über die Hälfte der Urteile erging in den Jahren 1941 und 1942. Die meisten Angeklagten waren Soldaten und Offiziere der Roten Armee, die aus Kriegsgefangenenlagern oder aus einer Einkesselung ausgebrochen waren.

Auch die Familienangehörigen der angeblichen Verräter wurden streng bestraft, etwa durch Verbannung oder langjährige Inhaftierung. Solche Strafen waren laut Erlass des Staatlichen Verteidigungskomitees (GKO) vom 16. Juli 1941 und laut Befehl Nr. 270 vom 16. August 1941 des Volkskommissars für Verteidigung (auch diese Funktion bekleidete Stalin) ausdrücklich vorgesehen. Im Zusammenhang damit wurde zum Beispiel der Befehlshaber der 28. Armee, Generalleutnant W. Katschalow, des Verrats und der Desertion angeklagt, obwohl er in Wirklichkeit am 4. August 1941 in der Schlacht gefallen war. Im September 1942 verurteilte man seine Frau und seine Schwiegermutter zu acht Jahren Gefängnis. Erst nach dem Tod des Tyrannen wurde Katschalows guter Name dank der unermüdlichen Bemühungen seiner Frau – gegen die man übrigens 1950 neue Anklagen wegen antisowjetischer Agitation erhob – wiederhergestellt.

Am 27. Dezember 1941 gab das GKO Erlass Nr. 1069-ss zur Überprüfung »ehemaliger Militärangehöriger der Roten Armee« heraus, die aus Kriegsgefangenenlagern entlassen worden oder aus einem Kessel ausgebrochen waren.[4] Fortan schickte man sie alle in NKWD-Sonderlager, das heißt in Militärgefängnisse mit strengem Regime. Die Häftlinge durften die Gefängniszonen nicht verlassen, nicht miteinander umgehen und weder Briefe schreiben noch empfangen. Sämtliche Nachfragen nach dem Aufenthaltsort dieser Männer wurden von NKWD-Vertretern routinemäßig damit beantwortet, dass man über keine Informationen verfüge.

Charakteristischerweise unterstanden die Sonderlager für Sowjethäftlinge der NKWD-Verwaltung für ausländische Kriegsgefangene und Internierte. Mit anderen Worten, die Partei- und Staatsführung stellte sowjetische Militärangehörige, die aus der Gefangenschaft entkommen oder aus einem Kessel ausgebrochen waren, auf die gleiche Stufe mit Kriegsgefangenen, die gegen die Sowjetunion gekämpft hatten.

Im April 1943 verabschiedete das Präsidium des Obersten Sowjets einen Erlass über den Aufbau eines Zwangsarbeitssystems. Häftlinge hatten Schwerstarbeit in Bergwerken und Steinbrüchen, in der Hüttenindustrie, im Bauwesen und in der Holzfällerei zu leisten. Dies war das Schicksal der »politischen« Gefangenen und der verurteilten Soldaten und Offiziere, die sich in Kriegsgefangenschaft befunden hatten.

Seit 1944 teilte man Offiziere der Roten Armee, die aus Gefangenenlagern befreit worden oder aus einer Einkesselung ausgebrochen waren, »Stoßbataillonen« zu, in denen sie ungeachtet ihres früheren Ranges als gemeine Soldaten dienten. Um für ihre »Schuld« zu büßen, hatten sie in diesen Bataillonen zu kämpfen, bis sie verwundet oder mit einem Orden ausgezeichnet wurden. »Stoßbataillone« waren Einheiten, die man in Situationen einsetzte, aus denen kaum jemand lebend zurückkehrte. Das heißt, solche in Kriegsgefangenschaft geratene ehemalige Offiziere wurden in den sicheren Tod getrieben.[5] Insgesamt kamen mehr als 25 000 von ihnen in den Stoßbataillonen ums Leben – genug Männer, um 22 Infanteriedivisionen zu befehligen.

Während sich die Front nach Westen vorschob, schwoll die Welle der Kriegsgefangenen und Deportierten an, die in die UdSSR zurückkehrten. Daraufhin gab das GKO im August 1944 einen Erlass über die Schaffung eines Netzes von Kontrollpunkten in der Grenzzone heraus. Sämtliche Zivilisten und ehemaligen Kriegsgefangenen mussten diese Kontrollen durchlaufen.

Die statistischen Berichte des NKWD zeigen, dass Repatriierte, die noch nicht im Einberufungsalter waren und keinen Verdacht erregten, zurück nach Hause geschickt wurden, während Wehrpflichtige und frühere Rotarmisten bei Rekrutierungsbüros vorzusprechen hatten. Wer sich dagegen verdächtig machte, wurde verhaftet oder sofort unter Dauerüberwachung gestellt. Im zweiten Fall musste er ebenfalls mit einer baldigen Verhaftung und Verurteilung rechnen.

Man fröstelt förmlich bei der Lektüre dessen, was den Heimkehrern hinter dem Stacheldraht der Kontrolllager zustieß. Hier sind Auszüge aus ein paar Briefen:

> Sie haben 20 000 von uns in ein Lager gesteckt und halten uns nun fest. Die Situation hier ist schrecklich. Jeden Tag sterben zahlreiche Frauen und Kinder. (2. August 1945; W. S. Ljaschenko, Repatriierter)

> Mir scheint, dass das Leben in all den Kriegsjahren nie so schwer war wie jetzt. Wir können kaum aufstehen. Das Essen ist grässlich. Sie behandeln uns wie Hunde … Wir kriechen herum wie Fliegen und stopfen uns voll mit einem von Würmern wimmelnden Borschtsch, wie wir ihn in drei Jahren in Deutschland nie zu Gesicht bekommen haben … Den Menschen ist es egal, ob sie leben oder sterben. Viele haben Selbstmord begangen. Jeder Wächter will ein Mädchen haben, das weit über ihm steht, von den höheren Chargen gar nicht zu reden. Die Mädchen fügen sich nicht, und deshalb werden viele von ihnen in dunklen, kalten Kellern untergebracht. Die Menschen sterben in einem fort. (12. August 1945; N. M. Ostrowskaja, Repatriierte)

Wir leben sehr schlecht, das Essen ist scheußlich, wir bekommen 300 Gramm Brot pro Tag, praktisch rohen Teig, heiße Mahlzeiten dreimal am Tag: anderthalb Liter einer Brühe, die zur Hälfte aus Würmern besteht, mit trockenen Steckrüben und Rotkohl. Ehrlich gesagt, unter den Deutschen wurden wir viel besser versorgt. Etliche Mädchen, dem Hungertod nahe, liegen im Krankenhaus. Alle Mädchen laufen ungewaschen herum; bald werden die Läuse sie auffressen. Sehr viele haben ihrem Leben ein Ende gesetzt. Ich werde noch eine Woche weiterleben und mein Leben dann beenden, denn ich kann darin keinen Sinn mehr entdecken. Ich bitte, Mama mitzuteilen, dass ihre Tochter nach der Befreiung durch die Russen gestorben ist. Warum soll man weitermachen, wenn jeder Soldat und Offizier einen in der schändlichsten Sprache beleidigt. Sie halten uns überhaupt nicht mehr für Menschen. (12. August 1945; G. Gelach, Repatriierte)

Im Sommer 1945 befanden sich auf dem Territorium der UdSSR 43 Sonderlager und 26 Kontrolllager. Weitere 74 Kontrollpunkte und 22 Umsiedlungszentren gab es in Deutschland und in den osteuropäischen Ländern. Bis Ende 1945 hatten mehr als 800 000 Menschen dieses System durchlaufen. Weitere 1 230 000 waren von sechs Reserve-Sonderdivisionen überprüft worden. Sowohl während als auch nach der Ermittlung hatten sie Zwangsarbeit der schwersten Art zu leisten. Der beste Ausgang für einen Repatriierten bestand darin, sich eine Versetzung zum ständigen Personal des Unternehmens zu sichern, dem das Sonderlager zuarbeitete. Eine solche Versetzung war unbefristet.

Am 18. August 1945, drei Monate nach Kriegsende, verabschiedete das GKO Erlass Nr. N871-s, der die neue Politik des Regimes gegenüber ehemaligen sowjetischen Kriegsgefangenen und repatriierten Zivilisten regelte.[6] Nun hatten sie ein Kontrollverfahren innerhalb der Arbeitsbataillone des Volkskommissariats für Verteidigung – wiederum mit schwerer Zwangsarbeit – zu durchlaufen. Fast 1,5 Millionen Menschen, davon 660 000 ehemalige Kriegsgefangene, wurden von diesen Arbeitsbataillonen überprüft. Die Übrigen waren repatriierte Zivilisten in wehrpflichtigem Alter.

Gleichzeitig beschloss man, dass Wlassow-Soldaten, die während des Kontrollverfahrens entdeckt wurden, und Zivilisten, die in den deutschen Streitkräften und bei der Polizei gedient hatten – insgesamt rund 145 000 Personen –, für sechs Jahre in Sondersiedlungen zu verbannen waren. Die Führer der UdSSR sahen keinen Unterschied zwischen Wlassow-Soldaten und einstigen Kriegsgefangenen, die sich nichts hatten zuschulden kommen lassen. Beide Gruppen wurden in den hohen Norden, nach Ostsibirien und Kasachstan geschickt, also in entlegene Gebiete, in denen sie praktisch keine Überlebenschancen hatten.

Infolge der endlosen Überprüfungen wurden viele frühere Kriegsgefangene und repatriierte Zivilisten als Kollaborateure und deutsche Spione verurteilt, nur weil sie während ihrer Haft in nationalsozialistischen Lagern als Ärzte, Sanitäter, Dolmetscher und Köche oder in anderen Funktionen für Kriegsgefangene und Ostarbeiter tätig gewesen waren. Man nahm von vornherein an, dass sie Beziehungen zum Nachrichtendienst und zur Geheimpolizei Deutschlands hatten. Diejenigen, die ihre Befreiung den westlichen Alliierten zu verdanken hatten, wurden als mögliche Agenten der westlichen Geheimdienste registriert.

Die Überprüfungen zogen sich über Jahre hin. Das Regime hatte keine Eile, da die Sonderlager und Arbeitsbataillone Sklavenpersonal nach Art des Gulags lieferten. Der Lohn der Arbeiter kam fast vollständig den Kassen des NKWD zugute. Was übrig blieb, verringerte sich weiter durch Abzüge für Steuern und Darlehen. So behielt ein Bergarbeiter von fünfhundert

Rubel Lohn weniger als hundert Rubel – genau den Betrag, der ihm nach den Vorschriften zustand. Doch auch für diesen Hungerlohn gab es kaum etwas zu kaufen. Um Schwarzhandel zu verhindern, ließ man weder in den Sonderlagern noch in den Arbeitsbataillonen Verkaufsstellen zu.

Auch Kinder hatten unter den schweren Bedingungen zu leiden. Wer sechzehn Jahre oder älter war, galt als Erwachsener, während die noch nicht Sechzehnjährigen zusammen mit ihren Eltern registriert wurden. In den NKWD-Direktiven betonte man die Notwendigkeit, gegenüber Heranwachsenden zwischen zwölf und sechzehn Jahren wachsam zu sein, da sie von den deutschen Geheimdiensten für Spionage- und Sabotagezwecke rekrutiert worden sein könnten.

Die Akten ehemaliger Kriegsgefangener und repatriierter Zivilisten zogen vor allem nach dem 21. Februar 1948 großes Augenmerk auf sich, als das Regime den Bau mehrerer Lager und Gefängnisse für sowie verschärfte Repressionsmaßnahmen gegen bereits verurteilte Trotzkisten, Menschewiki, Sozialrevolutionäre, Nationalisten, Spione und Saboteure billigte. Eine neue Kategorie von Staatsverbrechern entstand: »Personen, die infolge ihrer antisowjetischen Beziehungen und feindlichen Reaktionen eine Gefahr darstellen.«[7] Diese Definition galt sowohl für Kriegsgefangene als auch für repatriierte Zivilisten.

In den Regionen Kolyma, Norilsk und Karaganda sowie in Mordowien und Komi wurden Zuchthauslager mit jeweils 100 000 Insassen eingerichtet, dazu in Wladimir, Alexandrowsk und Werchneuralsk Sondergefängnisse mit jeweils 5000 Häftlingen. Nicht weniger als die Hälfte der Insassen dieser Lager und Gefängnisse bestand aus Personen, die »wegen ihrer antisowjetischen Beziehungen« verdächtig waren, also ehemalige Kriegsgefangene und repatriierte Zivilisten.

Stalins Tod brachte kaum einen Wandel mit sich. 1955, zehn

Jahre nach dem Krieg, beschäftigte sich die Parteiführung erneut mit dem Kriegsgefangenenproblem, allerdings nicht, um Gnade walten zu lassen. Vielmehr informierte der KGB-Vorsitzende Serow das Zentralkomitee der KPdSU, dass die »Deserteure« unter den einstigen Kriegsgefangenen und Ostarbeitern, die nun im Westen lebten, in einem künftigen Krieg gegen die UdSSR als Soldaten eingesetzt werden könnten. Serows Rat befolgend, verabschiedete das Präsidium des Obersten Sowjets am 17. September 1955 den Erlass »Über eine Amnestie für Sowjetbürger, die während des Großen Vaterländischen Krieges von 1941–1945 mit den Besatzern zusammenarbeiteten«.[8]

Wunderbar! Eine Amnestie für jene, die bei der deutschen Polizei und bei den deutschen Streitkräften gedient sowie mit den Straf- und Nachrichtendienstorganen Deutschlands und seiner Verbündeten kollaboriert hatten, nicht jedoch für die Menschen, die ohne eigenes Verschulden in Konzentrationslager gesteckt worden waren. Zudem wurden diejenigen von der Begnadigung ausgenommen, die ihre Strafen in Zuchthäusern und Sonderlagern und Arbeitsbataillonen bereits abgeleistet hatten.

Die Veröffentlichung des Erlasses löste eine Flut von Briefen an die höchsten Partei- und Regierungsämter aus. Verwirrt über die Entscheidung, forderten ehemalige Kriegsgefangene eine rasche Wiederherstellung der Gerechtigkeit. Das Ergebnis war die Einberufung einer Kommission unter dem Vorsitz von Marschall Schukow. Am 4. Juni 1956 legte Schukow einen Bericht vor, der zum ersten Mal zwingendes Beweismaterial für die willkürliche Behandlung von Kriegsgefangenen enthielt. Schukow warf die Frage auf, wie man dieser Gesetzlosigkeit ein Ende setzen könne.[9] Sie wurde, so hieß es in dem Bericht, ermöglicht durch den »vorherrschenden Personenkult um Stalin, der Entscheidungen … über die wichtigsten politischen und militärischen Belange ganz allein traf«. In den Erlassen des GKO und den Befehlen des Oberbefehlshabers seien Fragen, die mit Kriegsgefangenen und aus einer Einkesselung ausgebrochenen Militärangehörigen zu tun hatten, »auf voreingenommene Weise erörtert worden, nämlich als Teil einer konsequenten Ausübung von Repressionen gegen sie und ihre Familien. Das führte zu der verbreiteten illegalen Praxis außergerichtlicher Strafmaßnahmen gegen frühere Kriegsgefangene und zu Gesetzesbrüchen bei der Handhabung ihrer Fälle vor Gericht.«[10]

Die Schukow-Kommission schlug Schritte vor, die dazu dienen sollten, frühere Kriegsgefangene finanziell zu unterstützen, ihnen Arbeitsplätze in ihrem Beruf zu verschaffen, sämtliche Einschränkungen aufzuheben, die ihnen den Besuch von Ausbildungsanstalten verboten, und so weiter. Daneben regte die Kommission an, die Regierung solle ehemaligen Kriegsgefangenen, die verwundet worden oder aus der Gefangenschaft entkommen seien, ihnen bis dahin vorenthaltene Entschädigungen zahlen.

Der Schukow-Bericht löste eine hitzige Debatte innerhalb des ZK-Präsidiums aus. Viele der Kommissionsvorschläge wurden abgelehnt. Doch in einem Erlass des ZK der KPdSU und des Ministerrats vom 29. Juli 1956 – »Über die Eliminierung der Konsequenzen grober Rechtsverletzungen im Hinblick auf frühere Kriegsgefangene und ihre Familien« – erkannte die bolschewistische Führung die Ungerechtigkeit der stalinschen Politik an.[11] Andererseits gab sie sich damit zufrieden, lediglich denen eine Amnestie zu gewähren, die langjährige Strafen im Zuchthaus, im Gefängnis, in Lagern und Arbeitsbataillonen abgeleistet hatten, obwohl sie nie ein Verbrechen begangen hatten.

Mithin wurden ehemalige Kriegsgefangene praktisch mit früheren Mitgliedern deutscher Einheiten und Polizeiorgane gleichgesetzt, die man schon vorher amnestiert hatte. Demnach erwies sich die vorgeblich so gerechte Amnestie in Wirklichkeit als niederträchtige Heuchelei. Diejenigen, die wegen angeblichen Vaterlandsverrats und wegen Spionage verurteilt worden waren, wurden nun als Militärverbrecher eingestuft, was für die Betroffenen die Möglichkeit ausschloss, als Opfer politischer Repressionen rehabilitiert zu werden.

Danach hielt das Regime es nicht mehr für erforderlich, sich um die Probleme früherer Kriegsgefangener und repatriierter Zivilisten zu kümmern, sondern es erklärte sämtliche Schwierigkeiten für behoben. Wiederholte Versuche der Kommission für die Rehabilitierung von Opfern politischer Repressionen – und durch mich persönlich –, das Thema erneut anzugehen, wurden durch den hartnäckigen Widerstand des Verteidigungsministeriums blockiert (das galt auch für die Gorbatschow-Zeit). Als Vorsitzender der Kommission und als Politbüromitglied besprach ich die Angelegenheit zwei Mal mit dem Chef des Generalstabs, Marschall Achromejew, traf jedoch auf heftige Einwände. Sein Standpunkt war der konventionelle: Maßnahmen wie die vorgeschlagenen würden die nationale Sicherheit gefährden, die Moral der Armee beeinträchtigen und einen negativen Effekt auf die Disziplin der Streitkräfte haben.

Der Hass des Regimes auf frühere Kriegsgefangene war total und tief gehend. Deren gesetzliche Rechte und die der repatriierten Zivilisten wurden nicht wiederhergestellt. Es war bequem, diesen Unglücklichen die Schuld für die Kriegsniederlagen aufzubürden.

Das bolschewistische Regime räumte nie ein, dass

- die Überprüfung und Kontrolle der repatriierten Bürger, die aus der Gefangenschaft oder aus einer Einkesselung entkommen waren, sowie deren sich anschließende Inhaftierung eine der Formen außergerichtlicher Repression dar-

stellte, die mehr als fünf Millionen Sowjetbürgern widerfuhren;
- die Versetzung von Offizieren als gemeine Soldaten in »Strafbataillone«, in denen sie dem sicheren Tod ausgeliefert waren, eine Form der außergerichtlichen Repression oder, schlicht gesagt, vorsätzlicher Mord war;
- die gegen Familien von sowjetischen Kriegsgefangenen durchgeführten Repressionen eine raffinierte Form der Barbarei und ein Missbrauch der Gesetze – mit anderen Worten, ein Verbrechen – waren;
- die gegen Repatriierte ohne jeglichen Schuldbeweis durchgeführten Repressionen Akte der Gesetzlosigkeit waren;
- das Regime ein eindeutiges Beispiel seines eigenen verbrecherischen Charakters lieferte, als es sowjetischen Militärangehörigen, die bei der Verteidigung ihres Vaterlands in Gefangenschaft geraten waren, den moralischen und gesellschaftlichen Schutz verwehrte und ihnen den Status von Kriegsveteranen aberkannte.

Hinzu kamen die Forderungen der Behörden, dass die in den nationalsozialistischen Lagern Verstümmelten schriftliche Bestätigungen ihrer körperlichen und seelischen Schäden vorlegten. Welche Bestätigung hätte ein Soldat liefern können, dessen Arm oder Bein in einem Lager amputiert worden war? Vergessen wir auch nicht, dass die Frage »Wurden Sie oder Verwandte von Ihnen als Kriegsgefangene oder auf besetztem Gebiet festgehalten?« erst 1992 aus den Fragebögen gestrichen wurde!

Die volle Wiederherstellung der juristischen Rechte russischer Bürger, die im Kampf für die Verteidigung ihres Vaterlands gefangen genommen worden waren, konnte erst beginnen, als Erlass Nr. 63 des Präsidenten der Russischen Föderation am 24. Januar 1995 in Kraft getreten war (auf Empfehlung der

Kommission für die Rehabilitierung von Opfern politischer Repressionen). Erst fünfzig Jahre nach dem Ende des Zweiten Weltkriegs war es möglich, Gerechtigkeit walten zu lassen. Bis dahin hatten Millionen Menschen, vom Regime verleumdet, erniedrigt und verraten, diese Welt bereits verlassen.

AUF EWIG VERLEUMDET

Die Terrormühlen erfassten nicht nur gesellschaftliche Schichten und Gruppen – das Bauerntum, den Adel, die Kosaken, die Kaufleute, die Armee, die Geistlichkeit –, sondern auch ganze Völker, die in den hohen Norden und nach Sibirien, nach Kasachstan und Zentralasien zwangsdeportiert wurden. Im Zusammenhang mit dem tragischen Schicksal der Polen, Krimtataren, Wolgadeutschen, Tschetschenen, Inguschen, Kalmüken, Balkaren, Karatschajer, Turkmescheten, Chemschiner, Koreaner, Finnen, Ingermanländer, Armenier, Bulgaren, Gagausen, Griechen, Kurden und vieler anderer zeigte sich der bolschewistische Faschismus in seiner deutlichsten Form und ließ das chauvinistische Fundament seiner Politik erkennen. Die lange in den Archiven verborgenen Dokumente, in denen die Verbrechen an so vielen Völkern verzeichnet sind, ermöglichen uns nun, die Tragödie und die Schande der Sowjetgesellschaft in ihrem ganzen Umfang zu erfassen.

Die Zwangsdeportationen begannen schon lange vor dem Zweiten Weltkrieg. Am 26. April 1936 fasste der Rat der Volkskommissare der UdSSR den geheimen Beschluss, 50 000 polnische und deutsche Haushalte wegen politischer »Unzuverlässigkeit« aus der Ukrainischen Sozialistischen Sowjetrepublik in das Gebiet Karaganda der Kasachischen Autonomen Sozialistischen Sowjetrepublik (ASSR) umzusiedeln.[1]

Darauf folgte die »Säuberung« der Grenzgebiete. Zur ersten Gruppe der Deportierten gehörten 35 820 Polen. Davon wurden

35 735 in die Kasachische SSR geschickt, nämlich in die Gebiete Alma-Atinsk, Karaganda, Koktschetaw, Nordkasachstan und Taldy-Kurgan. Die Übrigen deportierte man in Grüppchen von fünf bis fünfzehn Personen hauptsächlich nach Ostsibirien.[2] Im Anschluss daran griffen die Aussiedlungen auf die großen Industriezentren des europäischen Teils der UdSSR über.

Einer der ersten Umsiedlungsakte war die Verschickung »unzuverlässiger Elemente« in Gegenden, die an den Iran, Afghanistan und die Türkei grenzten. Am 17. Juni 1937 verabschiedeten das ZIK und der SNK einen Erlass, durch den besondere Sperrgebiete geschaffen wurden. Und sogleich verschleppte man 1325 Kurden aus Armenien, Aserbaidschan, Turkmenien, Usbekistan und Tadschikistan ins Landesinnere. Insgesamt wurden vierzig Regionen leer gefegt.

Die Massenverbannung der Koreaner, die in der Burjatisch-Mongolischen ASSR, in den Regionen Chabarowsk und Primorsk, im Gebiet Tschita und im Jüdischen Autonomen Gebiet lebten, wurde 1937 durchgeführt. Die Koreaner galten als Vorzugskandidaten für die Rekrutierung durch den japanischen Geheimdienst. Jeschow, damals Volkskommissar für Inneres, machte dem Vorsitzenden des SNK, W. M. Molotow, eine höchst geheime Meldung: »Die Exilierung von Koreanern aus der Fernöstlichen Region wurde am 25. Oktober 1937 abgeschlossen. Die Zahl der exilierten Koreaner belief sich auf 124 Zugladungen, bestehend aus 36 442 Familien oder 171 781 Personen. Die Koreaner sind der Usbekischen SSR (16 272 Familien, 76 525 Personen) und der Kasachischen SSR (20 170 Familien, 95 256 Personen) zugeteilt worden. 76 Züge sind an ihren Zielorten eingetroffen und entladen worden, und 48 Eisenbahnladungen sind unterwegs.«[3]

Ein Augenzeuge schreibt: »Man brachte sie mit Lastwagen und ließ sie zwischen verwelkten Dornen- und Tamariskensträuchern zurück. Die Menschen in weißen Kleidern und grauen wattierten Jacken verloren jegliche Selbstkontrolle und Würde und umklammerten die Knie ihrer Fahrer und Wächter und baten diese, sie an einen bewohnten Ort zu bringen, denn bei dem Wind und der beißenden Kälte, ohne eine Unterkunft oder ein Dach über dem Kopf, würden die kleinen Kinder und die Alten sterben, und sogar die Jungen würden nur mit Mühe bis zum Morgen überleben.«[4] Die Umsiedlung der Koreaner aus anderen Teilen des Landes setzte sich während des Zweiten Weltkriegs fort.

Der offiziellen Statistik zufolge lebten Anfang 1939 insgesamt 1 427 222 Deutsche in der UdSSR, davon 700 231 in der Russischen Föderation.[5] Als Erste, sofort nach Kriegsbeginn, wurden die Wolgadeutschen deportiert; danach waren sämtliche Deutschen in den europäischen Gebieten an der Reihe.

Die Entscheidung, die Wolgadeutschen umzusiedeln, wurde am 12. August 1941 getroffen. Man plante, sie in die Gebiete Nowosibirsk und Omsk, in die Altai-Region der Kasachischen und der Kirgisischen SSR sowie in andere benachbarte Gebiete zu schicken.[6]

Mein Klassenlehrer Gustav Schpeter wurde zusammen mit seiner Familie nach Workuta verbannt. Dieser ehrenwerte Mann, der uns Vaterlandsliebe, Ehrlichkeit und Anstand beibrachte, überlebte zum Glück und wohnt heute in Jaroslawl. Wir Klassenkameraden, die wir noch am Leben sind, treffen uns bis heute mit ihm und bewundern wie eh und je seine Weisheit und seinen Mut.

Am 27. August 1941 veröffentlichte das NKWD den Befehl »Über Maßnahmen zur Durchführung einer Umsiedlungsoperation für Deutsche aus der Wolgarepublik, den Gebieten Saratow und Stalingrad«. 1200 NKWD-Mitarbeiter, 2000 Polizisten und

7350 Rotarmisten wurden in die Republik und 250 NKWD-Agenten und 2200 Rotarmisten in das Gebiet Saratow entsandt. Die Leitung der Operation hatte der Stellvertretende Volkskommissar für Inneres, I. Serow.

Die Umsiedlung wurde überaus brutal abgewickelt. Einer der Betroffenen, R. Gofman, schreibt, er sei im September 1941 innerhalb von 24 Stunden mit seiner gesamten Familie, das heißt mit seinem Vater, seiner Mutter und zwei jüngeren Brüdern, »ohne Habseligkeiten aus dem Haus geworfen, in einen nur mit Deutschen voll gestopften Militärzug gesteckt und unter Bewachung nach Sibirien transportiert worden«. Neuankömmlinge in der zerstörten Republik fanden eine traurige Szenerie vor: »Verstörte Lämmer wanderten durch die Straßen, ungemolkene Kühe rannten brüllend auf die gerade eingetroffenen Menschen zu. Die derben Häuser waren sauber gefegt, die Ernte reifte auf den Feldern und in den Obstgärten – und nirgendwo eine Seele.«[7]

Laut Gofman überlebten von den 2114 Sowjetdeutschen, die mit ihm im Bergwerk Gremjatschinsk im Gebiet Molotow arbeiteten, knapp über 700 bis zum Frühjahr 1945. E. Airich schreibt, dass von den 15 000 Deutschen, die man im Februar 1942 ins Lager Bogoslowsk gebracht hatte, ein Jahr später nur noch 3000 am Leben gewesen seien. Von Zwangsumsiedlungen betroffen waren auch die Deutschen in der Krim-ASSR, am Don, im Nordkaukasus, in Dagestan, Kalmükien, Kabardino-Balkarien, Nordossetien und Tschetscheno-Inguschetien. Bis Ende der vierziger Jahre wurden zudem Deutsche aus den baltischen Republiken, Belorussland, der Ukraine und Moldawien umgesiedelt.

Über den Norden, Westsibirien, den Fernen Osten, Zentralasien und Kasachstan verstreut, verloren die Deutschen ihre Autonomie. Ihr einziges Verbrechen bestand darin, dass sie einer Nation angehörten, deren Regierung Krieg gegen die UdSSR führte.

Die Operation zur Umsiedlung der Kalmüken begann mit einer Volkszählung nach *ulussy* (Regionen) und *chatony* (Siedlungen). Jedem *uluss* teilte man für den Zensus Teams von acht bis zehn Funktionären zu. Die Regierung verkündete, feindliche Gruppen seien in das Territorium der Kalmüken eingeschleust worden, um Fabriken, Brücken, Getreide- und Tierfuttervorräte zu zerstören, Vieh zu vergiften und die Bevölkerung mit Krankheiten zu infizieren. Die Teams hatten angeblich den Auftrag, Ballungszentren, Brücken, Lagerhäuser und Trinkwasserreservoirs zu schützen. Unter dem Vorwand, es sei nötig, Impfungen gegen ansteckende Krankheiten zu verabreichen, registrierten sie die gesamte Bevölkerung und den Viehbestand.

Die Vertreibungen begannen am 28. Dezember 1943. Dafür waren über 7000 Agenten und 29 000 Militärangehörige zuständig. Die Kalmüken wurden nicht nur aus Kalmükien, sondern auch aus den Gebieten Rostow und Stalingrad sowie der Region Stawropol verbannt. Die Zahl der Exilierten belief sich auf 99 252.

Mitte April 1944 traf man Vorbereitungen für die Deportation der Krimtataren. Unter Mitwirkung von rund 20 000 Militärangehörigen und 8000 NKWD-Agenten begann die Operation im Morgengrauen des 18. Mai und wurde am 20. Mai abgeschlossen. Fast 200 000 Menschen wurden deportiert. Die Vertreibung von Bulgaren (12 975), Armeniern (9919) und Griechen (14 300) von der Krim nahm am 26. Mai ihren Anfang.

Unter den autonomen politischen Gebilden des nördlichen Kaukasus hatte die Tschetschenisch-Inguschische Republik die größte Bevölkerung. Kurz vor dem Krieg lebten in ihren 24 Regionen 731 400 Menschen, darunter 387 800 Tschetschenen, 75 000 Inguschen und 205 000 Russen.

Die Republik war Gegenstand unaufhörlicher politischer Experimente. Hier wurde 1921 die Gorskaja-Republik ausgerufen, und Stalin war beim ersten Zusammentreten der Verfassunggebenden Versammlung anwesend. Er akzeptierte die Forderung der Versammlung, dass die Bergbewohner die sowjetische Souveränität akzeptieren würden, wenn die Scharia – das islamische religiöse Gesetz – als bindend für die Republik anerkannt werde.

Die Gorskaja-Republik hatte nur kurze Zeit Bestand. Am 30. November 1922 wurden das Tschetschenische Autonome Gebiet und am 7. Juli 1924 das Inguschische Autonome Gebiet gegründet. Die beiden vereinigten sich am 15. Januar 1934 zum Tschetschenisch-Inguschischen Autonomen Gebiet, das am 5. Dezember 1936 von der Tschetschenisch-Inguschischen Autonomen Republik abgelöst wurde.

Die erste Welle der Massenverhaftungen im Nordkaukasus hatte mit der Kollektivierungskampagne und der Entkulakisierung des Bauerntums zu tun. Auf Moskauer Befehl schickten sich die lokalen Parteiorgane an, den Nordkaukasus »auf Grund der Liquidierung der Kulaken als Klasse zur ersten Region der totalen Kollektivierung« zu machen.

Zunächst maßen die Tschetschenen dieser Parole keine große Bedeutung bei, doch als die Behörden damit begannen, Eigentum zu beschlagnahmen und Menschen zu verhaften, setzten sie sich zur Wehr. Das NKWD deutete den Widerstand als terroristische Kulakenaktion. In amtlichen Dokumenten hieß es: »Das Gebiet war Anfang der dreißiger Jahre mit der realen Gefahr konfrontiert, dass die breiten Massen in einen ungezügelten Aufruhr hineingezogen wurden; die Kulaken riefen offen zur Rebellion auf und gewannen einen großen Anteil der Mittelbauern für sich … Ein bewaffneter Aufstand von 3000 Mann wurde 1932 organisiert und griff rasch auf jeden Aul der Region Noschai-Jurtow sowie auf eine Reihe anderer Auls über.«[8]

Probleme friedlich beizulegen gehörte nicht zu den bolschewistischen Gepflogenheiten. Im Anschluss an die Proteste wurden 1933 fast 2000 »Kulaken und ihre Kollaborateure« verhaftet. 1936 verabschiedete der SNK den Beschluss, tausend Bauernhaushalte aus Dagestan und dem Tschetschenisch-Inguschischen Gebiet in die Kirgisische SSR umzusiedeln. Damit wurden die tschetschenischen Bauern ebenfalls zu Opfern der Tragödie, die das Bauerntum überall im Land ereilte (laut Angaben der OGPU hatte man bis zum September 1931 bereits 381 026 Kulakenfamilien bzw. 1 803 393 Menschen aus verschiedenen Teilen des Landes in die Verbannung geschickt).[9]

Der Entkulakisierung folgte in der zweiten Hälfte der dreißiger Jahre der Große Terror. In der Nacht vom 31. Juli auf den 1. August 1937 fand eine »Generaloperation zur Entfernung antisowjetischer Elemente« in allen Auls und Regionen statt, bei der rund 14 000 Menschen verhaftet wurden. Für alle hatte man nur einen einzigen Haftbefehl ausgestellt, und eine Sondertroika des NKWD der Tschetschenisch-Inguschischen Republik urteilte sie gleichzeitig und in absentia ab. Die Strafen standen von vornherein fest: Die einen wurden erschossen, die anderen in Konzentrationslager geschickt.

Drei Jahre hintereinander war das NKWD damit beschäftigt, einen Fall gegen eine »bourgeois-nationalistische, konterrevolutionär-aufrührerische, bucharinistisch-trotzkistische antisowjetische Sabotageorganisation« zu erfinden. Die Gruppe der Verhafteten, gegen die man eine derart gewundene Anklage erhob, bestand aus 137 führenden Funktionären der Republik. Ende 1938 wurden sie zum Tod durch Erschießen oder zu Gefängnis- und Verbannungsstrafen verurteilt.

Die Massendeportationen der Kriegsjahre hatten katastrophale Folgen für die Völker der Tschetschenen und der Inguschen. Diese Operation, die den Codenamen *Tschetschewiza*

(Linse) trug, wird ausführlich in verschiedenen Dokumenten aus den Jahren 1943 und 1944 beschrieben, ebenso wie in einem Memorandum vom 5. Februar 1960, das Innenminister Dudorow für Chruschtschow anfertigte.

Im Oktober 1943 begab sich ein Team von Mitarbeitern des Staatssicherheitsdienstes, geleitet von dem Stellvertretenden Volkskommissar Kobulow, in die Tschetschenisch-Inguschische Republik, um Material über »antisowjetische Aktionen« zu sammeln, die sich seit den ersten Tagen der Sowjetmacht im Kaukasus abgespielt haben sollten. Das Ergebnis war eine auf den 9. November 1943 datierte Akte mit dem Titel »Über die Situation in den Regionen der Tschetschenisch-Inguschischen ASSR«. Laut diesem Bericht gab es in der Republik über 38 religiöse Sekten, deren Oberhäupter als Heilige galten und deren Mitglieder – über 20 000 Personen – Banditen und deutschen Fallschirmjägern Unterschlupf und Nachschub boten. Außerdem riefen sie das Volk angeblich dazu auf, die Waffen gegen das Sowjetregime zu erheben. Im Oktober 1942 hätten antisowjetische Führer auf Befehl des deutschen Geheimdienstes bewaffnete Aufstände organisiert. Die Tschetschenen und Inguschen besäßen eine große Menge Waffen, die sie den Behörden nicht aushändigen, sondern vielmehr bei der nächsten Rebellion gegen das Regime einsetzen wollten, die für den Zeitpunkt der »zweiten erfolgreichen deutschen Offensive im Kaukasus« geplant sei.

Am 13. November 1943 schrieb Berija eine Notiz: »An Genossen Kobulow. Ein sehr guter Bericht.« Dann berief er die Geheimdienstchefs zu einer Sitzung ein. Zu den vorrangigen Aufgaben, die er erwähnte, gehörte die Schaffung einer operativen Tschekistengruppe, die nach Tschetschenien entsandt werden sollte. Die Verantwortung für Operation *Tschetschewiza* übernahmen Berijas Stellvertreter Serow, Appolonow, Kruglow und Kobulow. Am 18. November billigte Berija einen Plan, in jeder

Region zehnköpfige Teams von Tschekisten zu stationieren. Sie hatten den Auftrag – abgesehen von der Bekämpfung des Banditentums –, die gesamte Bevölkerung präzise zu erfassen, und zwar insgeheim oder unter verschiedenen plausiblen Vorwänden. Die Namen würden dann auf Standardformularen festgehalten werden. Daneben sollten die Agenten detaillierte Beschreibungen des Straßen- und Wegesystems, der Schluchten, der Zufahrten an Wälder und Berge und der Verkehrsverbindungen mit benachbarten Regionen und Republiken vorlegen. Durch all diese Maßnahmen wollte man die Flucht der »zur Entfernung vorgesehenen Elemente« verhindern.

Am 2. Dezember erhielt Berija einen Fortschrittsbericht mit Vorschlägen dazu, wie man die Vorbereitung der Operation vor der Bevölkerung und den Ortsbehörden verbergen könne. Um mehr als 85 000 Angehörige interner Einheiten des NKWD und des Volkskommissariats für Staatssicherheit (NKGB) sowie über 17 000 Mitarbeiter dieser Organe in die Tschetschenisch-Inguschische Republik zu verlegen, wurde in dem Bericht insbesondere empfohlen, »mit dem Befehlshaber des Militärkreises Nordkaukasus, Generalleutnant Kurdjumow, abzusprechen, wie man ausgewählte NKWD-Einheiten, getarnt als Rote-Armee-Verbände, die zu einer taktischen Ausbildung unter Gebirgsbedingungen abkommandiert sind, in die dortigen Regionen transportieren kann«.

Am 29. Januar 1944 wurden die »Instruktionen für das Verfahren zur Aussiedlung der Tschetschenen und Inguschen« endgültig bestätigt. In der Einleitung hieß es, dass »sämtliche Bewohner der Tschetschenisch-Inguschischen Republik, die tschetschenischer oder inguschischer Nationalität sind, der Aussiedlung unterliegen«. Mitglieder der WKP(b) und des Komsomols würden ungeachtet ihres Amtes ebenso wie Partei-, Regierungs- und Agrarfunktionäre neue Aufgaben im Umsiedlungsgebiet erhalten. Tschetschenische und inguschische Frauen, die mit Männern anderer Nationalität verheiratet seien, würden der Verbannung entgehen, russische Frauen, die Tschetschenen oder Inguschen geehelicht hätten, jedoch grundsätzlich nicht. Allerdings könnten sie ihre Ehe auflösen lassen, um so der Deportation zu entgehen.

Am 31. Januar erhielt die geplante Operation ihre gesetzliche Grundlage in Form eines Geheimbeschlusses des Staatlichen Verteidigungskomitees »Über Maßnahmen zur Umsiedlung von Sonderdeportierten innerhalb der Grenzen der Kasachischen und der Kirgisischen SSR«. Interessanterweise werden die Tschetschenen und Inguschen in dem Beschluss nicht als spezifische Nationalitäten erwähnt, sondern es ist nur die Rede davon, dass bis Februar und März maximal 400 000 Personen in die Kasachische SSR und rund 90 000 in die Kirgisische SSR umzusiedeln seien.

Berija meldete Stalin am 17. Februar, dass die Vorbereitungen für die Operation fast abgeschlossen seien. Trotz ihres Umfangs und des schwierigen Gebirgsterrains plante man, die Aussiedlung, einschließlich der Verfrachtung in Militärzüge, innerhalb einer Woche durchzuführen. In den ersten drei Tagen wollte man das Flachland und das Vorgebirge sowie einige Dörfer in den Gebirgsgegenden »säubern« und insgesamt mehr als 300 000 Menschen deportieren. In den verbleibenden vier Tagen sollten 150 000 Menschen aus sämtlichen Gebirgsregionen deportiert werden.[10]

Am 18. Februar informierte Berija den SNK-Vorsitzenden der Tschetschenisch-Inguschischen Republik, Mollajew, über die bevorstehende Umsiedlung. Er nannte zwei Gründe für die Operation, die sofort eingeleitet werden könne: die Gefahren bewaffneter Angriffe auf das Regime und der Kollaboration mit Deutschen bei deren Vorrücken in den Kaukasus. Am 21. Februar erstattete der Stellvertretende Volkskommissar für Innere Angelegenheiten, Iwan Serow, seinem Vorgesetzten Berija Meldung über das Verhalten der führenden Funktionäre der Tschetschenisch-Inguschischen ASSR. Er nannte einige Beispiele, die für ihn Anlass zu Sorge seien, und zog folgenden Schluss: »Ausgehend von dem oben Dargelegten und den lokalen Umständen (Wetteraussichten, örtliche Jahrmärkte und Feiertage), halte ich es für nötig anzumerken, dass es zweckmäßiger wäre, die Operation in der Nacht vom 22. auf den 23. Februar dieses Jahres zu beginnen.«

Am 23. Februar meldete Berija Stalin, dass »die Operation zur Exilierung der Tschetschenen und Inguschen bei Sonnenaufgang in Angriff genommen worden ist und normal verläuft. Keine bedeutsamen Vorfälle. Fünfmal kam es zu individuellem Widerstand, der durch Verhaftung oder Waffengewalt gebrochen wurde.« Berija unterrichtete Stalin fast täglich über den Fortgang dieser barbarischen Aktion. Am 1. März teilte er ihm mit: »Seit dem 29. Februar sind 478 479 Personen, darunter 91 250 Inguschen, ausgesiedelt und in Züge verfrachtet worden. Insgesamt wurden 177 Militärzüge beladen, von denen 157 in die Umsiedlungsgebiete abgefahren sind.«[11]

Am 29. Februar reisten die führenden Funktionäre der Republik mit einem separaten Zug nach Alma-Ata ab. Sie durften anderthalb Tonnen Haushaltsgüter mitnehmen; das Gleiche galt für drei Gebietskomiteesekretäre und drei Stellvertreter des Regierungschefs (für die Bevölkerung als Ganzes belief sich die Quote auf 500 Kilogramm pro Familie, für Volkskommissare auf eine Tonne). Dieser Militärzug, mit Mollajew an der Spitze der Delegation, hatte keine Wachmannschaft an Bord. Berija schickte ein Telegramm nach Kasachstan und ordnete an, für die Passagiere des Regierungszuges Behausungen und Arbeitsplätze bereitzustellen.

Damit war die Operation noch nicht abgeschlossen. Sie wurde auf die Tschetschenen und Inguschen ausgeweitet, die (nach Februar 1944) aus der Roten Armee entlassen worden waren. Entsprechende Befehle wurden an sämtliche Fronten geschickt. So hieß es in den Anweisungen für die Vorsitzenden der Kontrollkomitees: »Alle Karatschajer, Tschetschenen, Inguschen und Balkaren sind der Gerichtsbarkeit der NKWD-Sonderumsiedlungsorgane der Kasachischen SSR in Alma-Ata zu überantworten.« Nach NKWD-Angaben betrug die Zahl der Sonderaussiedler aus dem Nordkaukasus, die in der Armee gedient hatten, 8894 Mann (710 Offiziere, 1698 Unteroffiziere, 6488 gemeine Soldaten), darunter 4248 Tschetschenen (238 Offiziere, 724 Unteroffiziere, 3286 gemeine Soldaten).[12]

Zwei Wochen nach Beginn der Operation, am 7. März 1944, erging ein Erlass über die Auflösung der Tschetschenisch-Inguschischen ASSR und am folgenden Tag ein weiterer über Auszeichnungen für »die beispielhafte Erledigung von Regierungsaufträgen unter Kriegsbedingungen«. Den Leitern von *Tschetschewiza* – Appolonow, Kobulow, Kruglow, Serow, Volkskommissar für Staatssicherheit Merkulow und SMERSCH-Chef Abakumow – wurde der Suworow-Orden erster Klasse verliehen.

In dem Befehl über die Auflösung der Tschetschenisch-Inguschischen ASSR wurde die Deportation von zwei ganzen Völkern mit der Behauptung gerechtfertigt, dass viele Tschetschenen und Inguschen im Zweiten Weltkrieg, besonders während der deutschen Militäraktionen im Kaukasus, das Vaterland verraten, sich in der Etappe der Roten Armee abgesetzten deutschen Saboteuren und Spionen angeschlossen sowie bewaffnete Banden zum Kampf gegen das Regime gebildet hätten. Diese Anklagen sind nicht völlig gegenstandslos, doch sie betreffen nicht allein die Tschetschenisch-Inguschische Republik. Tatsache ist, dass Desertionen bei der Roten Armee und die Umgehung der Wehrpflicht während des Krieges im gesamten Nordkaukasus ein erhebliches Ausmaß annahmen. In den ersten drei Kriegsjahren gab es 49 362 Fälle von Desertion und 13 298 von Wehrdienstverweigerung.[13] Die betreffenden Männer waren die wichtigste Rekrutierungsquelle für die illegalen Gruppen, die den Deutschen halfen. Hier sind ein paar Zeilen aus einem NKWD-Bericht vom August 1942: »Infolge der Annäherung der Front an das Territorium der Tschetschenisch-Inguschischen Republik haben sich die antisowjetischen Operationen konterrevolutionärer und banditenhaft-aufrührerischer Elemente erheblich verstärkt ... Mehr als 240 Banditen sind innerhalb der Republik aktiv, der Dorfsowjet von Dsumojewsk ist vernichtet worden, Kolchosen haben sich aufgelöst ... Die Verkehrsverbindungen nach Grosny sind zerstört ...« Und im August 1943: »Unseren Zahlen zufolge gibt es in der Tschetschenisch-Inguschischen Republik 33 Räuberbanden (175 Personen) und 18 individuelle Banditen; daneben kam es zu Ausschreitungen durch 10 weitere Räuberbanden (104 Personen). Im Lauf einer Inspektionsreise durch die Region wurden 11 Räuberbanden (80 Personen) entdeckt. Am 15. August 1943 operierten also 54 Räuberbanden mit 359 Mitgliedern innerhalb der Republik.«[14] In militärischen Zusammenfassungen ist von terroristischen Anschlägen auf Einheiten der Roten Armee die Rede. Soldaten und Offiziere wurden getötet, Nachschubkolonnen überfallen, Vieh gestohlen und so weiter. Auch Fälle von Sabotage und Spionage sind in den Berichten verzeichnet.

Allem Anschein nach entsprachen viele dieser Angaben der Wahrheit. Andererseits herrschten solche Verhältnisse nicht nur im Nordkaukasus. Nach der Statistik der NKWD-Abteilung, die den Kampf gegen das Banditentum leitete, wurden in den ersten drei Kriegsjahren 7163 Rebellengruppen mit 54 130 Personen zerschlagen.[15] Für den Nordkaukasus gelten folgende Zahlen: Dagestan – 148 Gruppen (3380 Personen); Kabardino-Balkarien – 50 Gruppen (3241 Personen); Nordossetien – 39 Gruppen (323 Personen); Region Krasnodar – 303 Gruppen (2985 Personen); Region Stawropol – 88 Gruppen (3316 Personen).[16]

Terror bleibt Terror. Ihn rechtfertigen zu wollen wäre unmoralisch. Genauso unmoralisch jedoch waren die Aktionen des Regimes, das im Zuge von Strafmaßnahmen ganze Völker, zu denen Veteranen und Helden des Zweiten Weltkriegs gehörten, aus ihrer Heimat vertrieb. Während der Deportationen kam es zu zahllosen Missbräuchen durch NKWD-Agenten und -Militäreinheiten.

Die Verschleppung der Bewohner des Dorfes Naschchoisk in der Gebirgsregion Galangoschsk begann am 27. Februar 1944. Es fehlte an Transportmitteln für Kranke, Alte und Kinder, denn man hatte die Pferde und Ochsen der Bevölkerung bereits konfisziert. Die Bewohner stellten sich darauf ein, fast 48 Stunden lang über schneebedeckte Gebirgspfade zu stapfen, doch das NKWD erklärte, die Alten und Kranken sollten zur Behandlung zurückbleiben und ihren Familien später folgen. Als die gesunden Männer und Frauen fortgebracht worden waren, trieben die NKWD-Agenten die übrigen Bewohner, etwa dreihundert Personen, in die Kolchosscheune, sperrten sie zu und beschossen das Gebäude mit Automatikgewehren und Maschinengewehren. Danach bedeckten sie es mit Heu und zündeten es an. In Melchasti, dem größten Dorfsowjet der Region, wurden sämtliche Bewohner von 32 der 34 Gehöfte abgeschlachtet. Während der Wanderung über das Gebirge schlugen die Bewacher mit Gewehrkolben auf Nachzügler ein, und alle, denen die Kräfte schwanden, wurden erschossen. Ihre Leichen blieben am Wegrand liegen.

Viele Militärzüge hatten nicht einmal genug Trinkwasser. Einer der Deportierten, Magomed Tagajew, damals 44 Jahre alt, erinnert sich: »Ich wurde mit meinen Verwandten zum Bahnhof in Grosny gebracht. Man stopfte uns und andere, ungefähr sechzig Personen, in einen Güterwagen; jeder suchte sich ein Plätzchen, wo er konnte. Mit Ausnahme des Waggonvorstehers, der unter Bewachung an einigen Stationen Lebensmittel holen musste, durfte niemand den Zug verlassen ... Viele starben. Ich sah, wie Tschetschenen unter Bewachung aus den Nachbarwaggons Leichen hinaustrugen, sie mit Schnee zudeckten und wieder einstiegen.«

Die Wirtschaft und die Kultur der Republik erlitten enorme Verluste. Einzigartige historische Denkmäler wurden zerstört. In den Gebirgsregionen sprengte und verbrannte man fast tausend Monumente der antiken und mittelalterlichen Kultur. Unschätzbare Manuskripte in arabischer Schrift und Gemeindechroniken (*teptary*) wurden den Flammen übergeben. Plünderer raubten Tafelgeschirr mit Silber- und Holzintarsien, Kelche, Vasen, Tabletts, Männer- und Frauenschmuck, Schwerter, Säbel, Dolche, Teppiche und vieles andere mehr. Archive wurden vernichtet.

Nach dem XX. Parteitag erhob sich natürlich die Frage, wie das Schicksal dieser erniedrigten und vom Unglück verfolgten Völker zu verbessern sei, doch die Haltung der Straforgane hatte sich kaum gewandelt. Innenminister Dudorow zog folgenden Schluss: »Den autonomen Status der Tschetschenen und Inguschen innerhalb der Grenzen ihres früheren Territoriums wieder herzustellen wäre eine schwierige und kaum durchführbare Aufgabe, da die Rückkehr der Tschetschenen und Inguschen an ihre einstigen Wohnorte unvermeidlich eine ganze Reihe unerwünschter Konsequenzen hätte. Wir könnten überprüfen, ob es machbar wäre, auf den Territorien der Kasachischen und Kirgisischen SSR autonome Gebiete für die Tschetschenen und Inguschen zu schaffen.«[17]

Gleichzeitig legte das MWD der UdSSR, das versuchte, sich der neuen politischen Situation anzupassen, dem Zentralkomitee am 30. Juni 1956 eine Empfehlung vor, die Tschetschenen und Inguschen und ihre Familienangehörigen von der speziellen Registrierung und der administrativen Überwachung durch das MWD auszunehmen. Dabei meldete es allerdings den Vorbehalt an, dass die Beseitigung dieser Restriktionen weder die Rückgabe des während der Umsiedlung beschlagnahmten Eigentums noch das Recht auf Rückkehr in die ursprüngliche Heimat dieser Menschen mit sich bringe.[18] Am 16. Juli 1956 verabschiedete das Präsidium des Obersten Sowjets den Erlass »Über die Aufhebung von Restriktionen im Zusammenhang mit der Sonderumsiedlung von Tschetschenen, Inguschen, Karatschajern und ihren Familienmitgliedern, die während des Großen Vaterländischen Krieges exiliert wurden«. Darin hielt man sich an die Vorschläge des MWD der UdSSR.

Dann, am 9. Januar 1957, billigte das Präsidium des Obersten Sowjets der RSFSR den Erlass »Über die Wiederherstellung der Tschetschenisch-Inguschischen ASSR und die Abschaffung des Gebiets Grosny« sowie den Erlass »Über die Wiederherstellung der Tscheschenisch-Inguschischen ASSR im Rahmen der RSFSR«. Letzterer ist deshalb wichtig, weil er den repressiven Erlass des Präsidiums des Obersten Sowjets der UdSSR vom 7. März 1944 zur Abschaffung der Tschetschenisch-Inguschischen ASSR ebenso aufhob wie die Verfügung vom 16. Juli 1956, die den Tschetschenen und Inguschen die Rückkehr an ihre früheren Wohnorte verbot.

Die Dokumente zeigen, dass sich die Rückkehr der Tschetschenen und Inguschen in ihre Heimat unter sehr schwierigen Bedingungen vollzog. Ihre Neuansiedlung begann in der zweiten Hälfte der fünfziger Jahre unter chaotischen Verhältnissen, denn es kam zu bewaffneten Zusammenstößen mit den Bewohnern, die sich nach 1944 in der Region niedergelassen hatten. Ende August 1958, nach Drohungen und gewalttätigen Aktionen der Tschetschenen, riefen mehr als 10 000 Russen und Ukrainer nach dem Schutz der lokalen Behörden. Eine Menschenmenge versuchte, das Post- und Telegrafenamt, die Gebäude des MWD und des KGB sowie des Parteigebietskomitees zu besetzen. Daraufhin wurde die Gegend der Kontrolle durch reguläre Militäreinheiten unterstellt.

Die Bevölkerung der Republik lag Ende 1961 bei 892 400 Menschen, darunter 432 000 Tschetschenen und Inguschen. Von den 418 000 Tschetschenen und 106 000 Inguschen, die in der Kasachischen und in der Kirgisischen Republik gelebt hatten, machten sich 468 000 (384 000 Tschetschenen und 84 000 Inguschen) in die Tschetschenisch-Inguschische Autonome Republik auf. Insgesamt zogen 432 000 Menschen (356 000 Tschetschenen und 76 000 Inguschen) nach Tschetscheno-Inguschetien und 28 000 in die Dagestanische ASSR. Rund 56 000 (34 000 Tschetschenen und 22 000 Inguschen) blieben in der Kasachischen und der Kirgisischen Republik.

Ein neues Stadium der Rehabilitierung der misshandelten Völker begann am 14. November 1989 mit der Erklärung des Obersten Sowjet der UdSSR »Über die Anerkennung der Tatsache, dass die Zwangsumsiedlungen von Völkern illegale und kriminelle repressive Akte waren, und über die Sicherung der Rechte dieser Völker«. Es war das erste Mal, dass die Ungesetzlichkeit der Deportationen eingeräumt und die Praxis der Zwangsumsiedlung verurteilt wurde.

Am 26. April 1991 verabschiedete der Oberste Sowjet der RSFSR das Gesetz »Über die Rehabilitierung von Repressionsmaßnahmen betroffener Völker«. Am 1. Juli 1993 billigte er den Zusatz »Über die Rehabilitierung von Opfern politischer Repression«, der sich auf jene Bürger bezieht, die auf dem Territorium der Russischen Föderation wegen ihrer nationalen oder sonstigen Zugehörigkeit politischen Gewaltmaßnahmen ausgesetzt waren.

Der Hauptgrund dafür, dass ich mich dem Schicksal des tschetschenischen Volkes so detailliert gewidmet habe, besteht darin, dass wir bis heute nicht in der Lage sind, den vom bolschewistischen Regime geknüpften Knoten zu entwirren. Im Gegenteil, der Knoten wird immer straffer, besonders nach dem verbrecherischen Krieg in Tschetschenien. Ich persönlich sehe kaum einen Sinn im Separatismus, da er lediglich den Interessen einer kleinen Herrschaftselite dient. Meiner Meinung nach ist die Abtrennung des einen oder anderen Volkes zur Bildung eines souveränen Staates nur dann gerechtfertigt, wenn nicht weniger als 75 Prozent der Bevölkerung für diesen Schritt stimmen. Andererseits war es unvermeidlich, dass die verbrecherischen Aktionen des stalinschen Regimes einen tiefen Hass auf die Imperialmacht hervorriefen. Russland wird noch lange für die beschämende Nationalitätenpolitik des Stalinismus bezahlen müssen.

Bereits am Ende des 19. Jahrhunderts erklärte der Volkstümler Netschajew: »Man muss stets ein Gerücht über irgendeinen Angriff auf das Volk kursieren lassen.« Stalin und Hitler, die wahren »Angreifer auf das Volk«, hängten das Gerücht den Juden an.

Alle Regierungen sind scheinheilig, doch keine hat je das bolschewistische Regime übertroffen. An der Oberfläche prangten seine Losungen über die Gleichheit der Nationen, die Barbarei des Chauvinismus, des Nationalismus und Antisemitismus, doch solche Bekundungen hatten nichts mit der Realität gemein. In einem seiner Interviews verglich Stalin Antisemitismus mit Kannibalismus, während er in Wirklichkeit, wie seine Tochter Swetlana Allilujewa bezeugte, unter jedem Bett Zionisten vermutete und wiederholt betonte, dass die Geschichte des Bolschewismus eine Geschichte des Kampfes gegen die Juden sei.

Gewiss, in den ersten Jahren nach dem Oktoberputsch ergriff das Regime Maßnahmen gegen die Anstifter von Pogromen (zum Beispiel durch den Erlass des SNK der RSFSR vom 20. Juli 1918). In der Presse erschienen gegen den Antisemitismus gerichtete Artikel. Diese Beteuerungen der führenden Politiker wurden im Land jedoch kaum zur Kenntnis genommen. Während des Bürgerkriegs fielen allein in der Ukraine und Belorussland über 200 000 Menschen Judenpogromen zum Opfer. Besonders häufig kam es im Operationsgebiet von Budjonnys Reiterarmee zu Pogromen und Ermordungen von Juden.

Immerhin lehnten die Behörden damals den Antisemitismus offiziell ab, zumal in Form von Pogromen, und hin und wieder zogen sie rasende Antisemiten zur Rechenschaft. Die Schwarzhunderter vom »Bund des russischen Volkes«, die Berdjajew als »Abschaum des russischen Volkes« bezeichnet hatte, mussten sich häufig vor Gericht verantworten. Lenins politische Intuition ließ ihn erkennen, dass jede Verfolgung aus ethnischen Gründen den Zusammenbruch seiner offiziellen Politik des Internationalismus zur Folge haben würde.

Mit Stalins Machtübernahme änderten sich die Verhältnisse jedoch drastisch. Die Entwicklung der jüdischen Kultur, Sprache und Religion wurde eingeschränkt. Juden sahen sich plötzlich aus dem Parteiapparat sowie aus politischen und ökonomischen Posten gedrängt. Jüdische Schriftsteller wurden verhaftet, jüdische Bildungs- und Kulturinstitutionen geschlossen, Veröffentlichungen von Büchern in hebräischer Sprache weitgehend verboten. Lenins Frau Nadeschda Krupskaja schrieb 1938 an Stalin: »Zuweilen habe ich den Eindruck, dass der Großmachtchauvinismus ein wenig zu sprießen beginnt … Von Kindern hört man nun das Schimpfwort *schid* [abfällig für Jude].«[1]

In einem Gespräch mit Ribbentrop kurz vor dem Krieg gab Stalin seiner Meinung über die Judenfrage freimütig Ausdruck. Er soll Hitler versprochen haben, der »Judenherrschaft«, die er bei den Intelligenzlern für besonders ausgeprägt hielt, ein Ende zu setzen.[2] Zwei verwandte Seelen und Systeme begannen, im Einklang miteinander zu arbeiten.

Sogar während des Krieges demonstrierten die Hüter der bolschewistischen Flamme immer wieder ihre Wachsamkeit. Im August 1942 meldete die Verwaltung für Propaganda und Agitation des Partei-ZK, dass »Nichtrussen (hauptsächlich Juden) in der Kunst dominieren«; außerdem habe man bei der Verwaltung Zweifel, dass künstlerischen Größen wie Samossud, Fajer,

Schteinberg, Gabowitsch, Messerer u. a. Arbeit am Bolschoi-Theater angeboten werden könne. Im Oktober 1943 lehnte man mit dem Einverständnis des ZK der KPdSU die Mitwirkung der Schauspielerin F. Ranewskaja in dem Film *Iwan der Schreckliche* ab, weil ihre »semitischen Züge klar hervorstechen, besonders in Großaufnahmen«. Der Leiter der Propagandaverwaltung, G. Alexandrow, schrieb während des Krieges häufig über die Notwendigkeit, die Sowjetkultur von Juden zu »säubern«.

Nach dem Zweiten Weltkrieg wurde der Antisemitismus praktisch zur staatlichen Politik. Der frühere Stellvertretende Staatssicherheitsminister M. Rjumin erklärte, nach Ende 1947 sei innerhalb seiner Behörde »eine Tendenz, Menschen jüdischer Nationalität als mögliche Feinde des Sowjetstaats zu betrachten, sehr deutlich geworden«.[3] Vor dem Krieg hatte man nur eine Form von Dämonen gebraucht – sie hießen »Volksfeinde«. Nach dem Krieg wurden neue Feinde benötigt, obwohl auch die früheren noch Leichen in Hülle und Fülle lieferten. Die Unzufriedenheit angesichts der Schwierigkeiten des Alltagslebens (Hunger, Wohnungsmangel, Kriminalität, Beschränkung der Gedankenfreiheit und so weiter) musste in den üblichen demagogischen Kanal umgeleitet werden: Die Juden sind schuld. In einem bitteren Witz über einen antisemitischen Dichter hieß es: »Er hat einen Buckel, und auch seine Verse sind buckelig. Wer hat die Schuld? Die Juden haben die Schuld.«

Die Kampagne gegen den »wurzellosen Kosmopolitismus« beschleunigte die Einrichtung des Eisernen Vorhangs zwischen der UdSSR und dem Westen. Innerhalb des Landes konnte das Regime nicht ohne politische Schauprozesse und permanenten Bürgerkrieg existieren. Die Straforgane arbeiteten Hand in Hand mit der Partei. So wurden auf Befehl des Zentralkomitees Sonderkommissionen zum Aufspüren von Kosmopoliten gegründet. Eine der Kommissionen, geleitet vom Sekretär des Parteikomitees der Moskauer Staatsuniversität, Professor N. Poltew, denunzierte Mitglieder des Physikalischen Instituts »mit zweifelhaften politischen Merkmalen«:

> a) Professor S. D. Gwosdower, Lehrstuhlinhaber und Chef der Radiophysikabteilung. Sein Vater war Menschewik, und sein Bruder wurde nach Artikel 58 verhaftet. Er selbst wurde in München geboren …
>
> b) Der Parteiorganisator in dieser Abteilung, M. D. Karassew, wurde wegen Verteidigung des Trotzkismus aus dem Komsomol ausgeschlossen und verschwieg diesen Umstand bei seinem Eintritt in die Partei. Man schloss Karassew aus der Partei aus und nahm ihn nach einem strengen Verweis wieder auf. Sein Schwiegervater (Martynow) ist ein früherer Menschewik …
>
> c) Lehrstuhlinhaber Professor G. B. Spiwak hat eine in Palästina lebende Schwester.
>
> d) Der Dozent Krassilnikow in der Akustikabteilung ist der Sohn von Trotzkisten. Sein Vater und seine Mutter wurden verhaftet; Ersterer starb im Gefängnis, die Mutter büßte ihre Strafe ab und wohnt nun bei ihm.
>
> e) Lehrstuhlinhaber Professor N. A. Kopzow ist der Sohn eines Kaufmanns. Zwei Brüder wurden verhaftet; einer von ihnen wurde nach dem Prozess gegen die Industrie-Parteifunktionäre erschossen. Seine Frau ist Deutsche und stammt aus Königsberg.

Hin und wieder kam es durch die Zügellosigkeit und die chauvinistische Verblendung des Regimes zu seltsamen Schlussfolgerungen. Der Mönch Mendel wurde als Jude eingestuft, ebenso wie Morgan, Tatlin, Meyerhold und das Akademiemitglied Warga. Für die Ignoranten spielte es keine Rolle, dass viele der Verhafteten keine Juden waren, solange deren Familienname »überzeugend« klang.

Unter den antisemitischen Aktionen stachen zwei Fälle hervor: jener des Jüdischen Antifaschistischen Komitees (JAK) und jener der »Ärzteverschwörung«. Das Jüdische Antifaschistische Komitee wurde während des Krieges neben anderen ähnlichen Organisationen – etwa dem Antifaschistischen Jugendkomitee oder dem Allslawischen Antifaschistischen Komitee – gegründet, um alle Kräfte für den Kampf gegen die nationalsozialistischen Angreifer zu mobilisieren. Das Komitee trug erheblich dazu bei, die faschistische Ideologie und die daraus hervorgehende politische Haltung anzuprangern. Die Kontakte des JAK zu progressiven Vereinigungen in Nordamerika und Europa halfen, Lebensmittel, Kleidung, Medikamente und Devisen in Form von ausländischen Finanzspritzen zu beschaffen.

Geheimpolizei bleibt jedoch Geheimpolizei. Am 12. Oktober 1945 sandte das Staatssicherheitsministerium dem ZK und der Regierung einen Bericht mit dem Titel »Über die nationalistischen Machenschaften einiger Mitarbeiter des Jüdischen Antifaschistischen Komitees«. Aus »einigen« sollten später alle werden. Die Außenpolitische Abteilung des Zentralkomitees warf dem JAK-Personal vor, den Klassenstandpunkt bei der Lösung von Problemen zu vernachlässigen und seine internationalen Kontakte »auf einer nationalistischen Basis« zu entwickeln. Damit war gemeint, dass sich die sowjetischen jüdischen Antifaschisten beispielsweise mit amerikanischen jüdischen Antifaschisten trafen, und da die Führer beider Seiten Juden seien, hätten ihre Begegnungen eine nationalistische Basis.

Am 26. November 1946 wurde schließlich durch eine Notiz von Michail Suslow eine neue Seite in der Geschichte der Repressionen aufgeschlagen. Er bezichtigte das JAK der Spionage und antisowjetischer Aktionen. Sofort wurden Ermittlungen eingeleitet. Durch den Einsatz von Folter konnte die Geheimpolizei den im Dezember 1947 verhafteten I. Goldschtein und

S. Grinberg Geständnisse abpressen, die als Grundlage für die strafrechtliche Verfolgung des JAK dienten.

Übrigens hatte die Geheimpolizei das JAK seit seiner Gründung überwacht. Wie in anderen öffentlichen Organisationen mit Auslandskontakten wurden die Ämter des Geschäftsführers und seiner Stellvertreter während des Krieges von Zivilbeamten oder Spitzeln des Staatssicherheitsdienstes bekleidet. Im Fall des JAK waren dies S. Epschtein, I. Fefer und G. Heifez. Sie erstatteten über jeden Schritt und jede Äußerung der Komiteemitglieder Bericht.

Der blutige Angriff auf das Komitee begann mit der Ermordung von Solomon Michoels, einem weltberühmten Schauspieler und Regisseur. Die ausgedehnte Folterung eines der Häftlinge in der Lubjanka erbrachte eine Aussage, durch die Michoels' Beteiligung an Spionageaktivitäten und sein offenkundiges Interesse an Stalins Privatleben »bestätigt« wurden. Am 10. Januar 1948 legte man dem Diktator persönlich die Mitschrift des Verhörs vor. Sogleich befahl er, Michoels, der sich damals in Minsk aufhielt, zu liquidieren.

Die Massenverhaftungen von Personen, die in irgendeiner Beziehung zum JAK standen, begannen in der zweiten Hälfte des Jahres 1948. Die Untersuchung leitete ein gewisser W. Komarow, dem sogar seine Trinkgenossen den Spitznamen »Henker« gegeben hatten. Staatssicherheitsminister Abakumow wurde 1951 verhaftet (nachdem ihn der Ermittler Rjumin angezeigt hatte, weil er Nationalisten und feindlichen Agenten Unterschlupf gewähre). Das gleiche Schicksal ereilte Komarow. Überzeugt von seiner Unschuld, schickte er Stalin einen Brief, dessen Text die vorherrschende Einstellung bei den Geheimdiensten – und nicht nur dort – getreu widerspiegelt:

Meine Kollegen in der Ermittlungsbehörde wissen sehr gut, wie sehr ich unsere Feinde hasste. Ich war ihnen gegenüber erbarmungslos und wrang ihre Seele aus, wie wir sagen, damit sie ihre feindlichen Tätigkeiten und Kontakte preisgaben. Jene, die wir verhafteten, zitterten buchstäblich vor mir; sie fürchteten mich wie Feuer. Der Minister selbst flößte ihnen nicht die Art Furcht ein, die sie zeigten, wenn ich persönlich sie verhörte. Verhaftete Feinde kannten und spürten den Hass, den ich ihnen entgegenbrachte; sie hielten mich für einen Ermittler, der bereit war, sie streng zu bestrafen, und deshalb versuchten sie nach Kräften, wie meine Kollegen mir mitteilten, der Begegnung mit mir auszuweichen und nicht von mir verhört zu werden …

Am intensivsten und erbarmungslosesten hasste ich jüdische Nationalisten, die ich als unsere gefährlichsten und heimtückischsten Feinde ansah. Dieses Hasses wegen betrachteten mich nicht nur die Verhafteten, sondern auch frühere MGB-Personalangehörige jüdischer Nationalität als Antisemiten und versuchten, mich bei Abakumow anzuschwärzen. In meinen Tagen beim MGB der UdSSR hielt ich Abakumow über mein politisches Misstrauen gegenüber Schwarzman, Itkin und Browerman auf dem Laufenden.

Nachdem ich von den Schandtaten jüdischer Nationalisten erfahren hatte, war ich von noch größerem Zorn auf sie erfüllt, und ich bitte Sie inständig, mir zu ermöglichen, all meinen angeborenen Hass auf unsere Feinde zu nutzen und an ihnen Rache für ihre Schandtaten und den Schaden zu nehmen, den sie dem Staat zugefügt haben … Ich flehe Sie an, Genosse Stalin, mir Ihr Vertrauen nicht zu verweigern. Stellen Sie mich nicht vor Gericht.[4]

In den umfangreichen Ermittlungsakten voller Denunziationen, Schmutz und Blut sticht ein seltsames Detail ins Auge: ein einzigartiges Foto, das als »zwingender Beweis« für die subversive Tätigkeit des Angeklagten galt. Das Bild zeigt den großen Physiker Einstein an der Seite von Michoels. Es war in Einsteins Haus in Princeton aufgenommen worden.[5] Wozu brauchte man also noch weitere Beweise?

Als P. Schemtschuschina, Mitglied des JAK und W. Molotows Ehefrau, verhaftet wurde, sagte der Außenminister kein Wort. Seine Frau blieb bis 1953 im Gefängnis.

Am 20. November 1948 verfügte das Politbüro, »dass das Jüdische Antifaschistische Komitee unverzüglich aufzulösen ist, da sich herausgestellt hat, dass dieses Komitee als Zentrum antisowjetischer Propaganda dient und regelmäßig antisowjetische Informationen an ausländische Geheimdienste sendet. Außerdem sind folglich die Veröffentlichungen des Komitees einzustellen und seine Akten zu beschlagnahmen.«[6] Dieser Erlass bereitete den Massenrepressionen gegen sowjetische Juden den Weg. Unter den Verhafteten waren bekannte Gelehrte, Politiker und andere Vertreter des öffentlichen Lebens, Dichter und Essayisten, denen man das notwendige Beweismaterial durch die Folter entrang.

Die Methoden werden in einem Brief beschrieben, den B. Schimeliowitsch, der frühere Chefarzt des Botkin-Krankenhauses, am 6. Juni 1952 an den Vorsitzenden des Militärkollegiums des Obersten Gerichtshofs der UdSSR schickte: »Bereits in der Nacht meiner Verhaftung brachte mich der Ermittler, Oberstleutnant Schischkow, ins Wartezimmer des Ministers, wo dessen Sekretär, ein Oberst, und drei weitere Mitarbeiter in Uniform zugegen waren … Sie befahlen mir, meine Brille abzusetzen, und machten sich wie eine Fußballmannschaft daran, mich von einer Seite zur anderen zu stoßen und mir dabei unablässig ins Gesicht zu schlagen. Jedes Mal, wenn ich zu Boden (ein gelber Teppich) stürzte, ertönte die Stimme eines neben dem Tisch stehenden Mannes: ›Steh auf.‹ … Ich rappelte mich auf, und es ging weiter. Hier hörte ich zum ersten Mal – und wiederholt –

die Worte: ›Alle Juden sind gegen die Sowjetunion‹ und schließlich: ›Alle Juden sind Spione.‹« Laut Schimeliowitsch schärfte Minister Abakumow seinen Ermittlern ein, »sie [die Häftlinge] halb totzuschlagen«. Der Arzt schreibt: »Ich hörte, wie er das Wort *schlagen* bei unserer ersten Begegnung benutzte, bei der auch Rjumin anwesend war … Der Ermittler Schischkow warnte mich: ›Wenn Sie nicht in der Lage sind, zu den Verhören zu gehen, werden wir Sie auf einer Bahre dorthin bringen und Sie pausenlos verprügeln.‹« Rjumin gab zu, dass man den übel zugerichteten Schimeliowitsch zu den ersten Verhören buchstäblich in sein Büro getragen habe.

Ein weiteres Beispiel für die Methoden der Ermittler lieferte I. S. Jusefowitsch, ein Forschungsmitarbeiter am Geschichtsinstitut der Akademie der Wissenschaften der UdSSR und Mitglied des Jüdischen Antifaschistischen Komitees, der im Januar 1948 verhaftet wurde: »Staatssicherheitsminister Abakumow befahl mich zu sich und sagte, wenn ich kein Geständnis ablegte, werde er mich ins Lefortowo-Gefängnis verlegen lassen, wo ich Schläge bekommen würde. Man hatte mich bereits seit mehreren Tagen ›weich geklopft‹. Ich weigerte mich, auf Abakumows Vorschlag einzugehen, und wurde ins Lefortowo-Gefängnis gebracht, wo man mich mit einem Gummiknüppel schlug und mir auf die Füße trampelte, wenn ich umfiel.« Im August 1952 verurteilte das Militärkollegium des Obersten Gerichtshofs der UdSSR Jusefowitsch zum Tod durch Erschießen.

Am 3. April 1952 schickte Staatssicherheitsminister Ignatjew den Text einer Anklageschrift an Stalin: »Ich lege eine Kopie der Anklageschrift im Fall der jüdischen Nationalisten, der amerikanischen Spione Losowski, Fefer und anderer bei. Gleichzeitig melde ich, dass der Fall an das Militärkollegium des Obersten Gerichtshofs der UdSSR mit der Empfehlung weitergereicht worden ist, Losowski, Fefer und ihre Komplizen, mit Ausnahme von Schtern, zum Tode zu verurteilen. Schtern ist für zehn Jahre in eine entlegene Region zu verbannen.« Das Politbüro billigte die Anklageschrift und beschloss, die Angeklagten erschießen zu lassen. Ausgenommen war nur L. Schtern, eine alte Frau, deren Verbannung man auf fünf Jahre verringerte. Diesen Akt der Gnade vollzog der »überaus barmherzige« Stalin.

Kein einziger der Vorwürfe wurde während der Verhandlung untermauert. Die Beschuldigten wiesen die Anklagen zurück, enthüllten die Fälschung von Beweismaterial und schilderten, wie sie gefoltert worden waren. Die Verhandlung geriet aus den Fugen, was jedoch völlig belanglos war, da das Politbüro die Urteile im Voraus bestätigt hatte. Im Juli 1952 besiegelte das Militärkollegium die Entscheidung, und am 12. August wurden S. Losowski, P. Markisch, L. Kwitko, B. Schimeliowitsch, D. Bergelson und die anderen Angeklagten erschossen.[7]

Außerdem inszenierte man Prozesse gegen die Mitglieder der so genannten Organisationen jüdischer bourgeoiser Nationalisten in der Industrie (in den Stalin-Werken in Moskau, im Kusnezker Metallkombinat und anderswo), in den Massenmedien und im Gesundheitswesen. Die führenden Politiker des Jüdischen Autonomen Gebiets wurden vor Gericht gestellt, und man verhaftete jüdische Personalangehörige im Ministerium für Auswärtige Angelegenheiten und im Ministerium für Staatssicherheit. Insgesamt fingierte das Regime siebzig derartige Fälle. Im Grunde hielt Stalin ein Allunions-Pogrom ab.

Die umfassendste der antisemitischen Provokationen war die »Ärzteverschwörung«.

Die Verfolgung jüdischer Ärzte begann kurz nach dem Krieg. Ausgelöst durch anonyme Briefe, fanden immer wieder neue Überprüfungen statt, etwa auf dem Gebiet der Psychiatrie oder im Institut für Ernährungswissenschaft. Danach kam es stets zu Verhaftungen. 1950 verabschiedete das Zentralkomitee zwei Erlasse, in denen es befahl, die antijüdischen Säuberungen in medizinischen Einrichtungen zu verschärfen. Im selben Jahr inhaftierte man den bekannten Kardiologen Etinger und seinen Adoptivsohn Jakow. Unter anderem wurde ihnen vorgeworfen, ausländische Rundfunksendungen gehört zu haben. Am 2. März 1951 starb Etinger im Gefängnis, angeblich an Herzversagen.

Ein paar Monate später schickte M. Rjumin, der MGB-Ermittler, der den Fall Etinger geleitet hatte, Stalin einen Brief, in dem er Staatssicherheitsminister Abakumow bezichtigte, die terroristischen Pläne des »jüdischen Nationalisten« Etinger gegen die Sowjetführung verheimlicht zu haben. Abakumow wurde verhaftet, und der neue Minister, S. Ignatjew, erhielt den Befehl, die Ärztegruppe aufzuspüren, die in die Verschwörung gegen die Partei- und Regierungsführer verwickelt sein sollte.

Der erste Schritt bestand darin, einen Brief von einem gewissen Timaschuk schreiben zu lassen. Er lieferte die Grundlage für die Massenverfolgung der bedeutendsten Mediziner, vornehmlich Ärzte, die im Kreml-Krankenhaus die Spitzenpolitiker des Landes behandelten. Die Geheimpolizei suchte hartnäckig nach Beweisen dafür, dass die Ärzte »verbrecherische Methoden der medizinischen Behandlung« angewandt hätten, um »den Tod prominenter Partei- und Staatsführer zu bewirken«. Zu den Verhafteten gehörten Russen, Ukrainer und Juden. Gleichwohl klagte man alle der Mitwirkung an einem zionistischen Komplott an.

Die KGB-Ermittler konnten keine Hinweise auf eine Ärzteverschwörung oder auf Spionage finden, doch im Herbst 1952 nahm Stalin selbst die Dinge in die Hand und setzte Fristen für eine öffentliche Verhandlung. Auf seinen Befehl hin wurden Menschen, die alt und bei schlechter Gesundheit waren, bestialischen Foltern unterzogen. Er selbst, der Großinquisitor, entschied, welche Foltern auf die jeweiligen Häftlinge anzuwenden waren, um »Schuldbekenntnisse« zu erlangen, und er persönlich überprüfte, wie präzise man seine Anweisungen ausführte.

Am 13. Juni 1953 berichtete die *Prawda* über die Verhaftung einer Gruppe von »Ärztesaboteuren«. Obwohl sich der Fall noch im Ermittlungsstadium befand, war der Artikel so formuliert, als seien die Verbrechen bereits bewiesen:

> Vor einiger Zeit entdeckten die Staatssicherheitsorgane eine Terroristengruppe von Ärzten, deren Ziel es war, das Leben prominenter Sowjetpolitiker durch den Einsatz subversiver medizinischer Behandlungsmethoden zu verkürzen …
>
> Diese Bande von Tieren in Menschengestalt machte die Genossen A. A. Schdanow und A. S. Schtscherbakow zu ihren Opfern … Wie man festgestellt hat, waren sämtliche Mitglieder dieser aus Ärzten bestehenden Terroristengruppe im Sold ausländischer Geheimdienste, denen sie sich als verdingte Agenten mit Leib und Seele verkauft hatten. Die meisten Mitglieder der Terroristengruppe – Wowsi, B. Kogan, Feldman, Grinschtein, Etinger und andere – waren vom amerikanischen Geheimdienst angeheuert worden. Die Rekrutierung nahm eine dem amerikanischen Geheimdienst angeschlossene Vereinigung vor, die internationale jüdische bourgeoisnationalistische Organisation »Joint« … Andere Mitglieder der Terroristengruppe (Winogradow, M. Kagan, Jegorow) sind … langjährige Agenten des britischen Geheimdienstes.

Eine neue Welle von Verhaftungen jüdischer Ärzte rollte über das Land hinweg. Das KGB versuchte den Eindruck zu erwecken, dass es sich um eine weit verbreitete Verschwörung handelte. Dadurch wurde einer Kampagne ungezügelter antisemitischer Propaganda Tür und Tor geöffnet. Schon der Begriff »Mörderärzte«, den man immer wieder in der Propaganda verkündete, war darauf angelegt, die natürliche Sorge der Menschen um ihre Gesundheit auszunutzen. Die Organisatoren beabsichtigten, wie in den dreißiger Jahren einen Ausbruch von Massenhysterie zu entfachen und dadurch weitere Verhaftungen im großen Maßstab zu rechtfertigen.

Die bedrückende Atmosphäre jener Tage ist mir noch gut in Erinnerung. Ich leitete damals die Abteilung für Schulen und Hochschulen im Gebietskomitee der KPdSU von Jaroslawl. Der Erste Sekretär des Komitees war Wladimir Wassiljewitsch Lukjanow, ein ruhiger, ausgeglichener Mann, der den ehrenwerten Standpunkt vertrat, dass Fragen des Kosmopolitismus nichts mit dem Leben in Jaroslawl zu tun hätten. Doch eines Tages ließ er mich zu sich kommen und teilte mir mit beunruhigter Stimme mit, Schkirjatow, der Vorsitzende des Parteikontrollkomitees, also des wichtigsten Repressionsorgans, habe mich zu sich bestellt. Lukjanow kannte den Grund nicht, riet mir jedoch für alle Fälle, die Personaldaten der Lehranstalten mitzunehmen.

Ich war erst 28 Jahre alt und will nicht verhehlen, dass ich Angst hatte. Schkirjatows Sekretärin gab mir einen Termin, und er empfing mich mürrisch. Wie er mir erklärte, hatte das ZK einen Brief erhalten, in dem mir mangelnde Wachsamkeit vorgeworfen wurde, was den vorherrschenden Einfluss der Kosmopoliten an den Universitäten, besonders an der Medizinischen Hochschule, betraf. Schkirjatow legte mir zur Last, die Parteilinie nicht verstanden und dadurch den Kosmopolitismus gefördert zu haben. Dafür müsse ich bestraft werden, denn die Partei könne ein derartiges Verhalten nicht dulden. Sein Monolog ging weiter, doch ich hörte kaum zu und murmelte irgendetwas Unverständliches vor mich hin. Zum Beispiel bemerkte ich, dass der Kosmopolitismus in Jaroslawl kaum wahrzunehmen sei.

»Verschwinde«, knurrte Schkirjatow. »Wir werden eine Entscheidung treffen.« Als ich schon bei der Tür war, fragte er dann aber plötzlich: »Warum hinkst du?«

»Der Krieg.«

»Wo hast du gedient?«

»An der Wolchow-Front.«

»Bei welcher Truppe?«

»Marineinfanterie.«

Er befahl mir, an seinen Schreibtisch zurückzukehren, und ließ sich dann im milderen Tonfall über die gebotene Wachsamkeit, die Niedertracht des Imperialismus und so weiter aus. Danach durfte ich ungeschoren wieder gehen. Offenkundig wählte man später jemand anderes für die Rolle des Sündenbocks aus.

Meine zweite Befragung zum selben Thema nahm ein peinliches Ende. Ich wurde zuerst von Inspektor Wassilenko vorgeladen und dann zu Schkirjatow gebracht. Er saß, über ein paar Papiere gebeugt, an seinem Schreibtisch und erkannte mich nicht. Vor ihm lag ein Brief. Ohne den Kopf zu heben, führte er aus, ich hätte die Parteilinie gegenüber der Intelligenzija nicht verstanden und Auswüchse im Kampf gegen den Kosmopolitismus zugelassen. Dann las er aus seinen Unterlagen einige Namen vor, von denen ich nur den Professor Genkins kannte. Ich erwiderte, Genkin sei an die Universität Woronesch gegangen und dort zum Lehrstuhlinhaber befördert worden. Er habe sich in einer Ausschreibung durchgesetzt. Die anderen Namen seien mir unbekannt, doch viele Dozenten seien wahrscheinlich nach Leningrad zurückgekehrt, da man die Medizinische Hochschule während des Krieges von dort nach Jaroslawl verlegt habe.

Dann fuhr ich fort: »Matwej Fjodorewitsch, Sie haben vor einem Jahr mit mir gesprochen, aber aus genau gegenteiligen Gründen.«

Schkirjatow blickte auf und erinnerte sich offenbar an mich. Er wollte wissen, worum es bei dem früheren Fall gegangen sei. Ich erklärte es ihm, und er ließ jemanden die Akte aus dem Vorjahr bringen. Plötzlich rief er: »Sieh an, dieselbe Handschrift. Was für ein Drecksack!«

Als Nächstes telefonierte er mit dem Ersten Sekretär des Gebietskomitees und befahl ihm herauszufinden, wer der anonyme Denunziant sei. Wie sich zeigte, war es ein früherer Sekretär eines der Regionalkomitees, den man wegen Trunksucht entlassen hatte.

Wieder zurück in Jaroslawl, fragte ich den Ersten Sekretär des Gebietskomitees, warum ich die Ehre gehabt hätte, von Schkirjatow selbst ausgewählt zu werden.

»Ganz einfach«, erwiderte Lukjanow, »man hat jemanden gesucht, an dem auf Landesebene ein Exempel statuiert werden kann. Und dann tauchte der Brief auf.«

So verfuhr man damals. Ich bin jedoch dankbar für die Begegnungen mit Schkirjatow, denn durch sie wurde meine Naivität bereits am Anfang meiner Parteikarriere erschüttert.

Bei der Kampagne zur Ausmerzung des Kosmopolitismus ging das Regime ganz unverhohlen daran, die jüdische Kultur mit all ihren Ausdrucksformen zu zerstören. Man schloss jüdische Theater in Moskau, Tschernowzy, Minsk, Odessa, Birobidschan, Baku und Kischinjow, jüdische Wissenschaftsinstitute und Bibliotheken in Kiew, Lwow (Lemberg) und Minsk sowie den Lehrstuhl für Judaistik im Fachbereich Orientalistik der Leningrader Staatsuniversität. Herrliche Sammlungen in jüdischen Museen in Tbilissi (Tiflis), Vilnius (Wilna) und Birobidschan wurden teilweise zerstört. Synagogen mussten ihre Tore schließen. Thora-Schriftrollen, religiöse Literatur und Gebetbücher gingen für immer verloren. Hunderte von jüdischen Literaten und Theaterleuten, Gemeindeführern und Rabbinern wurden verhaftet, um in den meisten Fällen im Gefängnis oder in der Verbannung umzukommen oder erschossen zu werden.

Im Februar 1953 bereitete man die Massendeportation von Juden aus Moskau und anderen Industriezentren in die nördlichen und östlichen Regionen des Landes vor. Das Verfahren war Folgendes: Auf Stalins Geheiß schickte eine Gruppe von Juden einen Brief an die *Prawda*, in dem die Regierung gebeten wurde, die »guten« von den »schlechten« Juden zu trennen. Chawinson, der Direktor der sowjetischen Nachrichtenagentur TASS, und das Akademiemitglied Minz machten dann die Runde und luden jüdische Mitbürger in die *Prawda*-Redaktion ein, wo sie den Brief lesen und unterzeichnen konnten. Unglücklicherweise waren die beiden in der Lage, eine ansehnliche Zahl von Unterschriften zu sammeln.

Nur durch den Tod des Diktators wurde ein neues Blutbad abgewendet.

Der Antisemitismus, den Stalin nach dem Krieg aufgepeitscht hatte, ließ das Land nicht unversehrt zurück. Noch heute sind die schädlichen Folgen im öffentlichen Bewusstsein zu beobachten. Außerdem gehörte es zu Stalins strategischen Plänen, den Antisemitismus auch im Alltagsleben anzufachen. Dies gelang ihm nur zu gut, wie die heutigen Ereignisse in Russland eindeutig bestätigen.

Mit dem Beginn der Perestroika im Jahr 1985 ging der staatlich geförderte Antisemitismus zu Ende. Mit dem Aufkommen realer politischer und bürgerlicher Freiheiten kamen jedoch nicht nur die besten Eigenschaften der Bürger, sondern auch ihre finsteren, verabscheuungswürdigen Impulse zum Vorschein, denn diese waren vom Bolschewismus und seinen Führern durch Jahrzehnte des Terrors, der offiziell ermutigten Denunziationen und der betrügerischen Propaganda in der menschlichen Seele angestachelt und kultiviert worden.

Heutzutage werden über 150 faschistische und antisemitische Zeitungen in Russland veröffentlicht. Es gibt viele funktionierende Organisationen mit ähnlicher Geisteshaltung, und es steht ihnen frei, Kandidaten für Ämter in der Legislative und in der Exekutive aufzustellen. Zum Beispiel vertreten der Gouverneur der Region Krasnodar, Kondratenko, und der Duma-Abgeordnete Makaschow unzweifelhaft extremistische Ansichten, und sie sind nicht die Einzigen. Die kommunistische Fraktion der Duma, die Stalins Gebote übernommen hat, unterstützt den Antisemitismus in aller Offenheit. Die faschistische Organisation RNJ (Russische Nationale Einheit) wächst und wird offiziell geduldet. Leider gehen viele Antisemiten nach schändlichen Ausschreitungen, bei denen sie ihre rechtsextremen Ansichten und ihren unverfrorenen Gebrauch faschistischer Terminologie und Symbolik demonstrieren, straflos aus.

Kommen all diese Entwicklungen unerwartet? Natürlich nicht. Nach Stalins Tod endete die Verfolgung von Juden ihrer Nationalität wegen, doch innerhalb der Partei- und Regierungselite bildete sich ein unausgesprochenes Einverständnis oder Komplott heraus: Juden waren auf allen amtlichen Ebenen von einflussreichen Positionen fern zu halten. Die Personalabteilungen der Partei, der Ministerien und der Behörden passten unter der Oberaufsicht des KGB gut auf.

Gewiss, um ihre pharisäerhafte Politik zu tarnen, beschäftigten die Ministerien jeweils zwei oder drei Juden, gewöhnlich als Mitglieder der Geheimdienste, damit sie auf Vorwürfe erwidern konnten: »Warum werden wir des Antisemitismus angeklagt? Ein Jude arbeitet im Ministerium für Auswärtige Angelegenheiten, ein anderer im Verteidigungsministerium, ein dritter im Zentralkomitee, ein vierter in irgendeinem anderen Ministerium …« Im Hochschulleben war die Situation komplizierter. Hier siegte der nackte Pragmatismus des Regimes, besonders auf dem Gebiet der angewandten Militärwissenschaften. Dafür musste es sogar Juden tolerieren.

Für jeden Bruch der unausgesprochenen Übereinkunft wurde man streng gemaßregelt, wie auch ich erfahren sollte. Kaum hatte ich 1972 einen Artikel über die Gefahren des Chauvinismus, Nationalismus und Antisemitismus in der UdSSR geschrieben – sozusagen schmutzige Wäsche in der Öffentlichkeit gewaschen –, als man mich sämtlicher Parteiämter enthob. Darüber hinaus werde ich bis heute als »russophob« und als Anführer der »jüdischen Freimaurer« abgestempelt und mit vier verschiedenen Familiennamen wie Epschtein, Jankelowitsch oder Jakobson belegt … Den vierten habe ich vergessen, und in den Archiven mag ich nicht nachschlagen.

Wenn die Intelligenzija und alle anständigen Menschen in Russland nicht die Stimme gegen die wütenden Schläger und ihre politischen Rädelsführer erheben, sind Probleme unvermeidlich. Man wird die alte, abgegriffene Karte des Antisemitismus, eine Beleidigung für das russische Volk, erneut ausspielen, und das auf die gleiche demagogische und widerliche Art wie früher.

Ich möchte dieses Kapitel mit den Worten des Patriarchen Tichon an seine Gemeinde in der russisch-orthodoxen Kirche abschließen. 1919 schrieb er:

> Ganz Russland ist ein Schlachtfeld! Damit nicht genug, was folgt, ist noch schrecklicher. Wir hören von Pogromen und Misshandlungen ohne Rücksicht auf Alter, Schuld, Geschlecht oder religiösen Glauben. Verbittert über die Bedingungen des Alltagslebens, hält das Individuum nach anderen Ausschau, die es für sein Missgeschick verantwortlich machen kann, und um seinen Groll, seine

Sorgen und Leiden an ihnen abzureagieren, holt es so heftig aus, dass sein rächender Schlag eine große Zahl unschuldiger Opfer zu Boden wirft. In seinem Bewusstsein wird sein Unglück mit den bösen Taten gleichgesetzt, die der eine oder andere an ihm begangen hat, und seine Bitterkeit einigen gegenüber hat sich in Bitterkeit allen gegenüber verwandelt. Dieses Massengemetzel fordert das Leben auch von Menschen, die überhaupt nichts mit den Gründen für die Bitterkeit zu tun haben.
Orthodoxes Russland, möge diese Schande an dir vorübergehen! Mögest du dem Fluch entkommen. Mögen deine Hände nicht von Blut, das zum Himmel schreit, befleckt werden. Erlaube dem Feind Christi, dem Teufel, nicht, dich durch die Leidenschaft nach Rache zu verlocken und dich das Leid der Opfer verniedlichen zu lassen, statt deine Schuld einzuräumen und zu gestehen; erlaube dem Teufel nicht, das Leid zu verharmlosen, das dir die Tyrannen und Verfolger Christi antun. Denk daran: Pogrome stehen für den Triumph deiner Feinde. Denk daran: Pogrome bringen dir und der heiligen Kirche Unehre![8]

VON KRONSTADT BIS NOWOTSCHERKASSK

Der Bolschewismus begann seine blutgetränkte Ernte unmittelbar nach dem konterrevolutionären Putsch von 1917. Seine überaus schamlosen Gewaltmethoden entwickelte er auf Kosten der Matrosen und Soldaten in Kronstadt. Und so ging es weiter: von Kronstadt und Tambow über hunderte von Bauernaufständen, über Lager und Hinrichtungen, Gefängnisse und psychiatrische Anstalten.

Jahrzehntelang wurden die blutigen Ereignisse in Kronstadt vom Frühjahr 1921 in der sowjetischen Geschichtsschreibung als Meuterei dargestellt, die Weißgardisten, Sozialrevolutionäre, Menschewiki und Anarchisten mit Unterstützung ausländischer Geheimdienste, besonders des französischen, organisiert hätten. Man behauptete, dem Kronstädter Aufstand, der auf den Sturz der Sowjetregierung abzielte, hätten sich die Matrosen nur weniger Schiffe und lediglich eine kleine Gruppe von Soldaten in der Garnison angeschlossen. Auch wurde betont, dass die Partei- und Staatsführer alles in ihrer Macht Stehende getan hätten, um Blutvergießen zu vermeiden; erst nachdem die Matrosen und Soldaten sämtliche friedlichen Appelle zurückgewiesen hätten, habe man auf Waffengewalt zurückgegriffen. Dann, nach der Einnahme der Festung, seien nur die aktivsten Meuterer, hauptsächlich »weiße« Offiziere, zum Tode verurteilt worden, und man habe danach auf weitere Repressionen verzichtet. Die Dokumente zeigen, dass all das eine erbärmliche Lüge des bolschewistischen Regimes war.

Die Kronstädter Ereignisse hatten ein blutiges Vorspiel.

Während des brudermörderischen Bürgerkriegs protestierte ein großer Teil des Bauerntums und der Arbeiterklasse, obwohl beide die Sowjetregierung weiterhin unterstützten, heftig gegen das Machtmonopol der Bolschewiki. Auch in den Städten entstand eine hoch explosive Situation. Es fehlte an Lebensmitteln, viele Anlagen und Fabriken wurden aus Mangel an Treibstoff und Rohmaterialien geschlossen, und man warf Arbeiter auf die Straße. Besonders in den großen Industriezentren wie Moskau und Petrograd spitzte sich die Lage zu. Am 11. Februar 1921 wurde bekannt gegeben, dass 93 Petrograder Unternehmen, darunter riesige Werke wie Putilow, Sestrorezk und der Dreieckskomplex, den Betrieb am 1. März einstellen würden.

Am 28. Februar 1921 trat das Zentralkomitee der RKP(b) zusammen, um die Probleme in Moskau und Petrograd zu erörtern. Man war sich einig über die Notwendigkeit, jegliche politische Opposition zu zermalmen. Daraufhin erhielt die Tscheka den Befehl, die Zahl der Verhaftungen von Menschewiki und Sozialrevolutionären zu erhöhen. Dies galt auch für Arbeiter, »besonders wenn sie durch ihre Aktivitäten auffallen«.[1]

Etwas früher hatten Gerüchte über die Geschehnisse in Petrograd Kronstadt erreicht, und eine Delegation von Matrosen und Soldaten war nach Petrograd entsandt worden, um die Ursachen und das Ausmaß der Unruhen zu ermitteln. Bei ihrer Rückkehr legten sie einen Bericht über die Ergebnisse ihrer Reise vor. Am folgenden Tag, dem 28. Februar, verabschiedeten die Seeleute der Kriegsschiffe *Petropawlowsk* und *Sewastopol* eine Resolution, die von den Vertretern der Mannschaften und Militäreinheiten der Ostseeflotte diskutiert werden sollte:

1. Da die bestehenden Sowjets nicht den Willen der Arbeiter und Bauern zum Ausdruck bringen, fordern wir die unverzügliche Abhaltung von geheimen Neuwahlen für die Sowjets, wobei ein ungehinderter Wahlkampf unter allen Arbeitern und Bauern stattzufinden hat.

2. Rede- und Publikationsfreiheit für Arbeiter und Bauern, Anarchisten und linke sozialistische Parteien.

3. Versammlungsfreiheit sowohl für Gewerkschaften als auch für Bauernorganisationen.

4. Bis spätestens zum 10. März 1921 Abhaltung einer Konferenz parteiloser Arbeiter, Rotarmisten und Matrosen aus Petrograd, Kronstadt und dem Gouvernement Petrograd.

5. Freilassung sämtlicher Mitglieder sozialistischer Parteien, die als politische Gefangene inhaftiert sind, sowie sämtlicher Arbeiter, Bauern, Rotarmisten und Matrosen, die im Zusammenhang mit den Arbeiter- und Bauernbewegungen festgehalten werden.

6. Wahl einer Kommission zur Überprüfung der Fälle von Häftlingen in Gefängnissen und Konzentrationslagern.

7. Abschaffung aller politischen Abteilungen, da keine Partei bei der Verbreitung ihrer Ideen eine privilegierte Position einnehmen oder für diese Zwecke staatliche Mittel erhalten darf. Stattdessen sollten vom Staat finanzierte Kultur- und Ausbildungskommissionen vor Ort gewählt werden.

8. Sofortige Abschaffung aller Kontrollabteilungen.

9. Gleiche Verpflegungsrationen für alle Arbeiter mit Ausnahme derjenigen in gefährlichen Branchen.

10. Abschaffung kommunistischer bewaffneter Abteilungen in allen Militärverbänden sowie von kommunistischen Wachdiensten in Fabriken und Betrieben; sollten derartige Abteilungen oder Wachdienste notwendig werden, so könnte man dazu innerhalb von Militärkompanien, Fabriken und Betrieben Mitarbeiter nach dem Ermessen der Werktätigen heranziehen.

11. Uneingeschränkte Rechte für die Bauern, ihren Boden nach Belieben zu nutzen und Vieh zu halten, das sie persönlich, also ohne Angestellte, versorgen müssen.
12. Wir fordern alle Militärverbände sowie all unsere Kameraden an den Militärakademien auf, sich unserer Resolution anzuschließen.
13. Wir fordern, dass sämtliche Resolutionen weithin durch die Presse verbreitet werden.
14. Wir fordern die Ernennung eines mobilen Aufsichtsbüros.
15. Freie Heimarbeit der Werktätigen ist zuzulassen.[2]

Man sollte sich vor Augen führen, dass die Kronstädter Matrosen, die diese Resolution verabschiedeten, den Bolschewiki im Oktober 1917 zur Seite gestanden hatten. Im Wesentlichen wich die Resolution nicht von dem Programm ab, auf dessen Grundlage die Bolschewiki an die Regierung gekommen waren. Sie selbst hatten die Übergabe der gesamten Macht nicht an eine einzige Partei, sondern an die Sowjets gefordert, die alle sozialistischen Organisationen repräsentierten. Außerdem hatten sie versprochen, den Bauern das Land zu überlassen, und sich für die Verfassunggebende Versammlung eingesetzt, die ein neues Regierungssystem in Russland aufbauen sollte. Doch keine vier Jahre später wurden all diese Forderungen vom neuen Regime als konterrevolutionär gebrandmarkt.

Am Nachmittag des 1. März kamen 16 000 Menschen auf dem Ankerplatz in Kronstadt zusammen, um über die Resolution zu diskutieren. N. Kusmin, der Kommissar der Ostseeflotte, versuchte vergeblich, die erhitzten Gemüter der Anwesenden zu beruhigen. Die Redner verlangten ein Ende der Kontrollabteilungen, des Hungers, des Treibstoffmangels – eine allgemeine Milderung der Lebensverhältnisse. Die von den Matrosen der *Petropawlowsk* und der *Sewastopol* verabschiedete Resolution fand die Zustimmung einer überwältigenden Mehrheit.

Am 2. März wurde ein Provisorisches Revolutionskomitee unter S. Petritschenko, einem Seemann der *Petropawlowsk*, in Kronstadt gegründet. Seine Aufgabe war es, geheime Wahlen für die Sowjets vorzubereiten, wobei alle sozialistisch orientierten politischen Kräfte das Recht hatten, Kandidaten aufzustellen und einen ungehinderten Wahlkampf zu führen. Die sowjetischen Institutionen in der Stadt setzten ihre Tätigkeit fort. Niemand wurde verhaftet.

Mit den Unruhen in der Festung ging der Zusammenbruch der kommunistischen Parteizellen einher. Im Januar 1921 hatte es 2680 Mitglieder und Kandidaten der RKP(b) gegeben, doch viele von ihnen verließen Kronstadt in den ersten Tagen der Rebellion, obwohl niemand sie behelligt hatte. Von den Übrigen traten mehr als 900 aus der Partei aus.

Die Führer des Kronstädter Aufstands bemühten sich um offene und öffentliche Verhandlungen mit dem Regime, das jedoch von Anfang an die Konfrontation suchte: Keine Verhandlungen, keine Kompromisse, die »Meuterer« mussten bestraft werden. Man entsandte wiederholt Delegationen aus Kronstadt nach Petrograd, doch ihre Mitglieder wurden jedes Mal verhaftet.

Am 3. März veröffentlichte die Regierung eine Stellungnahme mit der Überschrift »Eine neue weißgardistische Verschwörung!« Darin hieß es, die Ereignisse in Kronstadt seien »unzweifelhaft von der französischen Spionageabwehr vorbereitet« worden, und man habe »Spione gefasst«. Die Resolution der Matrosen und Soldaten wurde als typisch für die »Schwarzhunderter und Sozialrevolutionäre« beschrieben. Aus diesem Grund habe der Sowjet für Arbeit und Verteidigung (STO) das Kriegsrecht über Petrograd und das Gouvernement Petrograd verhängt. Das üble Lügengespinst wurde vom STO-Vorsitzenden Lenin und vom Revolutionären Militärrat unter Trotzki gebilligt. Sie versuchten eindeutig, die Ereignisse in Kronstadt so bedrohlich wie möglich darzustellen, wobei sie hofften, dass die unwissenden Massen der neuesten Provokation Glauben schenken würden. Und sie hatten Recht: Die Massen schenkten ihr Glauben.

Am 5. März wurden Maßnahmen zur Niederschlagung der Rebellion angeordnet. Zu diesem Zweck ließ das Regime die Siebte Armee unter dem Befehl von Michail Tuchatschewski neu formieren. Unterdessen wurden in Moskau die Vorbereitungen für den X. Parteitag der RKP(b) abgeschlossen, der am 6. März eröffnet werden sollte. Die Delegierten trafen ein, doch der Parteitag trat nicht wie geplant zusammen. Am 7. März beraumte man ein ZK-Plenum der WKP(b) an und verschob die Eröffnung auf den 8. März. Der Grund dafür war, dass die Erstürmung von Kronstadt in der Nacht vom 7. auf den 8. März stattfinden sollte. Man erwartete, die Kronstädter mit einem einzigen Schlag unschädlich machen und die Eroberung der Festung dann vor den Delegierten als weiteren Sieg über die Konterrevolutionäre verkünden zu können.

Warum waren die Daten für die Eröffnung des Parteitags und für die Niederschlagung von Kronstadt so eng miteinander verknüpft?

Mittlerweile war die Situation im Land so gefährlich geworden, dass Lenin einen radikalen Ausweg suchen musste. Er beschloss, in seiner Rede vor dem Parteitag eine Neue Ökonomische Politik (NEP) zu verkünden. Ein Teil der NEP war es, die Beschlagnahme von Agrarprodukten einzustellen und durch eine Lebensmittelsteuer zu ersetzen. Damit entsprach er einer der Forderungen der Kronstädter.

Lenin wollte natürlich auf keinen Fall, dass man die Änderungen der Wirtschaftspolitik als Zugeständnisse interpretierte, die ihm durch den Kronstädter Aufstand oder durch die Arbeiter- und Bauernunruhen aufgezwungen worden waren. Dadurch wäre ein riskanter Präzedenzfall geschaffen worden. Also ließ Lenin seinen wirtschaftlichen Konzessionen Strafmaßnahmen vorangehen. Ihm war klar, dass der wirtschaftliche Wandel, besonders unter dem Druck der Massen, Forderungen auch nach politischer Reform verstärken würde. Mithin diente die Niederschlagung des Kronstädter Aufstands in erster Linie dazu, die Unveränderlichkeit des bolschewistischen Machtmonopols zu demonstrieren.

Der Plan, die Rebellen mit einem einzigen Schlag bei der Eröffnung des Parteitags zu zermalmen, scheiterte jedoch. Die Regierungsverbände zogen sich unter schweren Verlusten zurück. Einer der Hauptgründe für das Scheitern war die politische Haltung der Rotarmisten, die den Angriff auf die Festung führen mussten, denn sie begingen unverhohlene Akte des Ungehorsams und unterstützten die Kronstädter bisweilen sogar.

Im Angriffsabschnitt der Südlichen Gruppe weigerte sich das 561. Regiment, die Festung zu stürmen. In einem Telegramm wurden die Ereignisse geschildert: »Nachdem das 561. Regiment anderthalb Werst auf Kronstadt vorgerückt war, verharrte es auf der Stelle. Den Grund dafür kennen wir nicht. Genosse Dybenko befahl einer zweiten Formation, Stellung zu beziehen und das Feuer auf jeden Soldaten zu eröffnen, der in die Etappe zurückwich. Der Kommandeur des 561. Regiments leitete Strafaktionen gegen seine Rotarmisten ein, um sie zum weiteren Vorrücken zu zwingen.«[3] Ein Teil des Regiments lief zu den Kronstädtern über.[4] Im nördlichen Sektor konnte man die Petrograder Kadetten, die als robusteste Kämpfer der Nördlichen Gruppe galten, nur mit Mühe dazu bewegen, sich der Offensive anzuschließen.

Nach heftigem Artilleriefeuer wurde in der Nacht des 17. März ein neuer Angriff auf die Festung unternommen. Laut telegrafischen Befehlen aus Petrograd sollten die Soldaten »rücksichtslos« mit den Meuterern umgehen und sie gnadenlos erschießen; man könne »darauf verzichten, Gefangene zu machen«.[5] Im Lauf des Angriffs beschloss man sogar, chemische Waffen einzusetzen. Tuchatschewski befahl, »die Schlachtschiffe *Petropawlowsk* und *Sewastopol* spätestens morgen mit Erstickungsgas und Giftgranaten zu attackieren«.[6] Die Zeit reichte jedoch nicht, den Befehl auszuführen. Am Nachmittag des 17. März, als die Festung nicht länger verteidigt werden konnte, begannen die Kronstädter Rebellen, sich nach Finnland zurückzuziehen. Ungefähr 8000 von ihnen gelang dies auch.

Die Festung fiel am Morgen des 18. März, und die Repressionen setzten sofort ein. Allein die Tatsache, dass sich jemand während des Aufstands in Kronstadt aufgehalten hatte, wurde als Verbrechen betrachtet. Es war sogar eine strafbare Handlung, wenn jemand den verwundeten Verteidigern von Kronstadt medizinische Hilfe geleistet hatte. Nur ein einziges Beispiel: Zwei Schwestern, Sinaida und Maria Nikiforowa, wurden in der Nacht vom 29. auf den 30. März verhaftet. Sinaida, so hieß es im Bericht des Ermittlers, »kümmerte sich um verwundete Rebellen und arbeitete in einem Krankenhaus«. Der Ermittler empfahl, »Bürgerin Nikiforowa für fünf Jahre in ein Zwangsarbeitslager zu schicken; Strafe zur Bewährung auszusetzen«. Maria Nikiforowa hätte ohne Anklage entlassen werden sollen, doch dann verurteilte eine Sondertroika beide Schwestern zu fünf Jahren Zwangsarbeit und schickte sie in die Verbannung nach Archangelsk.[7]

Mehrere Dutzend öffentliche Gerichtsverhandlungen wurden abgehalten. Besonders grausam bestrafte man die Matrosen der *Petropawlowsk* und der *Sewastopol*. Wer an Bord dieser Schiffe gedient hatte, musste mit Erschießung rechnen. Die Gerichte gingen genauso brutal mit den Rotarmisten des 560. Kronstädter Regiments und jenen Soldaten des 561. Regiments um, die am 7. März während des Angriffs auf die Festung zu den Kronstädtern übergelaufen waren.[8] Die offenen Verhandlungen waren jedoch nur die Spitze des Eisbergs. Das Schicksal tausender wurde in den geschlossenen Sitzungen der Sondertroikas und manchmal auch nur der *dwoikas*, das heißt der Zweimanngerichte, entschieden.

Am 20. März 1921 hörte eine Sondertroika die Anklage gegen 167 Besatzungsmitglieder der *Petropawlowsk*. Alle wurden zum Tode verurteilt. Am folgenden Tag erschoss man 32 Matrosen von der *Petropawlowsk* und 30 von der *Sewastopol*; weitere 27 Mann von der *Petropawlowsk* wurden am 24. März hingerichtet.[9] Der Vorsitzende des mobilen Revolutionären Militärtribunals, S. Zwetkow, schickte ein Telegramm nach Petrograd: »Weitere Verhaftungen finden statt und werden fortgesetzt, bis ich sicher bin, dass Kronstadt ausgeblutet und entwaffnet ist.«

Die meisten, die vor den Gerichten und den Troikas erschienen, hatten bei der Verteidigung der Festung kaum eine Rolle gespielt. Unter denen, die in den Troika-Protokollen erwähnt werden, ist zum Beispiel Pjotr Samsonow, 29 Jahre alt, bäuerlicher Herkunft, halber Analphabet und parteiloser Telefonist bei der Ersten Marineluftdivision; er wurde einfach deshalb zum Tode verurteilt, weil er am 2. März als gewählter Delegierter an einer Konferenz an Bord der *Petropawlowsk* teilgenommen hatte. Der vierzigjährige Arseni Petrow, ein kleiner Schreibstubenangestellter in einer Nachschubabteilung, wurde erschossen, weil er dreimal Wachdienst hatte leisten müssen. Es gibt viele derartige Beispiele.

Die Straforgane hegten besondere Vorurteile gegenüber denen, die während der Kronstädter Ereignisse aus der Partei ausgetreten waren. Die Betroffenen stufte man in vier Kategorien ein. Zur ersten gehörten Kommissare, Sekretäre von Parteiorganisationen und »Leute, die böswillige Erklärungen abgaben und dadurch die Hoffnungen des aufrührerischen Revolutionskomitees beflügelten und seine Autorität erhöhten«. Sie wurden zum Tode verurteilt. Die zweite Kategorie umfasste jene, die »weniger böswillige Erklärungen« abgegeben hatten sowie »politisch unreif oder jung waren und bei der Meuterei eine passive Rolle spielten«. Sie erhielten fünf Jahre Lagerhaft. Die dritte und die vierte Kategorie schließlich bestanden aus »Personen, die ohne Angabe von Gründen erklärten, aus der Partei austreten zu wollen, Personen, deren Parteiaustrittserklärungen nicht gefunden wurden, obwohl sie selbst zugaben, solche Papiere eingereicht zu haben, und Personen, die erklärten, die Partei verlassen zu wollen, dabei jedoch dem Druck durch Revolutionskomiteemitglieder ausgesetzt waren«. Sie wurden zu einem Jahr öffentlichem Arbeitsdienst mit Bewährung verurteilt oder sofort freigelassen.[10]

Für die »Teilnahme an der Kronstädter Meuterei« wurden 2103 Personen bis zum Sommer 1921 von nur vier Tribunalen zum Tode verurteilt: dem Präsidium der Petrograder Gouvernements-Tscheka, dem Kollegium der Sonderabteilung der Streitkräfte zur Sicherung der finnischen Grenze, der Troika der Kronstädter Sonderabteilung und dem Revolutionstribunal des Petrograder Militärkreises. Weitere 6459 Personen erhielten Gefängnisstrafen. Von ihnen setzte man 1464 auf freien Fuß, ohne jedoch die Anklagen gegen sie fallen zu lassen.[11] Alle wurden aufgespürt und von Repressionen getroffen.

Das immer unmenschlicher werdende System setzte nun auch Geiseln und Konzentrationslager ein. Hier ist ein Auszug aus einer von vielen ähnlichen Akten: »Tukina, Olga Wladimirowna, Ehefrau des Revolutionskomiteesekretärs Tukin, am 9. Mai 1921 als Geisel genommen und von einer Sondertroika einem Konzentrationslager zugewiesen; das Urteil ist auszuführen, wenn sie sich erholt hat und aus der Entbindungsstation des Kronstädter Krankenhauses entlassen wird.«[12] Man verurteilte so viele Menschen, dass sich das Politbüro des ZK der RKP(b) mit der Notwendigkeit des Baus weiterer Konzentrationslager befasste. Auf einer Sitzung am 20. April 1921 ernannte es eine Kommission unter dem Vorsitz von Menschinski, die den Auftrag hatte, die Frage der »Schaffung einer Disziplinierungskolonie mit 10 000 bis 20 000 Menschen, wenn möglich im hohen Norden in der Region Uchta, weit entfernt von Bevölkerungszentren«, zur Diskussion vorzubereiten.[13]

Anfang April war die Hauptphase der Untersuchung des Kronstädter Aufstands beendet. Die Schlussfolgerungen des Chefermittlers J. A. Agranow unterschieden sich deutlich von der Propagandaversion. In seinem Bericht hieß es zum Beispiel:

> Die Aufgabe meiner Untersuchung bestand darin, die Rolle unterschiedlicher Parteien und Gruppen bei der Entfachung und Entwicklung der Meuterei zu erhellen, ebenso wie die Beziehungen der Organisatoren und Anstifter der Meuterei zu konterrevolutionären Parteien und Verbänden, die auf dem Territorium Sowjetrusslands und im Ausland aktiv sind. Solche Beziehungen nachzuweisen erwies sich jedoch als unmöglich ... Die Meuterei brach spontan aus und riss fast die gesamte Bevölkerung der Stadt und der Festung mit sich. Allgemein gesprochen, bildet die Kronstädter Meuterei den Höhepunkt einer lange währenden spontanen, spießbürgerlichen Reaktion auf die Diktatur des Proletariats und das kommunistische Regime. Außerdem äußerte sich hier die Unzufriedenheit des Bauerntums und der rückständigen Schichten der Arbeiterklasse über die Lebensmittelpolitik der Sowjetbehörden; diese Elemente streben offenkundig danach, die Fesseln zu lösen, die dem freien Handel der Kleineigentümer von den Behörden auferlegt werden.

Agranows Bericht erreichte nur einen kleinen Kreis von Partei- und Regierungsführern.

1921 und 1922 verkündete das ZIK Amnestien für Teilnehmer an der »Bewegung der Weißen«, einschließlich der Kronstädter. Diejenigen, die nach Finnland geflohen seien, dürften zurückkehren. Einige waren naiv genug, dem Versprechen Glauben zu schenken, und fanden sich nach ihrer Rückkehr sogleich in Lagern und Gefängnissen wieder.

Im Winter 1922 begann die Massenverbannung von Kronstädtern. Ein Komitee wurde gegründet, das die Evakuierung vorzunehmen hatte. Als Erstes siedelte man Familien aus, deren Angehörige erschossen oder verurteilt worden oder verschollen waren. Das Gleiche galt für Familien, in denen jemand während einer Säuberung aus der Partei ausgeschlossen worden war oder sie freiwillig verlassen hatte. Allein vom 1. Februar 1922 bis zum 1. April 1923 wurden 2514 Personen verbannt, davon 1963 als »Kronstädter Meuterer samt Angehörigen«. Die überwältigende Mehrheit der Letzteren waren Frauen und Kinder. An ihren neuen Wohnorten mussten sich alle Aussiedler bei den jeweiligen WTscheka-Ämtern registrieren lassen. Danach stöberten die Ermittler noch jahrelang wieder und wieder in den Archiven, um neues Beweismaterial für abgeschlossene Fälle zu finden und eine zweite Anklage zu erheben.

Die Reaktion des bolschewistischen Regimes auf die Ereignisse von Kronstadt ließ keinen Zweifel am totalitären Charakter der Partei und bewies, dass die herrschende Clique den Idealen untreu geworden war, für die Millionen irregeleiteter Menschen ihr Leben geopfert hatten.

Als nach dem XX. Parteitag die Gefahr persönlicher Haftbarkeit für die am Volk begangenen Schandtaten in der Luft hing, brach in den höchsten Kreisen der Partei und der Geheimpolizei ein klägliches Gezänk aus. Die Henkersknechte der Sonderdienste erklärten, sie hätten lediglich die direkten Befehle der Parteibosse ausgeführt. Die Parteiführer wiederum behaupteten, sämtliche Verbrechen seien das Werk von WTscheka, OGPU, NKWD, MGB und KGB gewesen.

Beide Seiten hatten Recht. Die Elite der Partei und die Elite der Sicherheitsdienste waren blutsverwandt. Sie hatten die Verbrechen gemeinsam begangen. Die Tatsache, dass in dem allgemeinen Gemetzel von Zeit zu Zeit auch Köpfe von Politbüromitgliedern und Sonderdienstchefs rollten und dass tausende von kommunistischen und tschekistischen Apparatschiks durch die Hand des Henkers endeten, weist nur auf das doppelte Machtsystem hin, das sich im Land herausgebildet hatte. Letzten Endes wurden sowohl Chruschtschow als auch Gorbatschow vom KGB gestürzt; die Parteibonzen standen nur als Statisten auf der Bühne.

Stalin hatte niemandem Vertrauen geschenkt. Um ungestört herrschen zu können, hatte er zwischen seinen Gefolgsleuten stets Zwietracht gesät. Deshalb fürchteten sich die Apparatschiks nun vor der Bestrafung. So lebten sie – erfüllt von Angst und Machtgier zugleich.

Chruschtschow verurteilte in seinem Vortrag auf dem XX. Parteitag 1956 Stalins Verbrechen, doch das System und die stalinistischen Handlanger blieben unantastbar. Die Letzteren taten, was sie konnten, um die zaghaft aufkommende Entstalinisierung zu ersticken, denn sie wussten, dass irgendwann ihre eigene Verantwortung vor dem Gesetz zur Sprache kommen würde. Auf dem ZK-Plenum der KPdSU vom Juli 1957 machte man einen Versuch, den Verantwortungsbereich für die Verbrechen des stalinschen Faschismus zu erweitern, doch vergeblich.

Marschall Schukow kam als erster Redner auf das Thema zu sprechen. Er enthüllte Dokumente, die Angaben über die willkürliche Hinrichtung zehntausender von Menschen allein auf den direkten Befehl von Politbüromitgliedern hin – oder mit ihrer Billigung – enthielten. »Die Ärmel hochgekrempelt, die Axt in der Hand, schlugen sie Köpfe ab«, deklamierte er. »Sie packten die Menschen in Güterzüge wie Vieh: so viele Bullen, so viele Kühe, so viele Lämmer.«[14]

Als dann Kaganowitsch sprach, wurde er von Schukow unterbrochen:

> Lass uns auf die Verantwortung für die Verbrechen, für die Hinrichtungen eingehen – das ist ebenfalls eine wichtige Frage.
> Kaganowitsch: Wenn die Plenumsmitglieder wünschen, dass ich die anderen Fragen außer Acht lasse …
> Schukow: Sag uns, warum du 300 Eisenbahnarbeiter ins Jenseits geschickt hast.
> Kaganowitsch: Die Frage, die hier gestellt wird … das ist eine politische Frage.
> Schukow: Und eine strafrechtliche.
> Kaganowitsch: Sie sollte nicht vom Standpunkt des Jahres 1957, sondern vom Standpunkt der Jahre 1937 und 1938 aus beleuchtet werden. Genau das verlangt die marxistische Dialektik. Damals spielte sich im Land ein politischer Kampf ab …
> Schukow: Bruder, antworte ohne Umschweife. Du hast ZK-Mitglieder erschießen lassen – waren das unsere Feinde?
> Kaganowitsch: Es gab Feinde, ein heftiger Klassenkampf war im Gange. Haben wir zusammen mit unseren Feinden Verzerrungen, Schandtaten, Verbrechen zugelassen? Ja.
> Ich bin mit Chruschtschows Vortrag auf dem XX. Parteitag einverstanden und billige ihn, obwohl ich zugeben muss, dass er mich sehr erschüttert hat. Ich glaube nicht, dass Mitglieder des Zentralkomitees die Entthronung Stalins leichten Herzens vornahmen oder dass sie ihre Geschwüre und Verletzungen leichten Herzens entblößten. Ich litt während des Berichts und unterstütze ihn. Mei-

ner Meinung nach war es richtig, diese Dinge aufzudecken und zu entlarven. Das enthebt mich natürlich nicht meiner Verantwortung. Ich bin politisch verantwortlich.
Schukow: Und strafrechtlich ... Machtmissbrauch führt zu gerichtlicher Bestrafung.
Kaganowitsch: Ich rede von politischer Verantwortung. Die Situation hatte sich zugespitzt, wir alle handelten sehr rasch, und die Tatsache, dass Genosse Schukow die Namen von nur zwei oder drei Leuten hervorgezogen hat, die Dokumente unterzeichneten, und die anderen nicht erwähnt – damit will er nur spalten. Wir haben es mit politischer Zersplitterung zu tun. Ertränkt alle, die ihr ertränken wollt, und haltet den Mund, was die anderen betrifft. Nämlich das ganze Politbüro. Und wie steht's mit den Gebietstroikas? Alle Gebiete hatten Troikas mit dem Gebietssekretär an der Spitze.
Stimmen: Auf wessen Befehl? Wer richtete sie ein?
Chruschtschow: Wer leitete das kriminelle Verfahren ein, diese Troikas zu gründen? Jeder, der vor ihnen erschien, wurde erschossen.
Stimmen: Das ist wahr.
Kaganowitsch: Nicht alle.
Chruschtschow: Die absolute Mehrheit wurde erschossen.
Kaganowitsch: Und Sie, haben Sie etwa nicht die Papiere über Hinrichtungen in der Ukraine unterzeichnet? Ich verließ Moskau im März 1934, ich verließ die ZKK 1934, ich arbeitete in der Wirtschaft.
Stimmen: Dort wurden auch Menschen erschossen.
Schukow: 300 Eisenbahnarbeiter.
Chruschtschow: Waren die Gerichts- und Tscheka-Organe den Gebietskomitees untergeordnet? Das war nie der Fall. Man hielt mich für einen polnischen Spion.
Kaganowitsch: Viele wurden dafür gehalten, vielleicht auch ich. Ich sage Ihnen, die Situation war gespannt.
Stimmen: Das war Ihre eigene Schuld.

Kaganowitsch: Ich werde nach den Eisenbahnarbeitern gefragt. Es gab einen endlosen Strom von NKWD-Papieren. Erkundigen Sie sich bei den Eisenbahnarbeitern, wie oft mir vorgeworfen wurde, ein Verhör verzögert zu haben. Ich verteidigte hunderttausende von Eisenbahnarbeitern, und wir verhafteten einige derjenigen, die den Unterlagen zufolge Feinde zu sein schienen. Und Sie, Genosse Schukow, haben als Divisionskommandeur nie etwas unterzeichnet?
Schukow: Ich habe keinen einzigen Menschen erschießen lassen müssen.
Kaganowitsch: Das ist schwer zu überprüfen.
Schukow: Bitte überprüfen Sie es.
Kaganowitsch: Und waren Sie etwa nicht mit der ZK-Politik, der Politik des Kampfes gegen unsere Feinde, einverstanden?
Schukow: Mit dem Kampf gegen unsere Feinde, aber nicht mit den Hinrichtungen.[15]

Am Ende seiner eigenen Rede verkündete Schukow: »Hätte die Nation nur gewusst, dass ihre Hände von unschuldigem Blut trieften, so hätte sie die Täter nicht mit Applaus, sondern mit Steinen empfangen.«[16]

Nach dem XX. Parteitag entspannte sich die Lage ein wenig. Das Lagersystem wurde allmählich abgebaut, doch der Krieg mit dem Dissidententum ging seinen eigenen Weg, wie ich oben geschildert habe. Auch die blutigen Repressionen setzten sich fort. Denken wir an die Ereignisse von Nowotscherkassk.

In den ersten sechs Monaten des Jahres 1962 änderte die Leitung des Elektrolokomotivwerks von Nowotscherkassk wiederholt ihre Arbeitsnormen, wodurch der Lohn vieler Arbeiter um 30 Prozent sank. Dieser Umstand und die gleichzeitige Erhöhung der Lebensmittelpreise machten das Leben unerträglich schwer.

Am Morgen des 1. Juni 1962 versammelte sich die Belegschaft in Gruppen, um über die Regierungsentscheidung, die einen weiteren Preisanstieg für Fleisch- und Milchprodukte vorsah, zu debattieren. Die stürmischen Diskussionen breiteten sich allmählich von den Werkstätten auf das Fabrikgelände aus. Die Zahl der Teilnehmer schwoll rasch an. Auf Verlangen der Arbeiter kam der Fabrikdirektor heraus, um mit ihnen zu sprechen. Die Arbeiter beschwerten sich über die abnormen Bedingungen, die gefährlichen Betriebsvorschriften und Maschinen, die ärmlichen Lebensverhältnisse und die niedrigen Löhne. Die Atmosphäre wurde immer hitziger. Als die Arbeiter den Direktor fragten, wie sie sich durchschlagen sollten, erwiderte er zynisch: »Wenn ihr nicht genug Geld für Brot habt, dann esst doch Leberpastete.« Das war der Funke, der die Explosion auslöste.

Eine große Gruppe von Arbeitern besetzte das Büro der Betriebsleitung. Parolen tauchten auf: »Fleisch, Milch, Lohnerhöhungen!« Mehr als 4000 Menschen versammelten sich auf dem Fabrikplatz. Während dieser Versammlung hielten Arbeiter einen Zug auf der Strecke von Saratow nach Rostow am Don an. Die Streikenden berichteten den Passagieren von ihren Forderungen und ihrer Notlage und baten sie, die Informationen an die Bewohner anderer Städte weiterzugeben. Mehrere KGB-Agenten, die mit dem Chef der Gebietsverwaltung in der Fabrik eingetroffen waren, versuchten im Verein mit der Polizei, die Arbeiter von den Bahngleisen zu drängen, damit der Zug weiterfahren konnte. Es gelang ihnen jedoch nicht, und der Verkehr auf der Strecke kam zum Stillstand.

Am Nachmittag erschien A. Kirilenko, ein Mitglied des ZK-Präsidiums, in Rostow und kanzelte den Befehlshaber des Militärkreises, General Plijew, sowie den Chef der politischen Verwaltung, General Iwaschtschenko, wegen ihrer Untätigkeit ab. Kirilenko forderte, die im Militärkreis stationierten Truppen unverzüglich nach Nowotscherkassk zu entsenden, um die »rowdyhaften Aktionen« zu unterbinden. Nach einem Telefonat mit Kirilenko stimmte Chruschtschow dessen Vorschlag zu. Plijew erteilte den Befehl, eine Unterabteilung seiner Streitkräfte nach Nowotscherkassk zu verlegen.

Kirilenko, Plijew und Iwaschtschenko trafen am selben Tag in Nowotscherkassk ein und bezogen Quartier in einer Militärsiedlung, wo man eine provisorische Befehlsstelle errichtet hatte. Mikojan, Koslow, Schelepin, Poljanski, die Spitzen der KGB-Zentralorgane, und die Befehlshaber der internen MWD-Truppen kamen aus Moskau herbei. Auf Anweisung der ZK-Präsidiumsmitglieder rückten Verbände des Nordkaukasischen Militärkreises und der internen MWD-Truppen aus Kamensk-Schachtinsk, Grosny und Rostow am Don auf Nowotscherkassk vor.

Gegen Ende des Tages näherten sich drei Lastwagen mit Soldaten und drei Mannschaftspanzerwagen dem Platz vor dem Fabrikbüro. Eine Arbeiterschar versperrte ihnen den Weg. Die Offiziere und Soldaten waren verwirrt und unschlüssig. Arbeiter hielten Reden vom Dach der Panzerwagen, riefen dazu auf, den Streik fortzusetzen, und baten die Soldaten, sich ihnen anzuschließen. Die ZK-Präsidiumsmitglieder Kirilenko und Schelepin befahlen, Panzer und noch mehr Soldaten in Panzermannschaftswagen in Richtung der Fabrik, die unter Kriegsrecht gestellt wurde, fahren zu lassen. In der Stadt verhängte man eine Ausgangssperre und begann, Arbeiter zu verhaften.

Am Morgen des 2. Juni wurden die Forderungen der Streikenden von Arbeitern in der Erdölmaschinenbaufabrik und in anderen Betrieben der Stadt aufgegriffen. Unbewaffnete Demonstranten zogen in einem Protestmarsch zum Stadtzentrum, um ihre Beschwerden vorzubringen. Es war ein friedlicher Marsch mit roten Fahnen, Leninporträts und frischen Blumen.

Unter den Demonstranten waren viele Frauen und Kinder. Auf dem Weg zur Stadt schloss sich ihnen eine große Gruppe junger Leute an. Die Soldaten erhielten den Befehl, diese friedlichen Protestierer zu stoppen. Sie blockierten die Brücke über den Fluss Tuslow an drei Stellen mit Panzern und Mannschaftswagen. Die Menge schob sich dennoch auf die andere Seite und marschierte weiter zum Stadtkomitee der KPdSU.

Als die aus mehreren tausend Menschen bestehende Menge nur noch vier oder fünf Kilometer vom Komiteegebäude entfernt war, machten die ZK-Präsidiumsmitglieder Koslow, Kirilenko und Mikojan ihrem Parteichef Chruschtschow Meldung über die Situation und baten um Erlaubnis, zusammen mit dem Verteidigungsminister und dem Kommandeur des Nordkaukasischen Militärkreises den Befehl zur gewaltsamen Auflösung der Demonstration zu erteilen. Sämtliche MWD- und Armee-Einheiten wurden mit Waffen und Munition ausgerüstet. Um zehn Uhr morgens waren schließlich alle Verbände kampfbereit.

Die Menge der Arbeiter und ihrer Angehörigen – Frauen und Kinder – näherte sich dem Komiteegebäude bis auf fünfzig oder hundert Meter. Es war von Soldaten umstellt. Es fand eine Massendemonstration statt, auf der die Redner niedrigere Lebensmittelpreise und höhere Löhne verlangten. Die Parteibosse hatten jedoch Angst, sich hinauszubegeben, und setzten sich über das städtische Rundfunknetz mit den Arbeitern in Verbindung. So wurden Aufrufe von Mikojan und Koslow an die Stadtbevölkerung gesendet. Die Arbeiter beharrten jedoch auf einer persönlichen Begegnung mit den hohen Funktionären.

Daraufhin wurde der Befehl erteilt, das Feuer auf die unbewaffneten Menschen zu eröffnen. Schüsse fielen. Zwanzig Personen, darunter zwei Frauen, starben auf der Stelle. Über vierzig Menschen wurden verwundet; später erlagen drei von ihnen ihren Verletzungen.[17]

Damit war die blutige Vergeltungsaktion jedoch noch nicht beendet. In der Stadt kam es zu Massenverhaftungen von »Unruhestiftern«. Unter die Demonstranten hatten sich KGB-Agenten in Zivil gemischt, die sich die besonders energischen Teilnehmer notiert oder fotografiert hatten. Ihre Aussagen dienten dazu, die betreffenden Bürger von Nowotscherkassk zu identifizieren und zu verhaften.

Die Untersuchung erbrachte keinen Hinweis darauf, dass die Demonstranten fremdes Eigentum in ihren Besitz gebracht hätten. Die Ermittler brachten nur zwei Anklagen wegen versuchten Raubs von Waffen zu Stande. Einer der Beschuldigten wies die Anklageschrift bei seiner Verhandlung zurück, und der andere, der getötet worden war, konnte überhaupt nicht mehr Stellung beziehen.

Die Prozessakten enthalten einige merkwürdige Aussagen. Ein Traktorfahrer namens Katkow rannte, als er das Dröhnen der Panzermotoren hörte, nur mit seiner Unterhose bekleidet (ein Detail, das ordungsgemäß in die Akte eingetragen ist) aus dem Haus. Er war nicht ganz nüchtern und rief: »Mein Gott, die kommen wohl auch, um die Bitten der Werktätigen zu erfüllen!« In seinem Urteil hieß es: »In der Nähe seines Hauses behinderte [Katkow] böswillig die Bewegung von Militärfahrzeugen auf dem Weg zur Verteidigung des Elektrolokomotivwerks von Nowotscherkassk, wobei er feindliche, verleumderische Schreie ausstieß.«

Insgesamt wurden 116 Personen verurteilt, sieben davon zum Tode und viele zu langen Gefängnisstrafen: zehn bis fünfzehn Jahre in Besserungsarbeitslagern mit strengem Regime. Da die Behörden einsahen, dass sich diese Ereignisse schwerlich auf ein paar »Rowdys« abwälzen ließen, bemühten sie sich, die Affäre, darunter die kaltblütige Ermordung dutzender von Menschen, geheim zu halten. Sogar die Leichen der Opfer wurden heimlich auf verschiedenen Friedhöfen des Gebiets Rostow begraben.

In den Zeitungen war kein Wort über die Vorfälle in Nowotscherkassk zu lesen. Nur ein Mal, am 6. Juni, wurde die Stadt in der *Prawda* erwähnt, wo es hieß, die dortigen Arbeiter hätten »die Erhöhung der Großhandels- und Einzelhandelspreise für Fleisch und Butter korrekt eingeschätzt«. Dieselbe Zeitung lobte die Menschen von Nowotscherkassk für ihre eifrige Arbeit: »Gutes wird von den Kollektiven des Nowotscherkassker Elektrolokomotivwerks und der Elektrodenfabrik geleistet ...« Außerdem habe man in der Stadt eine Reihe von Versammlungen abgehalten, um die »kluge Politik der Partei und der Regierung« zu unterstützen.

Das alles ereignete sich während Chruschtschows »Tauwetter«, als in der Propaganda hin und wieder von Entstalinisierung, Demokratie und einer erweiterten Rolle der Arbeiter bei der Lenkung des Staates die Rede war. In der Praxis verfolgte man jedoch ein ganz anderes Ziel: die Erhaltung der bolschewistischen Diktatur, die unverändert die alten stalinistischen Gewaltinstrumente einsetzte.

Am 5. Juni 1962, drei Tage nach den Hinrichtungen, hielt ZK-Sekretär und Politbüromitglied Koslow eine Rede vor den Soldaten der Nowotscherkassker Garnison und der internen MWD-Verbände. Im Namen des Zentralkomitees der KPdSU, der Sowjetregierung und Chruschtschows persönlich rühmte er sie dafür, dass sie der »Unordnung« in Nowotscherkassk ein Ende bereitet hätten, und dankte ihnen für ihre Disziplin, ihre Standhaftigkeit und ihren Mut.

Von Kronstadt bis Nowotscherkassk – Etappen auf einem Weg voller Blut und Schande.

DIE ERNTE DER KREUZE (ANSTELLE EINES EPILOGS)

Von Horizont zu Horizont ist Russland mit Kreuzen und den anonymen Gräbern seiner Bürger übersät, die im Krieg fielen, in Hungersnöten starben oder durch die Willkür des leninistisch-stalinistischen, faschistischen Regimes erschossen wurden. Die Kreuze kennzeichnen die letzte Ruhestätte von Millionen, und weitere Millionen liegen in unmarkierten Gräbern: in Mulden und Schützengräben, in Sümpfen und Gebirgsspalten. Einige sind als Skelette in den russischen Wäldern verstreut.

Es gibt keine genauen, dokumentierten Zahlen über das Ausmaß dieser nationalen Katastrophe. Allerlei unterschiedliche Angaben werden ins Gespräch gebracht. Das Akademiemitglied Wernadski, ein scharfsinniger Beobachter, schrieb im Januar 1939 in seinem Tagebuch, die Zahl der in der zweiten Hälfte der dreißiger Jahre verbannten, in Gefängnisse oder Konzentrationslager geschickten Personen habe sich auf 14 bis 17 Millionen belaufen. Das Regime vertrat natürlich eine andere Meinung. 1954 berichtete Innenminister S. Kruglow, ein aktiver Teilnehmer an den Repressionen und Organisator der Verbannungen aus dem Nordkaukasus, seinem Vorgesetzten Chruschtschow, zwischen 1930 und 1935 seien in der UdSSR insgesamt 3,7 Millionen Menschen verhaftet worden, von denen man 765 000 erschossen habe.

Diese Zahlen trafen natürlich nicht zu, doch sie tauchen bis heute in amtlichen Verlautbarungen auf. Dabei werden die Menschenmengen in den überfüllten NKWD-Gefängnissen nicht berücksichtigt. Ebenso wenig gibt man die Sterblichkeitsziffern in Lagern für politische Gefangene oder die Zahl der verhafteten Bauern und der Angehörigen von deportierten Völkern an. Diesen Kategorien sind die Opfer der leninschen Repressionen, die niemand zählte, und die im Bürgerkrieg getöteten 13 Millionen Menschen hinzuzufügen – des Weiteren die während der Kollektivierungskampagne verhafteten 3,4 Millionen Bürger sowie die 3,3 Millionen, die unterdrückten Völkern angehörten oder aus Kriegsgefangenenlagern in Deutschland und anderen europäischen Staaten zurückgekehrt waren.

Meine langjährigen Erfahrungen bei der Rehabilitierung von Opfern des politischen Terrors erlauben mir festzustellen, dass sich die Zahl der Menschen, die in der UdSSR aus politischen Gründen ermordet wurden oder die während der Sowjetperiode in Gefängnissen und Lagern starben, auf 20 bis 25 Millionen beläuft. Hinzu kommen fraglos auch jene, die verhungerten: über 5,5 Millionen während des Bürgerkriegs und mehr als 5 Millionen während der dreißiger Jahre.

Bereits veröffentlichte Dokumente geben einen gewissen Eindruck von den Dimensionen der Strafmaßnahmen. Allein in der Russischen Föderation belief sich die Zahl der zwischen 1923 und 1953 Verhafteten, allerdings nach unvollständigen Angaben, auf mehr als 41 Millionen. Darunter waren natürlich auch Menschen, die Verbrechen begangen hatten, doch Millionen saßen nur deshalb ein, weil sie zu spät zur Arbeit gekommen waren, die täglichen Produktionsnormen in Kolchosen nicht erfüllt oder sich sonstiger geringfügiger Übertretungen schuldig gemacht hatten. Auf Grund von Befehlen, die zwischen dem 26. Juni 1940 und dem 15. April 1942 ausgestellt wurden, betrug die Zahl der wegen solcher Vergehen verurteilten Menschen 1940 mehr als 2 Millionen; 1946 waren es 1,2 Millionen und 1947 mehr als 938 000 und so weiter. Nach 1953 wurden über 308 000 Personen nach diesen Gesetzen bestraft.

In den Nachkriegsjahren verurteilte man mehr als 6 Millionen Menschen wegen Verspätung am Arbeitsplatz und Nichterfüllung der Norm. Viele von ihnen leisteten ihre Strafe im Gulag ab.

Doch wer kann all die Einzelheiten wiedergeben?

Die Ankunft des Bolschewismus in Russland wurde von Fjodor Dostojewski vorhergesagt, der in den *Dämonen* schrieb, dass »hundert Millionen Menschen umkommen werden«.

Was hat der Bolschewismus der Welt, den Völkern und dem Einzelnen gebracht?

Der Welt: Rebellionen, Vernichtung, gewalttätige Revolutionen, Bürgerkriege, Gewalt gegenüber dem Einzelnen.

Den Völkern: Armut, Not, Gesetzlosigkeit, materielle und geistige Sklaverei.

Dem Einzelnen: endloses Leid. Der bolschewistische Staat raubte ihm Freiheit, Ehre, Moral, Wohlstand und sogar den Glauben an Gott.

Der Bolschewismus ist ein dämonischer Wahnsinn mit vielen Gesichtern, eine kriegerische, antimenschliche Groteske. Seine ideologischen Vorbilder waren der Marxismus deutscher Herkunft und dessen englisches Gegenstück. Doch der erste reale Sieg des Bolschewismus wurde in Russland errungen.

Wie wir wissen, übernahm das Land der Rus im Jahr 988 das Christentum von Konstantinopel. Die Kennzeichen der byzantinischen Herrschaft jener Zeit – Gemeinheit, Feigheit, Käuflichkeit, Verrat, übermäßige Zentralisierung, Apotheose des Herrschers – dominieren im gesellschaftlichen und politischen Leben Russlands bis zum heutigen Tag. Im 12. Jahrhundert wurden die verschiedenen zersplitterten russischen Christentümer von der Wolga bis zu den Karpaten durch die Mongolen erobert. Asiatische Traditionen und Bräuche mit ihrer Missachtung des Individuums und der Menschenrechte, ihrem Kult der Macht, der Gewalt, des Despotismus und der Gesetzlosigkeit gingen in die Lebensweise des russischen Volkes über.

Die Tragödie Russlands bestand in erster Linie darin, dass es tausend Jahre lang von Menschen, nicht von Gesetzen beherrscht wurde. Diese Herrscher waren Fürsten, Zaren, verschiedene Vorsitzende oder Generalsekretäre. Sie alle übten ihr Amt auf unfähige, blutige Art aus. Das Volk existierte für die Regierung, nicht die Regierung für das Volk. Russland vermied die klassische Sklaverei, doch es hat den Feudalismus noch nicht hinter sich gelassen. Es steht weiterhin im Bann einer imperialen Ideologie, die besagt, dass der Staat alles und der Einzelne nichts sei.

Russland fand sich am Rand der Zivilisation wieder, da es nie gewöhnliches Privateigentum kannte. Früher gehörte das Eigentum stets dem Staat oder seiner feudalen Elite – heutzutage dagegen gehört es der aus der Nomenklatura hervorgegangenen Oligarchie ehemaliger Apparatschiks. Der Mangel an Privateigentum, besonders in Form von Land, ist der Hauptgrund für die Nöte Russlands, für sein grausames Schicksal.

Russland unternahm mehrere verzweifelte Versuche, seine Rückständigkeit zu überwinden. Es gab die Reformen Peter I. und Alexander II. sowie die Nikolaus II., die man gewöhnlich mit dem Namen Pjotr Stolypin in Verbindung bringt. Alle waren von Aufruhr und Krieg begleitet. Die Leibeigenschaft wurde 1861 in Russland abgeschafft, doch erst am Ende des 19. Jahrhunderts schlug das Land unter Qualen den Weg der demokratischen Entwicklung ein.

Der Beginn des 20. Jahrhunderts ist die strahlendste Periode in der russischen Geschichte. Die Industrie schritt in einem Tempo voran, das später nur im Japan der fünfziger Jahre erreicht wurde; das Finanzwesen stabilisierte sich, die landwirtschaftliche Produktivität nahm zu. Der Parlamentarismus wurde geboren. Man führte die Grundschulpflicht ein, eröffnete Universitäten, andere Zentren der Hochschulbildung, traditionelle und moderne weiterführende Schulen. Wissenschaft, Kunst und Literatur blühten. Doch brach 1914 der Erste Weltkrieg aus. Im Frühjahr 1917 dankte der Zar ab, und man rief eine Republik aus.

Sie hatte nur neun Monate Bestand, denn die Bolschewiki inszenierten eine Konterrevolution und ertränkten sie in Blut. Drei Generationen von Russen durchlitten wirtschaftliche Sklaverei und unvorstellbaren Terror physischer und psychischer Art, den Stalinismus, den Zweiten Weltkrieg, die Diktatur der Kommunistischen Partei und ihrer Führer.

Im August 1996 appellierte ich an die russische und die internationale öffentliche Meinung, an den Präsidenten Russlands, den Verfassungsgerichtshof, die Regierung, die Generalstaatsanwaltschaft und die Duma, ein Verfahren gegen die faschistisch-bolschewistische Ideologie und ihre Vertreter einzuleiten. Doch jegliche Reaktion blieb aus, abgesehen davon, dass eine Gruppe kommunistischer Abgeordneter den Generalstaatsanwalt aufforderte, mich wegen der Verfolgung von Dissidenten zur Rechenschaft zu ziehen. Die Demokraten beschränkten ihre Unterstützung darauf, dass sie mich am Telefon beglückwünschten.

Obwohl die bolschewistischen Kräfte sich winden, heucheln und sich harmlos geben und so mit allen Mitteln auf eine schleichende Restauration hinarbeiten, bin ich überzeugt, dass das russische Volk vernünftig genug sein wird, sich dieser hartnäckigen Krankheit für immer zu entledigen.

Es ist uns gelungen, die sterblichen Überreste des Zaren Nikolaus II. und seiner Familie würdevoll beizusetzen. Der Präsident Russlands und der Patriarch Alexi haben endlich die Notwendigkeit der Reue und der geistigen Reinigung anerkannt.

Unter diesen Umständen hege ich, eingedenk der tragischen Geschichte Russlands, keinen Zweifel an Folgendem:

Der Bolschewismus kann sich der Verantwortung für die Konterrevolution, für den gewaltsamen Staatsstreich von 1917, nicht entziehen.

Der Bolschewismus kann sich der Verantwortung für die Errichtung einer Diktatur nicht entziehen, die vom Hass auf das Individuum erfüllt war. Infolge seiner verbrecherischen Handlungen wurden mehr als 60 Millionen Menschen umgebracht. Der Bolschewismus, eine Variante und ein Vorläufer des Faschismus, wurde selbst zur treibenden Kraft beim Genozid am eigenen Volk.

Der Bolschewismus kann sich der Verantwortung für die Entfesselung des brudermörderischen Bürgerkriegs nicht entziehen, der das Land verwüstete; im Lauf seiner sinnlosen und blutigen Schlachten wurden mehr als 13 Millionen Menschen getötet, verhungerten oder sahen sich in die Emigration getrieben.

Der Bolschewismus kann sich der Verantwortung für die Vernichtung des russischen Bauerntums nicht entziehen. Das bäuerliche Russland wurde zerstört, man zertrampelte seine Moral, seine Traditionen und Bräuche. Die Produktivität der Landbezirke wurde so sehr geschwächt, dass der Staat seit vielen Jahren Nahrungsmittel im Ausland einkaufen muss, um Hungersnöte abzuwenden.

Der Bolschewismus kann sich der Verantwortung für die Zerstörung der christlichen Kirchen und Klöster, der muslimischen Moscheen, der jüdischen Synagogen und anderer Gotteshäuser nicht entziehen. All diese Aktionen haben dem Land ewige Schande eingetragen.

Der Bolschewismus kann sich der Verantwortung für die Beseitigung ganzer Schichten der russischen Gesellschaft nicht entziehen: des Offizierskorps, des Adels, der Kaufmannschaft, der wahren Intelligenzija, der Gemeinschaft von Gelehrten, Wissenschaftlern und Künstlern.

Der Bolschewismus kann sich der Verantwortung für Verletzungen der Grundrechte, für Fälschungen, lügnerische Anklagen und außergerichtliche Urteile von historisch beispiellosem Ausmaß nicht entziehen; für Hinrichtungen ohne Ermittlung oder Verhandlung; für Folterungen und sonstige Misshandlungen; für den Aufbau eines Systems von Konzentrationslagern, darunter solche für kindliche Geiseln; für den Einsatz von Giftgas gegen friedliche Bürger – für den Fleischwolf der leninistisch-stalinistischen Repressionen, dem über 20 Millionen Menschen zum Opfer fielen.

Der Bolschewismus kann sich der Verantwortung für die Abschaffung der Meinungsfreiheit, für die Vernichtung aller demokratischen Parteien und Bewegungen, sogar der sozialistisch orientierten, nicht entziehen.

Der Bolschewismus kann sich der Verantwortung für die unfähige Kriegsführung gegen den hitlerschen Nationalsozialismus nicht entziehen. Nur die Aufopferung von 30 Millionen unserer Bürger und das Heldentum des Volkes retteten das Land vor der Unterjochung.

Der Bolschewismus kann sich der Verantwortung für seine Verbrechen an früheren sowjetischen Kriegsgefangenen und Heimkehrern nicht entziehen, nämlich dafür, dass er sie nach dem Krieg in sowjetische Lager trieb und durch Zwangsarbeit bis zum Tode ausbeutete.

Der Bolschewismus kann sich der Verantwortung für den Völkermord an nichtrussischen Bürgern der UdSSR nicht entziehen, für die Zwangsumsiedlung von Deutschen, Polen, Tataren, Tschetschenen, Inguschen, Karatschajern, Koreanern, Balkaren, Kalmüken, Turkmescheten, Armeniern, Bulgaren,

Griechen und Gagausen in die am dünnsten bevölkerten Regionen des Landes.

Der Bolschewismus kann sich der Verantwortung für die Hetzjagd auf Gelehrte und Schriftsteller, auf Film-, Theater- und Musikschaffende, auf Ärzte sowie für den ungeheuren Schaden, welcher der Kultur und der Wissenschaft der Nation zugefügt wurde, nicht entziehen. Aus verbrecherischen ideologischen Motiven verbot man Genetik und Kybernetik sowie alle fortschrittlichen Einflüsse in Wirtschaftswissenschaft, Linguistik, Literatur und Kunst.

Der Bolschewismus kann sich der Verantwortung für rassistische Gerichtsverfahren – etwa gegen das Jüdische Antifaschistische Komitee oder die »Mörderärzte« – nicht entziehen, die das Ziel hatten, Feindschaft unter den ethnischen Gruppen des Landes zu provozieren und die niedrigsten Instinkte der Massen zu wecken.

Der Bolschewismus kann sich der Verantwortung für die Organisation krimineller Kampagnen gegen jegliches Dissidententum nicht entziehen, dessen zahlreiche Vertreter alle möglichen Strafen erlitten: Gefängnis, Verbannung, Zwangsumsiedlung, Vertreibung ins Ausland, Einweisung in psychiatrische Anstalten, Verlust des Arbeitsplatzes, verleumderische Angriffe in der Presse und andere Demütigungen.

Der Bolschewismus kann sich der Verantwortung für die totale Militarisierung des Landes nicht entziehen, die das Volk verelenden ließ und die Gesellschaftsentwicklung drastisch bremste.

Der Bolschewismus kann sich der Verantwortung für den Putschversuch vom August 1991 nicht entziehen, der zur ungeordneten Auflösung des Staates und zu unvorstellbarer Not für alle Völker der ehemaligen Sowjetunion führte.

Wie kurz doch unser Gedächtnis ist – auch heute noch. Wir

schleppen uns mühsam dahin, denn wir können uns nicht aus dem Morast befreien. Noch immer sind wir nicht in der Lage, die Hauptquelle unserer Probleme zu erkennen: Ohne die Entbolschewisierung Russlands ist es undenkbar, dass sich die Nation erholt, eine Wiedergeburt erlebt und erneut ihren Platz in der zivilisierten Welt einnimmt. Erst wenn Russland den Bolschewismus abgeschüttelt hat, kann es auf Heilung hoffen.

ANMERKUNGEN

Vorwort

1 Alexander Yakovlev, *The Fate of Marxism in Russia*, New Haven 1993.

2 Stephane Courtois u. a., *Das Schwarzbuch des Kommunismus*, München 1999.

3 Am wichtigsten sind Djilas' *Die neue Klasse. Eine Analyse des kommunistischen Systems*, München 1957, und *Gespräche mit Stalin*, Frankfurt am Main 1962.

4 Anatoly S. Chernyayev, *My Six Years with Gorbachev*, University Park 2000, S. xvii, xv–xvi. Die deutsche Fassung, Anatoli Tschernajew, *Die letzten Jahre einer Weltmacht: der Kreml von innen*, 1993, enthält dieses Zitat nicht.

5 Zitiert in Robert V. Daniels, »Overthrowing Utopianism« (Rezension von Yakovlev, *The Fate of Marxism in Russia*), in *New Leader*, 14.–18. Februar 1994, S. 17.

6 Jonathan Steele, *Eternal Russia: Yeltsin, Gorbachev and the Mirage of Democracy*, Cambridge 1994, S. 175. In einem Gespräch, das ich 1998 in Washington, D. C., mit Jakowlew führte, bestätigte er, dass sein Besuch in Prag »einen schrecklichen Eindruck« auf ihn gemacht habe. Er fragte sowjetische Panzerfahrer, zu welchem Zweck sie dort seien, und sie hatten keine Antwort.

1 *Sbornik sakonodatelnych i normatiwnych aktow o repressijach i reabilitazii schertw polititscheskich repressi* (Sammlung gesetzgeberischer und normativer Akte über die Verhaftung und Rehabilitierung von Opfern politischer Repressionen), Moskau 1993, S. 86 ff.

2 Der Brief befindet sich im Archiv der Verwaltung des Präsidenten der Russischen Föderation (AP RF) über Mitteilungen von Bürgern.

3 L. Trotsky, *Diaries and Letters*, New York 1986, S. 101.

4 *Jeschenedelnik Tscheka* (Tscheka-Wochenzeitung), Nr. 1, Moskau 1918, S. 11.

5 Gossudarstwenny archiw russkoi federazii (Staatsarchiv der Russischen Föderation) (GARF), f. 8415, op. 1, d. 114, l. 62.

6 *Krestianskoje wosstanije w Tambowskoi gubernii w 1919–1921 gg. (»Antonowschtschina«). Dokumenty i materialy* (Der Bauernaufstand im Gouvernement Tambow in den Jahren 1919–1921: »Antonowschtschina.« Dokumente und Materialien), Tambow, 1994, S. 246.

7 Alle drei Briefe befinden sich im Archiv der AP RF über Mitteilungen von Bürgern.

8 *Sobranije sakonow SSSR* (Gesetzessammlung der UdSSR) (SS SSSR), Nr. 19, 1935, S. 155.

9 *Detstwo w tjurme: memuary Petra Jakira*, S. 84 f. Das Zitat stammt aus der deutschsprachigen Ausgabe: Pjotr Jakir, *Kindheit in Gefangenschaft*, Frankfurt am Main 1972, S. 83.

10 AP RF, op. 1, d. 795, l. 126.

11 Ibid., ll. 40 f.

12 Ibid., l. 128.

13 Zentr dlja chranenija sowremennoi dokumentazii, f. komissija Schwernika (Zentrum für die Verwahrung zeitgenössischer Dokumente, Fond »Schwernik-Kommission«) (ZChSD), d. 3, ll. 45–51.

14 Zentralny archiw federalnoi sluschby besopastnosti (Zentralarchiv des Bundessicherheitsdienstes) (ZA FSB), f. 3, op. 4, d. 16, ll. 147, 310 f.

15 AP RF, f. 3, op. 58, d. 174, l. 107.

16 GARF, f. 9401, op. 1a, d. 20, l. 199.

17 Ibid., l. 199 ob.

18 Ibid., d. 29, ll. 28–28 ob.

19 GARF, f. 9401, op. 2, d. 1, S. 610–13.

Die Mitläufer

1 *Prawda*, 13. Februar (31. Januar) 1918.

2 Zentralny gossudarstwenny archiw Moskowskoi oblasti (Zentrales Staatsarchiv des Gebiets Moskau) (ZGAMO), f. 66, op. 25, d. 39, ll. 20 ff.

3 *Sbornik zirkularnych pissem WTscheka-OGPU* (Gesammelte Rundschreiben der WTscheka-OGPU), Moskau 1935, Bd. 3, Teil 1, S. 301.

4 *Izwestija wsesojusnogo zentralnogo ispolnitelnogo komiteta* (Nachrichten des Allunions-ZEK) (WZIK), 21. September 1919.

5 AP RF, f. 3, op. 59, d. 14, I. 79; d. 2, l. 38.

6 Rossiski gossudarstwenny archiw sozialnoi i politischeskoi istorii (Russisches Staatsarchiv für Sozial- und politische Geschichte) (RGASPI), f. 5, op. 1, d. 2558, l. 3. Kamenew und seine Verbündeten wurden später von den Tschekisten beseitigt. Ich weiß, dass historische Parallelen irreführend sein können, doch die grundlegende Motivation sämtlicher Spionageabwehr-Organe ist mehr oder weniger die gleiche: Rache. Kaum hatte ich Anfang 1989 Gorbatschow gegenüber die Notwendigkeit angesprochen, das KGB in verschiedene Sektionen – Spionage, Spionageabwehr, Grenzeinheiten, Verbindung und Sicherheit – zu unterteilen, als der Widerstand der Geheimdienste aufbrodelte. Seitdem hat sich die Kampagne gegen mich noch intensiviert. Nach meinen eigenen Informationen zu schließen, aktivierte das KGB seine Agenten auf literarischem, journalistischem und militärischem Gebiet und anderswo. Die Überwachung verschärfte sich deutlich in technischer wie physischer Hinsicht. Bis zum heutigen Tag setzen sich die Schikanen fort.

7 AP RF, f. 3, op. 59, d. 2, ll. 36 ff.

8 RGASPI, f. 17, op. 3, d. 150, l. 1.

9 AP RF, f. 3, op. 59, d. 18, l. 101.

10 *Nowy den* (Der neue Tag), 13. und 14. April 1918.

11 RGASPI, f. 17, op. 4, d. 41, l. 3.

12 Ibid., d. 25, l. 4.

13 Ibid., d. 43, l. 1. Laut diesem Protokoll einer Politbürositzung vom 4. Dezember 1919 erkundigt sich Awanessow, welche Vertreter der Sozialdemokraten und der Volksparteien an den Kongressen teilnehmen dürften.

14 Ibid., d. 58, ll. 28–28 ob.

15 Zentralny archiw federalnoi sluschby russkoi federazii (Zentralarchiv des Bundessicherheitsdienstes der Russischen Föderation) (ZA FSB RF), d. N-8, t. 9. l. 77.

16 *Iswestija Tambowskogo gubsoweta* (Nachrichten des Gouvernementsowjets Tambow), 4. Juli (17. Juli) 1918.

17 ZA FSB RF, d. N-8, t. 13, ll. 244 f.

18 S. N. Gippius, *Schiwyje liza: Wospominanja* (Lebende Gesichter: Erinnerungen), Buch 11, Tbilissi 1991, S. 355.

19 A. S. Isgojew, *Pjat let w sowetskoi Rossii (obrywki, vospominanija i sametki)* (Fünf Jahre in Sowjetrussland: Fragmente, Erinnerungen und Notizen), Archiv der Russischen Revolution, hg. I. W. Gessen, Berlin 1923, Bd. 10, S. 31 f.

20 M. Liber, *Krisis rewoljuzii i sadatschi demokratii* (Die Krise der Revolution und die Probleme der Demokratie), Jekaterinoslaw 1918, S. 3.

21 W. I. Lenin, *Polnoje sobranije sotschineni* (Vollständige Gesamtausgabe), Bd. 37, S. 219 ff., 228.

22 Ibid., Bd. 97, S. 220, 229.

23 AP RF, f. 3, op. 59, d. 14, l. 10.

24 ZGAMO, f. 66, op. 20, l. 55.

25 AP RF, f. 3, op. 59, d. 15, l. 2.

26 *Is istorii WTscheka* (Aus der Geschichte der WTscheka), l. 227.

27 *Sbornik zirkuljarnych pissem WTscheka-OGPU*, Bd. 3, Teil 1, S. 13 f.

28 Siehe zum Beispiel die Zusammenfassung einer Rede Spiridonowas auf einer Arbeiterversammlung in der Dux-Fabrik am 6. Februar 1919 (ZA FSB RF, Allgemeine Ermittlungsakte, d. N-685, t. 6, l. 12).

29 Ibid., l. 2.

30 *Sbornik zirkuljarnych pissem WTscheka-OGPU*, Bd. 3, Teil 1, S. 48.

31 Ibid., S. 95.

32 ZA FSB RF, f. 1, op. 6, d. 331, l. 9.

33 RGASPI, f. 17, op. 112, d. 309, l. 40.

34 Ibid., f. 5, op. 1, d. 2558, l. 50.

35 ZA FSB RF. Ossoby fond (Sonderfond), d. N-8, t. 1a, ll. 64–64 ob.

36 *Sbornik zirkuljarnych pissem WTscheka-OGPU, 1919–1924* (Gesammelte Rundschreiben und Direktiven der WTscheka-OGPU, 1919–1924), Bd. 3, Teil 1, S. 32.

37 Ibid., S. 60 f.

38 AP RF, f. 3, op. 59, d. 15, l. 6.

39 ZA FSB, f. 1, op. 5, d. 334, l. 3.

40 *Sbornik sakonodatelnych i normatiwnych aktov o repressiiach i reabilitaziii schertw repressi* (Sammlung gesetzgeberischer und normativer Akte über die Verhaftung und Rehabilitierung von Opfern politischer Repressionen), Moskau 1993, S. 12.

41 RGASPI, f. 17, op. 112, d. 310, l. 3.

42 Ibid., f. 5, op. 1, d. 2576, ll. 11, 38.

43 Ibid., f. 17, op. 84, d. 273, l. 85; f. 5, op. 1, d. 2578, l. 15.

44 AP RF, f. 3, op. 59, d. 29, ll. 44 ff.

45 Ibid., f. 3, op. 59, d. 16, ll. 4, 1, 2.

46 RGASPI, f. 5, op. 1, d. 2558, ll. 41 ff.

47 Ibid., f. 17, op. 84, d. 546, ll. 1–1 ob.

48 AP RF, f. 3, op. 59, d. 29, ll. 223 ff.

49 Ibid., d. 14, l. 53; d. 18, l. 58.

50 Ibid., d. 2, ll. 30, 26, 55.

51 Ibid., l. 80.

52 RGASPI, f. 17, op. 112, d. 564, ll. 65, 76 f., 135, 237.

53 ZA FSB RF, f. 2, op. 1, d. 611, l. 124.

54 ZA FSB, f. 1, op. 6, d. 323, l. 18. Der Mann, der unbedingt neutralisiert werden sollte, war ein jüdischer Arbeiter, der kaum Russisch sprach.

55 AP RF, f. 3, op. 59, d. 27, ll. 1–23.

56 Ibid., d. 16, l. 1.

57 RGASPI, f. 17, op. 60, d. 31, l. 3.

58 AP RF, f. 5, op. 1, d. 2558, l. 52.

59 Lenin, *Polnoje sobranije sotschineni*, Bd. 54, S. 144.

60 Ibid., Bd. 45, S. 50.

61 AP RF, f. 34, op.59, d. 15, l. 14.

62 Lenin, *Polnoje sobranije sotschineni*, Bd. 45, S. 140 ff.

63 Ibid., Bd. 45, S. 149, 534.

64 Ibid., Bd. 54, S. 279.

65 RGASPI, f. 17, op. 60, d. 139, l. 58.

66 Ibid., op. 112, d. 439, ll. 101; d. 728, l. 30.

67 *WKP(b) w resoljuzijach i reschenijach sjesdow, konferenzi i plenumow ZK* (Die WKP[b] in Resolutionen und Entscheidungen von Parteitagen, Parteikonferenzen und ZK-Plenarsitzungen), Moskau 1936, Bd. 1, S. 475.

68 ZGAMO, f. 66, op. 25, d. 39, ll. 25 f.

69 F. I. Dan, *Dwa goda skitani* (Zwei Jahre der Wanderung), Berlin 1922, S. 58.

70 RGASPI, f. 17, op. 84, d. 42, ll. 7–13.

71 *Pisma Ju. O. Martowa* (Die Briefe Ju. O. Martows), Benson 1990, S. 29 ff.

72 *Iswestija ZK KPSS* (Nachrichten des Zentralkomitees der KPdSU), Nr. 7, 1989, S. 157.

73 *Pisma Ju. O. Martowa*, S. 55 f.

74 Lenin, *Polnoje sobranije sotschineni*, Bd. 51, S. 150.

75 RGASPI, f. 17, op. 3, d. 84, l. 1.

76 Lenin, *Polnoje sobranije sotschineni*, Bd. 54, S. 130 f.

77 RGASPI, f. 5, op. 1, d. 2578, l. 23.

78 AP RF, f. 3, op. 59, d. 2, ll. 94, 125.

79 Lenin, *Polnoje sobranije sotschineni*, Bd. 45, S. 89, 189.

80 *Sbornik sakonodatelnych i normatiwnych aktow o repressijach*, S. 13 f.

81 AP RF, f. 3, op. 59, d. 3, ll. 56, 78.

82 Ibid., f. 3, op. 58, d. 166, ll. 104, 105, 108.

83 Ibid., f. 3, op. 59, d. 21, ll. 1, 16, 19, 57 f., 87, 100, 103 f.; d. 22, l. 2.

84 Ibid., d. 22, l. 1; d. 23, l. 1.

85 Ibid., op. 58, d. 168, l. 128.

86 Ibid., d. 169, l. 4.

Die Bauern

1 *Leninski sbornik* (Sammelband der Werke Lenins), Bd. 18, S. 93 f.

2 W. I. Lenin, *Polnoje sobranije sotschineni* (Vollständige Gesamtausgabe), Bd. 50, S. 86.

3 6. Allrussischer Außerordentlicher Sowjetkongress, stenografisches Protokoll (Moskau 1919), S. 17.

4 VIII. Parteitag der RKP(b), stenografisches Protokoll, S. 407.

5 Lenin, *Polnoje sobranije sotschineni*, Bd. 37, S. 41; Bd. 50, S. 137, 142 ff., 145.

6 GARF, f. 8415, op. 1, d. 128, l. 5.

7 Russki gossudarstwenny wojenny archiw (Russisches Staatliches Militärarchiv) (RGWA), f. 6, op. 12, d. 194, l. 6.

8 RGASPI, f. 17, op. 84, d. 114, l. 81.

9 M. Ja. Latsis, *Dwa goda borby* (Zwei Jahre des Kampfes), Moskau 1920, S. 71.

10 *Rewoljuzionnaja Rossija* (Revolutionäres Russland), Nr. 7, Mai 1921, S. 30.

11 Ibid., April 1921, Nr. 6, S. 30.

12 RGWA, f. 24380, op. 3, d. 70, l. 346.

13 Ibid., f. 34228, op. 1, d. 3, l. 1.

14 GARF, f. 8415, op. 1, d. 114, l. 62.

15 Tomski oblastnoi zentr dokumentazii noweischei istorii (Tomsker Gebietszentrum für die Dokumentation der Zeitgeschichte), f. 1, op. 3, d. 2, l. 218; Gossudarstwenny archiw obschtschestwenno-politischeskoi dokumentazii Kurganskoi oblasti (Staatsarchiv der Sozialpolitischen Dokumentation des Gebiets Kurgan), f. 1, op. 1, d. 6a, l. 85.

16 Rossiskii gossudarstwenny archiw ekonomiki (Russisches Staatsarchiv der Ökonomie) (RGAE), f. 7486, op. 37, jed. chr. 78, ll. 43, 44 ob.

17 Ibid., ll. 96 f.

18 *Pisma Stalina Molotowu, 1925–1936* (Briefe Stalins an Molotow, 1925–1936), Moskau 1995, S. 194.

19 Ibid., S. 217 f.

20 RGAE, f. 7486, op. 37, d. 78, l. 95.

21 GARF, f. 1235, op. 2, d. 463, l. 9.

22 RGASPI, f. 17, op. 20, d. 26, ll. 216 f., 165.

23 Lenin, *Polnoje sobranije sotschineni*, Bd. 38, S. 69; Bd. 39, S. 31 ff.

24 *Iswestija ZK KPSS* (Nachrichten des ZK der KPdSU), Nr. 6, 1989, S. 178.

25 Ibid., Nr. 8, 1989, S. 163.

26 Ibid., Nr. 2, 1990, S. 171.

Die Intelligenzija

1 W. I. Lenin, *Polnoje sobranije sotschineni* (Vollständige Gesamtausgabe), Bd. 47, S. 133.

2 Ibid., Bd. 51, S. 48.

3 Ju. P. Annenkow, *Dnewnik moich wstretsch: Zikl tragedi* (Tagebuch meiner Begegnungen: Ein Zyklus von Tragödien), Moskau, 1991, Bd. 2, S. 270.

4 ZA FSB RF, f. 2, op. 4, d. 465.

5 Rossiski gossudarstwenny archiw sozialnoi i politischeskoi istorii (Russisches Staatsarchiv für Geschichte und Literatur) (RGALI), f. 656, op. 6, d. 28, l. 99.

6 AP RF, f. 3, op. 59, d. 3, ll. 62, 63. Lenins Notiz an Stalin ist nicht datiert, wurde jedoch vermutlich im Sommer 1922 geschrieben. Das Thema der Deportation einer großen Gruppe der russischen »konterrevolutionären« Intelligenzija wurde von Lenin zum ersten Mal im Mai 1922 in einer Mitteilung an Dserschinski angesprochen (*Polnoje sobranije sotschineni*, Bd. 54, S. 265 f.). Nach dem Text zu schließen, war die Sache im Prinzip schon früher diskutiert worden, doch im Mai noch nicht entschieden.

7 Lenin, *Polnoje sobranije sotschineni*, Bd. 54, S. 270.

8 RGASPI, f. 17, op. 3, d. 296, ll. 3, 7.

9 I. A. Iljin, *Sobranije sotschineni* (Gesammelte Werke), Moskau 1993, Bd. 1, S. 26.

10 AP RF, f. 3, op. 35, d. 35, ll. 1–11.

11 ZA FSB RF, f. 1, op. 6, d. 26, l. 22.

12 Ibid., f. 3, op. 1, d. 56, ll. 160–63.

13 Orlando Figes, *Nataschas Tanz. Eine Kulturgeschichte Russlands*, Berlin 2003, S. 502 f.

14 AP RF, f. 3, op. 35, d. 4, l. 13 ob.

15 Ibid., d. 45, ll. 26–29.

16 Ibid., f. 3, op. 34, d. 187, ll. 109–12.

17 Ibid., ll. 107 f.

18 RGASPI, f. 17, op. 125, d. 212, ll. 1 ff.; d. 232, l. 9.

19 Zentr chranenija sowremennoi dokumentazii (Zentrum für die Verwahrung zeitgenössischer Dokumente) (ZChSD), f. 5, op. 36, d. 37, ll. 24 f.

20 D. A. Polikarpow leitete die Kulturabteilung des ZK der KPdSU von 1955 bis 1962. Der sowjetische Dichter A. A. Surkow war von 1953 bis 1959 Erster Sekretär des Schriftstellerverbands der UdSSR.

21 Im Februar 1957 forderten Pasternak und der Goslitisdat Feltrinelli auf, die Veröffentlichung des Romans bis zu seinem Erscheinen in der UdSSR zu verschieben. Feltrinelli stimmte zu und wartete bis September. Am 21. August und am 23. Oktober unterzeichnete Pasternak den Text eines Telegramms und eines Briefes an Feltrinelli, den ihm die Kulturabteilung der KPdSU vorgeschlagen hatte. Darin verwahrte er sich gegen die Veröffentlichung der Romanversion, die der Verleger in Händen hatte, und verlangte, ihm das Manuskript zur Korrektur zurückzuschicken. Diese Mitteilungen waren vergeblich, denn die Arbeit an der Publikation war bereits weit fortgeschritten, und Feltrinelli misstraute ihnen ohnehin, da er privat mit Pasternak vereinbart hatte, nur in französischer Sprache mit ihm zu korrespondieren.

22 Am 23. Oktober 1958 – dem Tag, an dem Pasternak der Nobelpreis verliehen wurde – legte M. A. Suslow dem Präsidium des ZK der KPdSU eine Empfehlung vor, den Bericht der Mitarbeiter von *Nowy mir* in der *Literaturnaja gaseta* und in *Nowy mir* zu veröffentlichen. Sie wurde als separate Klausel in den Erlass »Über Pasternaks verleumderischen Roman« aufgenommen, den man an jenem Tag verabschiedete.

23 ZChSD, f. 5, op. 36, d. 61, ll. 39, 40. Das Dokument ging am 17. September im Zentralkomitee der KPdSU ein. Der Brief enthält folgende Anmerkungen: »An Genossen Jarustowski, B. M. Genossin Furzewa beharrt darauf, dass der Vorschlag der Abteilung dringend in Angriff genommen wird. 19/9. N. Kalinin«; »ZK der KPdSU. Die Kulturabteilung des ZK der KPdSU hat die erforderlichen Schritte hinsichtlich der Kampagne der reaktionären ausländischen Presse um den Roman von B. Pasternak und die Verleihung des Nobelpreises an ihn unternommen. Abschnittsleiter der Kulturabteilung des ZK der KPdSU, B. Jarustowski. 10/11/58«; »Genossin Furzewa, J. A., ist über die Schritte der Kulturabteilung der KPdSU und des Schriftstellerverbands informiert und mit ihnen einverstanden.

N. Kalinin. 12/11/58«. N. S. Kalinin war der Assistent von J. A. Furzewa, die als ZK-Sekretär der KPdSU fungierte.

24 ZChSD, f. 5, op. 36, d. 61, ll. 64 f.

25 AP RF, f. 3, op. 34, d. 269, ll. 53–57.

26 J. L. Lann (1896–1958): sowjetischer Schriftsteller und Übersetzer. Seine Frau und er begingen Selbstmord.

27 ZChSD, f. 5, op. 36, d. 59, ll. 200 f.

28 Ibid., f. 5, op. 36, d. 93, ll. 25 f.

29 Ibid., f. 5, op. 36, d. 61, l. 139.

30 *Ogonjok*, Nr. 3, 1969. Chefredakteur war A. Sofronow.

31 ZChSD, f. 89, d. 22, l. 24.

32 *Iswestija*, 20. Mai 1992.

33 AP RF, Rabotschaja sapis sassedanija Politburo ot 7 janwarja 1974 goda (Protokoll der Politbürositzung vom 7. Januar 1974), ll. 19–33.

34 AP RF, Protokoll der Politbürositzung Nr. 117 (3. Januar 1980).

35 AP RF, op. 113, Nr. P-1240, ll. 1–5.

Die Geistlichkeit

1 *Sa Christa postradawschije: gonenija na russkuju prawoslawnuju Zerkow, 1917–1956* (Märtyrer für Christus: Die Verfolgung der russisch-orthodoxen Kirche, 1917–1956) (Moskau: Orthodoxes Theologisches Institut des heiligen Tichon 1997). Die weitere Arbeit an dem Thema lässt sich verfolgen in der Internetdatenbank http://www.pstbi.ccas.ru. Diese Website enthält einen Artikel von N. E. Jemeljanow, »Ozenka statistiki goneni na russkuju prawoslawnuju Zerkow, 1917–1952« (Auswertung der Statistik über die Verfolgung der russisch-orthodoxen Kirche, 1917–1952). Eine andere wichtige Quelle ist das Buch von Pater Damaskin (Orlowski), *Mutscheniki, ispowedniki i podwischniki blagotschestija russkoi prawoslawnoi Zerkwi XX stoletija* (Märtyrer, Beichtväter, und Vertei-

diger der Frömmigkeit der russisch-orthodoxen Kirche im 20. Jahrhundert), Twer 1992.

2 RGASPI, f. 2, op. 12, d. 12176, l. 1.

3 *Iswestija ZK KPSS* (Nachrichten des Zentralkomitees der KPdSU), Nr. 4, 1990, ll. 192 f.

4 ZChSD, f. 89, op. 49, d. 1, ll. 6, 7.

5 *K kanonisazii nowomutschennikow rossiskich* (Über die Kanonisierung neuer russischer Märtyrer), Moskau 1991, S. 29 f.

6 ZA FSB RF, *Katalog sudebno-sledstwennych del* (Katalog von Untersuchungsgerichtsverfahren).

7 GARF, f. 393, op. 2, d. 1799, ll. 65 f.

8 ZA FSB RF, *Archiwno-sledstwennoje delo* (Archivarisch erfasstes Ermittlungsverfahren) Nr. 4444, l. 85.

9 Archiw uprawlenija FSB po Jaroslawskoi oblasti. Sprawka (Archiv der FSB-Verwaltung über das Gebiet Jaroslawl. Memorandum), ll. 12, 19.

10 GARF, f. 5263, op. 1, d. 145, l. 1; d. 97, ll. 4 f.

11 Ibid., f. 6991, op. 4, d. 173, l. 187.

12 ZChSD, f. 5, op. 62, d. 37, l. 31.

Zweimal verraten

1 AP RF, f. 3, op. 50, d. 507, ll. 76–81.

2 Ibid., ll. 120 f.

3 ZA FSB RF, f. 66, op. 1, k. 601, ll. 314–343.

4 AP RF, f. 3, op. 50, d. 506, ll. 9 f.

5 AGSch WS RF, op. 37820, d. 1, ll. 1 ff., 37 ff.

6 AP RF, f. 3, op. 50, d. 507, ll. 44–52.

7 Ibid., op. 58, d. 179, ll. 28f., 30–34.

8 Ibid., op. 50, d. 509, ll. 96–100.

9 Ibid., d. 511, ll. 23–32.

10 Ibid.

11 Ibid., ll. 17–22.

Auf ewig verleumdet

1 GARF, f. R-5446, op. 12, d. 209, ll. 30–34.

2 Ibid., f. R-9479, op. 1, d. 641, l. 89.

3 Ibid., f. R-5446, op. 29, d. 48, l. 17.

4 *Prostor*, Nr. 2, 1987, ll. 59 f.

5 GARF, f. R-9479, op. 1, d. 83, ll. 1 f.

6 Ibid.

7 *Literaturnaja gaseta*, 11. Oktober 1989.

8 GARF, f. R-9479, op. 1, d. 768, l. 129.

9 Ibid., f. R-374, op. 28, d. 4055, l. 47.

10 Ibid., f. R-9401, op. 2, d. 64, l. 167.

11 Ibid., ll. 165, 162.

12 *Istorija SSSR* (Geschichte der UdSSR), Nr. 1, 1992, S. 134.

13 GARF, f. R-9478, op. 1, d. 137, ll. 15 f.

14 Ibid., d. 32, l. 237; d. 41, l. 244.

15 *Konferenzija repressirowannych narodow Rossiskoi Federazii (1991–1992). Dokumenty i materialy* (Konferenz der von Repressionsmaßnahmen betroffenenen Völker der Russischen Föderation, 1991–1992. Dokumente und Materialien), Moskau 1993, S. 46.

16 *Repressirowannyje narody Rossii: tschetschenzy i inguschi. Dokumenty, fakty, kommentarii* (Von Repressionsmaßnahmen betroffene Völker Russlands: Tschetschenen und Inguschen. Dokumente, Fakten, Kommentare), Moskau 1994, S. 11 f.

17 GARF, f. R-9479, op. 1, d. 925, l. 127.

18 Ibid., f. R-9401, op. 1, d. 480, ll. 358 f.

Der Antisemitismus

1 Nachrichten des ZK der KPdSU, Nr. 3, 1989, S. 179.

2 Es gibt keine Archivquelle für Stalins Äußerungen in diesem Gespräch, denn er war stets extrem vorsichtig bei der Aufzeichnung seiner Worte. Allerdings machten sich der oder die Dolmetscher bei

diesem Treffen Notizen, die in Henry Pickers Buch *Hitlers Tischgespräche im Führerhauptquartier* (Bonn 1951) wiedergegeben werden.

3 ZA FSB RF, *Archiwno-sledstwennoje delo N-3215. Dopros Rjumina, M. D., 24 ijunja 1953 g.* (Archivarisch erfasstes Ermittlungsverfahren N-3215. Verhör von M. D. Rjumin, 24. Juni 1953).

4 ZA FSB RF, R-3208. Komarows Brief an Stalin ist auf den 18. Februar 1953 datiert.

5 ZA FSB RF, d. 2354, ll. 227–39.

6 Nacherzählt von Ju. Stetsowskj in *Istorija sowetskich repressi* (Geschichte der sowjetischen Repressionen), Moskau 1997, S. 494.

7 ZA FSB RF, R-3208. *Materialy prowerki Glawnoi wojennoj prokuratury po delu Losovskogo, S. A., Fefera, I. S., Markischa, P. D., i dr.* (Materialien zur Überprüfung durch die Militäroberstaatsanwaltschaft im Fall S. A. Lozowskis, I. S. Fefers, P. D. Markischs u. a.).

8 Archiv des Patriachen/(*Sowetskaja kultura*) (Archiv des Patriarchen/*Sowjetkultur*), 25. Januar 1991.

Von Kronstadt bis Nowotscherkassk

1 RGASPI, f. 17, op. 3, d. 136, ll. 1 f.

2 Nachrichten des Provisorischen Revolutionskomitees der Matrosen, Rotarmisten und Arbeiter, Kronstadt, 3. März 1921.

3 ZA FSB RF, f. 114728, t. 3, l. 30.

4 RGWA, f. 33988, op. 2, d. 324, l. 505.

5 Ibid., l. 16.

6 Ibid., d. 367, l. 40.

7 ZA FSB RF, f. 114728, t. 74, ll. 2–4 ob.

8 Ibid., f. 114728: *Materialy po kronschtadskomu mjateschu* (Materialien über die Meuterei von Kronstadt), l. 24.

9 Ibid., f. 114728, t. 82, l. 436; t. 83, ll. 1 f.

10 Ibid., f. 114728: *Materialy po kronschtadskomu mjateschu*, l. 25.

11 Ibid., l. 1.

12 Ibid., f. 114728, t. 206, l. 18.

13 RGASPI, f. 17, op. 3, d. 153, ll. 2 f.

14 Ibid., l. 98.

15 Ibid., ll. 142 ff.

16 Ibid., l. 103.

17 AP RF, f. 3, op. 58, d. 211, l. 146.

PERSONENREGISTER